中國學術思想 研究輯刊

三十編

林慶彰 主編

第 7 冊

雪廬老人《論語講要》研究

謝智光 著

花木蘭文化事業有限公司

國家圖書館出版品預行編目資料

雪廬老人《論語講要》研究／謝智光 著 ── 初版 ── 新北市：花
木蘭文化事業有限公司，2019〔民 108〕
目 2+266 面：19×26 公分
（中國學術思想研究輯刊 三十編：第 7 冊）
ISBN 978-986-485-862-0（精裝）
1. 論語　2. 研究考訂
030.8　　　　　　　　　　　　　　　　　108011711

ISBN-978-986-485-862-0

中國學術思想研究輯刊
三十編　第 七 冊　　　　　ISBN：978-986-485-862-0

雪廬老人《論語講要》研究

作　　者　謝智光
主　　編　林慶彰
總 編 輯　杜潔祥
副總編輯　楊嘉樂
編　　輯　許郁翎、王筑、張雅淋　美術編輯　陳逸婷
出　　版　花木蘭文化事業有限公司
發 行 人　高小娟
聯絡地址　235 新北市中和區中安街七二號十三樓
　　　　　電話：02-2923-1455／傳眞：02-2923-1452
網　　址　http://www.huamulan.tw 信箱 hml 810518@gmail.com
印　　刷　普羅文化出版廣告事業
封面設計　劉開工作室
初　　版　2019 年 9 月
全書字數　165328 字
定　　價　三十編 18 冊（精裝）新台幣 39,000 元

雪廬老人《論語講要》研究

謝智光　著

作者簡介

謝智光（1983～），臺中人。國立中正大學中文系學士，東海大學中文所碩士，國立中正大學中文所博士生。研究興趣爲論語學、佛教文學。碩士論文題目爲「雪廬老人《論語講要》研究」，討論影響近代臺灣佛教甚深的李炳南居士對經學的重視。另有〈忠言逆耳利於行——雪廬老人《逆耳言》研究〉一文，以文獻傳播的角度發掘雪廬老人在民國四○年代於《菩提樹》雜誌撰寫社論之深意。長年接觸臺灣淨土宗道場：蓮因寺及臺中市佛教蓮社，延續碩士時關注的主題，對於經學與佛學的交涉、佛教生死學等議題期望能作更深廣的探討。

提　要

　　雪廬老人（1891～1986），即李炳南老居士，在臺灣佛教界以推動淨土法門聞名。其弘法事業除佛法之外，對於儒學亦盡力闡揚。本論文以老人講述、徐醒民先生筆記之《論語講要》爲研究中心，探討老人家對於《論語》一經的重視及其解經方法，並發掘《論語講要》的思想特色。

　　全文共分六章：一、「緒論」，說明本研究形成的背景；二、「雪廬老人及其著述」，從生平、志向、詩文、著述及學術五方面理解老人的思想特質；三、「論語講要成書過程」，考察論語講習班的形成背景及過程、乃至於成書當中的體例狀況；四、「論語講要解經方法」，從老人引述古注、到編製講義及科表，探索其講述意圖；五、「論語講要思想特色」，根據前章所得，探討其以《論語》〈述而篇〉「志於道」章爲中華文化總綱之思想特色；六、「結論」，總結本文研究成果與展望，從《講要》的內涵可以發掘老人對於傳承中華文化之用心。相關資料整理則入「附錄」。

致　謝

　　能夠撰寫致謝辭，代表我即將完成碩士論文。這令人感到開心，卻又無比惶恐。學力不足的我選這個論題，不是一件容易的事，能夠完成，都是因為眾人的幫忙。

　　首先感謝業師林慶彰老師，忙碌中不忘提攜後輩，總在身教言教中透露出堅強的意志力！其次要感謝兩位口試委員，李威熊老師的循循善誘、蔣秋華老師的諄諄期勉，讓我如沐春風，收穫良多，您們讓我知道經學與生命是息息相關的。這本《論語講要》研究的撰寫過程中，臺中市佛教蓮社的諸多師長給予我極大的幫助，尤其是徐醒民老師、陳雍澤老師、鍾清泉老師的提示。您們告訴我除了求得知識的累積，也要時時反省自己，達到自我實踐的工夫。對師長們我只有深深感謝，永銘五內。為了能更理解雪廬老人，李珊姊姊、楊士英老師及王孝廉老師也給予我許多珍貴的資料，相距如此遙遠，卻能獲得您們的幫助，實是我最大的福氣，在此一併致謝。

　　另外要感謝在我求學過程中，國立臺中技術學院銀行保險科、國立中正大學中國文學系、臺北市立教育大學中國語文學系碩士班、東海大學中國文學系暨研究所碩士班、中央研究院中國文哲研究所及南京大學文學院的老師們。尤其是張錦郎老師、楊晉龍老師、馮曉庭老師、林登昱老師與龔本棟老師，您們的鼓勵是支持我往前走的力量。最感謝東海大學朱岐祥主任的嚴格把關，我才能激勵自己努力完成這個作品。

　　在我困頓的時候，詩佳、欣宜、健津、怡靜，無論在何時何地，總給我最大的精神鼓勵。謝謝你們！

　　最後要感謝我的父母，您們的養育之恩、法乳之恩，讓我無生活之憂，

並時時給予我增長福慧之機會。謝謝我的兩位姊姊，有你們的包容與體諒，讓我這一階段的學習更加順利。

　　一本論文的完成，要感謝的人真是太多，盡在不言中。然而，所有的一切都是環環相扣、光光相映的，希望自己未來能在經學領域上努力，能夠將前人的精神繼續發光發熱！

辛卯年智光於臺中正義街圓滿書齋

目次

第一章 緒 論

　　本章爲本論題之緒論，首節說明研究動機，蓋欲探求《論語講要》之成書乃至流傳之意義。次節說明研究範圍與目的，鎖定《論語講要》一書，是因爲其「成書」的地位可以代表雪廬老人的《論語》解經觀。第三節回顧前人研究成果，說明本論文特出於前人研究成果之處。第四節說明研究方法，以經學研究的角度來分析此書。爲進入論題，第五節說明歷代《論語》學乃至於民國時期《論語》學研究的背景。

第一節　研究動機

　　本論文以「雪廬老人《論語講要》研究」爲題，首章緒論，先討論研究動機。今日研究《論語》，並鎖定雪廬老人之《論語講要》，究竟具有什麼樣的意義？是筆者必須說明的。儘管中外古今，研究《論語》的著作繁多，它可以說是一本家喻戶曉的經典，筆者仍須先闡釋《論語》學的價值及問題意識，以點出研究動機及意義。

　　《論語》一書，是孔子及諸弟子的言行錄，東漢時被列入儒家經典，南宋朱熹（1130～1200）《集注》後成爲《四書》之一〔註1〕。清朱彝尊（1629

〔註 1〕 〔宋〕朱熹：《四書章句集注》（臺北市：大安出版社，1994 年 11 月），《四書章句集注》分別爲《大學章句》、《中庸章句》、《論語集注》、《孟子集注》。到了元代，《四書》列入科舉考試教科書。《元史》〈選舉志〉載：「皇慶二年，詔定……考試程序，蒙古、色目人，第一場經問五條，《大學》、《論語》、《孟子》、《中庸》内設問，用朱氏《章句集注》。……漢人、南人，第一場明經、經疑二問，《大學》、《論語》、《孟子》、《中庸》内出題，并用朱氏《章句集注》，復以己意結之，限三百字以上。」參見中華書局編輯部編：《二十四史》（北京市：中華書局，1995 年）。

～1709）《經義考》引明譚貞默（1590～1665）云：「孔子一生仕止久速、造次顛沛、纂修刪述、盛德大業，靡一不具《論語》；及門弟子德性氣質、學問造詣、淺深高下、進止得喪，靡一不具《論語》。《論語》多記言，少記事。知孔子之言者，即知孔子之事。知及門弟子之言者，即知及門弟子之事矣。」〔註2〕是以《論語》較能全面反映孔子與其弟子的人品性格、思想觀點，並成為後人研究孔子和儒家思想的重要文本。《論語》是中國第一本「語錄體」的書，其文字簡樸，與詰屈聱牙的先秦其他典籍不同，掌握《論語》可以做為研讀「五經」的基礎〔註3〕；另一方面，其言辭較為簡略，又缺乏上下文的邏輯關聯，因此容易引起曲解。故而自古以來，學者對《論語》有許多不同的注解、詮釋。代表性的重要注本有幾種：最古之注解，如三國魏何晏（約190～249）等《論語集解》〔註4〕、淺近簡要的南朝梁皇侃（488～545）《論語集解義疏》〔註5〕、多名物訓詁的宋邢昺（932～1010）《論語正義》〔註6〕、義理闡發之大成的宋朱熹《論語集注》、兼重考據及義理的清劉寶楠（1791～1855）《論語正義》〔註7〕與收羅最豐富的民國程樹德（1877～1944）《論語集釋》〔註8〕。

　　《論語》成為一門學門，勢必經過長時間的累積。今日學界有唐明貴撰寫的《論語學史》〔註9〕，且因為《論語》對於東亞文化圈的影響，而有松

〔註2〕　〔清〕朱彝尊原著，許維萍等點校，林師慶彰等編審：《點校補正經義考》第六冊（臺北市：中央研究院中國文哲研究所，1998年4月），頁589～590。

〔註3〕　〔東漢〕趙岐：「《論語》者，五經之錧鎋，六藝之喉衿也。」參見氏著：《孟子章句》〈題辭〉，《四庫全書》本（臺北市：臺灣商務印書館，1986年）。不僅如此，因為《論語》主要記錄了孔子及其弟子、再傳弟子的言行，經由孔子門生及再傳弟子集錄整理，內容涉及政治、教育、文學、哲學以及立身處世的道理，是以對於《詩》、《書》《禮》、《易》、《春秋》五經，能夠藉由《論語》來深入討論。

〔註4〕　〔魏〕何晏、孫邕、鄭沖、曹羲、荀顗編《論語集解》（臺北市：臺灣中華書局，1992年1月）。

〔註5〕　〔魏〕何晏等注，〔梁〕皇侃：《論語集解義疏》（北京市：中華書局，1985年），《四庫提要》稱《論語義疏》，簡稱皇侃《疏》或皇《疏》。

〔註6〕　〔魏〕何晏集解，〔唐〕陸德明音釋，〔宋〕邢昺疏：《論語注疏》（臺北市：藝文印書館，1985年12月）。《提要》稱《論語正義》。

〔註7〕　〔清〕劉寶楠撰，高流水點校：《論語正義》（北京市：中華書局，1990年3月）。卷1至卷17卷題下都署「寶應劉寶楠學」，卷18至卷24則署「恭冕述」，因此《論語正義》是由劉氏父子共同完成。

〔註8〕　程樹德：《論語集釋》（北京市：中華書局，2006年11月）。

〔註9〕　唐明貴：《論語學史》（北京市：中國社會科學出版社，2009年3月）。該書為

川健二所編的《論語思想史》〔註10〕問世。此等成果，在在說明《論語》的重要性。清末以來，「國故」雖曾受到知識分子的懷疑，《論語》學仍不被學者所遺忘，民初的學者研究《論語》、大專院校的教授也開授《論語》課程；直到今天，《論語》已被譯成多種語言，並且以多種型式流通在中外世人的心中。就中國學術史而言，這無非是一條源遠流長的「釋經」之路，並仍然等著學者發掘、探究其中的精華奧祕。站在學術史的立場來看，跨越兩個朝代的雪廬老人（1891～1986）所開辦的「論語講習班」，乃至其弟子徐醒民居士（1928～）筆記而成的《論語講要》〔註11〕的撰成，應可佔有《論語》釋經學上的一席之地。此為筆者研究此一論題的一大主因。

　　再述第二原因。筆者受兩位重視文獻學的先生影響頗大，一位是前中央圖書館編纂張錦郎先生、一位是中研院文哲所研究員業師林慶彰先生。兩位先生的學術領域自不相同，卻同樣重視文獻學。林先生在文哲所經學組主持各種計畫，近年來的研究範疇從明代經學、清代經學、一直到民國時期經學，乃至於新中國時期的經學；而張錦郎老師也常耳提面命說道：研究學問應從「最接近自己」的問題著手。是以筆者自省：自幼在雪廬老人所創立的臺中佛教蓮社長大，對於國學、佛學，在師長們薰陶之下，而有所接觸；加上《論語》一書是父母、師長首先要求背誦的典籍，筆者以為，忝為雪廬老人的再傳子弟，應對老人所講授的《論語》深入研究。所以對此論題便有捨我其誰的研究憧憬，並恰能符合張、林二位先生的學術要求；此為研究此一論題的第二原因。

　　據雪廬老人弟子徐醒民先生在《論語講要》開卷語所言，老人設《論語》講習班的緣由，是因為「（老人）暇時勤宣內典，教授儒經。晚年深感時風不競，聖教不彰。乃設《論語》講習班，廣接文教各業有心人士，定期講習。」〔註12〕古今中外研究《論語》者如此眾多，老人平時「教授儒經」也不止

　　　　作者博士論文：《論語學的形成、發展與中衰：漢魏六朝隋唐論語學研究》（北京市：中國社會科學出版社，2005 年 2 月）之擴充。

〔註10〕　〔日〕松川健二編，林師慶彰、金培懿、陳靜慧、楊菁合譯：《論語思想史》（臺北市：萬卷樓圖書公司，2006 年 2 月）。

〔註11〕　雪廬老人講授，徐醒民敬記：《論語講要》（臺中市：青蓮出版社，2007 年夏曆 6 月）。

〔註12〕　參李炳南講述，徐醒民敬記：〈開卷語〉，《論語講要》頁 5。此文原標題〈書鄉書香──論語講要〉，載於《明倫月刊》342 期（臺中市：明倫雜誌社，2004 年 2、3 月合刊），頁 40。

一次講述《論語》，何以在高齡九十一歲時開設《論語》講習班？筆者入東海大學中文所就讀時，正逢《論語》講習班第十三期開辦，爲了研究需要，以及更能體會雪廬老人的風誼及精神，於是報名參加爲期兩年的《論語》班就讀；此時老人已往生二十餘年，然其弟子依舊孜孜矻矻於傳承老人世間、出世間之學問，並終身奉行。可以想見，老人傳授儒、佛，除了影響學術界之外，在民間影響社會大眾，也不容小覷。從傳統經學到民間經學，老人講授《論語》，直到《論語講要》的問世、流傳，究竟有何等傳播魅力？此爲筆者最感興趣的部分，也是促成筆者研究此一論題的第三原因。

第二節　研究範圍與目的

上節說明研究動機，本節再述研究範圍與目的。

雪廬老人自民國三十八（1949）年浮海來臺，於公，任大成至聖先師奉祀官府主任祕書；於私，宣揚正信佛法，並創立眾多聯體機構〔註13〕。民國四十（1951）年創立臺中佛教蓮社，除了研讀佛經、弘揚佛法之外，儒家經典也是主要教授弟子的教材。老人時常講授古文、唐詩，與諸多經典，如《禮記》、《大學》、《中庸》，亦講授《論語》；惟正式開辦《論語》講習班，已是民國六十九（1980）年，屬於老人晚年著力的一項教學計畫。《論語》講習班開辦時，老人年歲已高，故《上論》由老人講授、《下論》則由老人指定其弟子徐醒民先生講授；爲期兩年，是第一期《論語》班。第三年是第二期《論語》班，再與徐醒民先生交換講授，由老人講授《下論》、徐醒民先生講授《上論》。是以《論語》上下篇老人皆有講授。老人講授時，徐氏亦於座下聽講，並筆記之，撰寫聽講筆記，名爲《講要》，連載於《明倫月刊》，此事經由老人的肯定與許可。據徐氏於「開卷語」所言：「老人辭世生西，諸弟子議以此記入其全集。遂以《明倫》所載之文，編輯成冊。分由諸子校讎，再經脩潤。淹遲至今，始告付印。」〔註14〕徐氏識於民國九十二（2003）

〔註13〕 「聯體機構」一詞，出於筆者聽聞臺中佛教蓮社眾師長之演講。筆者綜合臺中佛教蓮社創立之初，雪廬老人所下的定義，以爲老人所創辦的眾多機構如臺中佛教蓮社、慈光圖書館、慈光育幼院、慈德幼稚園、菩提仁愛之家、菩提醫院等慈善、教育、醫療團體等，因各自有其獨立董事會運作，然運作方針皆依止老人創辦臺中佛教蓮社之初衷宗旨。故云該等機構統稱爲「聯體機構」。

〔註14〕 參李炳南講述，徐醒民敬記：〈開卷語〉，《論語講要》頁5。

年，老人已生西十七載。是以本書的作者欄訂定爲：「李炳南教授講述，徐醒民先生敬記。」此爲本論文的研究主題——《論語講要》——成書的大致概況。

老人生西後，眾弟子思念老人心切，除了《論語講要》的出版之外，亦有蓮社師長比對彙整眾師長聽講老人《論語》課時的筆記，並持續研討老人所授的《論語》至今。爲供研究者之便，群弟子將《論語》講習班老人的演講稿整理，名「論語講記」。「講記」爲未刊稿〔註15〕，與《講要》的成書不盡相同，「講記」是老人口語化的講詞，時常提及時事，也常提示弟子讀《論語》的目的在於成爲一個良好人格之人，解釋經典時，也會舉佛法的例子，讓弟子更明白。據徐醒民先生所言，《講要》當時在《明倫月刊》連載，老人提示徐氏須剔除大部分的佛學詞彙，以避免門戶之見。《論語講要》與「論語講記」都是記載老人講述《論語》的文獻，然而因爲「講記」的集成目的是爲了方便弟子及後學研究老人的《論語》學，尚未出版，只放在網路上供研究者使用。在「講記」當中，老人曾說明自己講述《論語》時，常引時事與發議種種因時因地之言，所以不贊同弟子錄音、流傳〔註16〕。《講要》則是經徐氏筆記整理，再潤飾成篇，最後成書。是以本文研究的範疇，以成書後的《論語講要》爲主。倘有無法理解之處，並參看「論語講記」作爲輔助。

前已述及，老人講授儒經，並非從晚年才開始。在講授其他佛學經典，或史書、古文時，亦不乏論及儒學或專講《論語》的情形。然而因爲老人並非以專研《論語》爲學問最終志向，所以老人的其他《論語》學說，則不列

〔註15〕　「論語講記」全文已刊登於臺中佛教蓮社全球資訊網（http://www.tcbl.org.tw）之「經典今註」。整理者鍾師清泉搜集眾多老人《論語》講習班弟子之筆記，統整而成，是以老人口語寫成之逐字稿，其性質較爲詳實，偶有以時事爲例，作爲講述的引證。「論語講記」前言聲明云：「此分「講記」只是略事整理，難免有所錯謬，敬請參閱者暫勿列印流通，也請勿上傳其他網頁，感激不盡。」因此「講記」僅作爲研究、參考之用。

〔註16〕　如「講記」〈公冶長〉〈課前講話〉老人云：「吾的講法，採取古書今講。現今的飲食等等一切都不同於以前，現今的事你們要學，依著從前的原則，現在就能辦出來，所以講的都是現在實用的話。吾常說現今的事，事有好有壞，用比喻來說明。佛法有性相二宗，相宗多比喻，吾以善惡事情比喻，要清楚知道比喻的意義，你們在此聽或許可以不誤會，縱使誤會也可以來問，如禪宗有佛來殺佛，祖師可以說，你說了就有害處。因爲用現今的事來比喻，所以吾不希望你們錄音，只要還有精力，必定爲你們說，沒有什麼秘密，吾講論語，不要錢，只希望眾生好而已。」見「論語講記」（明倫海會網站：中華文化，經典今注，論語講記）。http://haihui.ntcu.edu.tw/index.asp。

入本論題的研究範疇。如此研究範疇鎖定在《論語講要》，一是因爲成書後的流傳價值更高，二是此爲老人專心致力開辦《論語》班的重要成果，如此便能將焦點確定，此爲筆者的研究目的。

第三節 前人研究的回顧

有關前人研究雪廬老人思想特色的活動或論文，至今有多種重要著作。茲將與老人儒學研究相關的活動、論文特別回顧、檢討。老人爲山東濟南人，1986 年往生後，山東濟南大學於 1996 年 7 月舉辦了討論老人學術思想的研討會，臺中佛教蓮社的幾位師長討論了老人各方面的思想及成就。此次爲老人往生後，學術界第一次開辦研討會討論老人之思想，由濟南大學主辦，並邀請老人在臺灣的弟子前往赴會，是名「儒學研討會」。此次研討會共有五人發表五篇論文〔註17〕，其中關於討論老人儒學思想的篇章，有中興大學化學系副教授謝嘉峰先生〔註18〕，討論的是老人對《論語》「志於道」章的看法，首先討論了老人對《論語》此章視爲中華文化綱要的重要性。〔註19〕隔年 1997 年，濟南大學再度舉辦「儒學研討會」，討論的範疇更廣，除了討論老人的學術思想之外，亦討論儒學方面的論文。臺灣方面有中興大學的劉錦賢先生、江乾益先生、臺中佛教蓮社的劉國榮先生、李榮輝先生、王能傑先生赴會參加。〔註20〕

〔註17〕 此五篇論文，大陸方面有濟南大學董時先生之〈李炳南的倫理觀〉，臺灣方面有四篇，分別是謝師嘉峰的〈志於道，據於德，依於仁，游於藝——雪廬老人爲中華文化提綱及闡釋〉、吳師碧霞的〈雪廬老人的精神與風範〉、吳師聰敏的〈雪廬老人學術思想與貢獻〉、張師清泉的〈雪廬老人「山東古調」唐詩吟誦研究〉（濟南市：濟南大學儒學研討會，1996 年 7 月）。董時之文後刊於《濟南大學學報》，臺灣方面的四篇論文則分別刊於《明倫月刊》267、268、269、271、272、273、283、284 期（1996 年 9、10、11 月，1997 年 1、2、3，1998 年 4、5、6 月）。

〔註18〕 謝嘉峰先生爲筆者父親，爲行文順暢，全文提及皆以蓮社師長稱之，特此註明。

〔註19〕 此文後刊登於《明倫月刊》，參見謝師嘉峰：〈孔學廣播錄存——雪廬老人爲中華文化提綱及闡釋〉，《明倫月刊》第 268、269 期（1996 年 10 月、11 月）。

〔註20〕 此次研討會發表的論文有董時先生的〈儒學是人格學——李炳南教授的儒學觀〉、李師榮輝的〈雪廬老人儒學思想與實踐之研究〉（濟南市：濟南大學儒學研討會，1997 年 4 月）等。

　　2006 年，老人往生二十周年，徐醒民先生撰寫〈弘儒弘佛一詩翁〉一文，以紀念老人。此文將老人浮海來臺的後半生詳實描述：弘揚儒學、弘揚佛學、並作詩言志，確為老人一生之寫照，實為中肯之篇章。若要直接了解老人一生的全貌，應觀此文。適逢老人往生二十周年，臺灣中興大學及臺中佛教蓮社亦聯合籌辦紀念老人之學術研討會；其中將老人生平、學術、教育事業各方面的成就，都做了深入的探討。此次研討會討論老人儒學思想的篇章有二篇，一是鍾師清泉的〈雪廬老人弘傳《論語》析探〉、二是洪師錦淳的〈雪廬老人《禮記》選講特色及其所涵蘊的價值〉〔註21〕。鍾師清泉的論文是學術界第一篇直接討論老人弘傳《論語》的思想與貢獻，亦是啓發筆者深入探討《論語講要》重要之文。而雪心文教基金會也舉辦紀念老人往生二十周年的音樂會，並出版往生二十周年紀念專刊〔註22〕。筆者撰寫碩士論文期間，從業師處得臺灣大學出版中心出版的《東亞論語學：中國篇》〔註23〕論文集，其中張崑將先生以〈正統與異端：李炳南與南懷瑾的《論語》詮釋比較〉〔註24〕為論題，將老人與南懷瑾先生的《論語》著作作一比較，所言大致正確，惟有少部分對老人講述《論語》的背景及解經態度，與筆者研究有所出入，恐須來日補正〔註25〕。此文是學術界第一篇探討《論語講要》

〔註21〕 本次研討會共有專題演講一場：吳師碧霞的〈雪廬風誼——俠骨詩情醇儒本色〉；學術論文十篇，除上述所列二篇，其餘分別是連師淑美〈廣弘大藏教，指歸彌陀行——雪廬老人講經與修行歸趣探析〉、林其賢〈雪廬老人的佛教教育理念初探——以大專佛學講座課程規劃為核心〉、任師容清〈從「一絲不苟」到「一心不亂」——雪廬法書析論〉、周玫觀〈巧把金針度與人——雪廬老人《弘護小品彙存》講表試探〉、劉靜宜〈雪廬老人儒佛教化事業概述〉、吳師聰敏〈寶島遍栽九品蓮——由《佛說阿彌陀經義蘊》管窺雪廬老人的淨土思想〉、張師清泉〈雪廬老人《詩階述唐》析探〉、陳器文〈就生命氣質與生命意識探討李炳南教授之詩歌創作〉。除了劉君靜宜發表的論文，其餘發表論文皆收於陳器文主編：《紀念李炳南教授往生二十週年學術研討會論文集》（臺中市：青蓮出版社，2006 年 10 月），徐氏醒民先生之〈弘儒弘佛一詩翁〉亦收於此論文集，以徐氏此文作為代序。

〔註22〕 朱心蘅策劃主編，吳麗娜執行主編：《回首前塵二十春——雪廬老人示寂二十週年紀念專輯》（臺中市：雪心文教基金會，2006 年 3 月）。

〔註23〕 參見黃俊傑編：《東亞論語學：中國篇》（臺北市：國立臺灣大學出版中心，2009 年 9 月）。

〔註24〕 張崑將撰：〈正統與異端：李炳南與南懷瑾的《論語》詮釋比較〉，頁 552～597。

〔註25〕 如《論語講要》的成書先是單篇刊載於《明倫月刊》雜誌，從未以「論語講義」為稱，張氏恐將老人《講要》中的《雪公講義》與《論語講要》混用，而有多處誤撰寫為《論語講義》。又如張氏云「李氏跟隨孔德成定居臺中，隨

解經方法之文，亦對筆者的研究有互相輔證之用。

　　據陳師雍澤在其碩士論文《雪廬老人儒佛融會思想研究》〔註 26〕，歸納前人研究成果之統計，研究老人思想學問、事功的相關文獻約有十六篇〔註 27〕。陳師碩士論文出版於 2006 年 4 月，實為現今討論老人儒佛思想最完備的著作。該書深入討論老人「內佛外儒」的思想內涵。在陳氏碩士論文之後，2009 年 6 月，彰化師範大學國文所吳君旭真更以老人詩集《雪廬詩集》中的〈浮海集〉為碩士論文研究論題，是學界首次鎖定老人的文學作品作為碩士論文論題〔註 28〕。前述諸人或為老人早期弟子、或為老人晚年弟子、或為老人再傳弟子，偶有學術界其餘儒學研究人士，研究老人思想已有初步可觀的成果；前人已講述老人生平的部分，筆者盡量不再贅述，惟老人的儒學思想受孔學影響甚深，倘若討論與《論語》做人處世道理相關者，筆者必須提出。而有關雪廬老人研究的其他相關論文及著作，筆者將統整〈雪廬老人研究文獻目錄〉於附錄十。

第四節　研究方法和程序

　　本文以「釋經學」的角度為研究起點，站在今日的位置，研究雪廬老人講授《論語》的目的及內涵。研究方法或可稱為研究進程，也隱含筆者的研究心態。筆者忝為老人再傳子弟，在研究上最大的限制是將老人的思想「述而不論」，並且以為老人的見解都是最好或是妥當的。倘若能研究出這樣的

即開辦《論語》講習班」之語（頁 579），實際上老人是六十歲來臺，九十一歲才開辦《論語》講習班。且張氏認為老人講經是「必依祖注」，而南氏是「以經解經」（頁 563），實際上老人講經亦是「以經解經」，這也是張氏文章所闕漏之處。

〔註 26〕 參見陳師雍澤：《李炳南先生儒佛融會思想研究》（臺中市：國立中興大學中國文學系碩士在職專班論文，2005 年 6 月），後出版時，題目更為《雪廬老人儒佛融會思想研究》（臺中市：青蓮出版社，2006 年 4 月）。

〔註 27〕 同上注，《李炳南先生儒佛融會思想研究》，頁 13～32。

〔註 28〕 在吳君之前有二篇專門討論老人詩作的單篇論文，一是顧敏耀〈搜腸嘔血識辛酸‧天教留與後人看──雪廬老人李炳南在臺詩作研究〉，《2005 臺中學研討會「文采風流」論文集》（臺中市：臺中市文化局，2005 年），頁 409～461。二是陳器文教授：〈就生命氣質與生命意識探討李炳南教授的詩歌創作〉，李炳南教授往生 20 週年學術研討會會議論文，後收於《紀念李炳南教授往生二十週年學術研討會論文集》。近期則有王師志賢（字步先）〈〈歲朝受賀〉詩解讀〉一文，刊載於《明倫月刊》403 期（2010 年 4 月）。

結果來，當然是筆者所期望，但不可先以此心態做爲研究進程的主要模式，而是儘量以客觀的方法來呈現。是以，筆者在處理老人詮解《論語》的同時，應先整理出老人見解與古來重要注解有何歧異之處，再說明原因。其次，再由筆者對經說的體認、以及古今較重要的《論語》、《四書》著作來判別相對性的優劣。最後再探討老人詮解《論語》思想特出之處，在當時乃至於今日社會所代表的意義。

　　知人論世，老人一生的經歷與晚年開班講述《論語》有著密不可分的關係，因此，即使前人已對老人的生平做了詳盡的概述，筆者仍需在第二章研究老人的生平狀況。前人若對老人生平描述已詳盡、完備之處，筆者以略談的方式引用；老人一生弘揚佛法，對於其在佛教界的成就及貢獻，是佛教界眾所皆知的；中央研究院臺灣史研究所許雪姬先生總策劃的《臺灣歷史辭典》〔註29〕，更將老人事蹟收入〔註30〕。惟該辭條誤植了老人的法相，所幸有中央大學文學博士顧敏耀先生在《歷史月刊》爲老人辨正〔註31〕。在清末民初、戰爭頻仍的時代裡，有幾位儒者與老人用同樣的歷史眼光來宣揚儒佛，其中楊仁山老居士（1837～1911）所辦的文教事業對老人有很大的影響力，爲老人私淑仰慕的大善知識，前文所引陳師雍澤的碩士論文更將楊仁山居士與老人的弘法事業做一比較，以證明兩位在時代流動下的悲慟與致力弘法的敏銳眼光。兩位先生的儒學造詣甚高，亦同樣研讀儒經、並傳授弟子。是以在探討老人《講要》的成就前，需先處理其儒學教化的外圍問題。

　　老人是「弘儒弘佛一詩翁」，浮海來臺前後撰寫許多詩作，弟子們集結成《雪廬詩集》〔註32〕。前述吳君旭眞之碩士論文，首先以學位論文的方式，

〔註29〕　許雪姬總策畫：《臺灣歷史辭典》（臺北市：遠流出版公司，2004 年 5 月）。
〔註30〕　《臺灣歷史辭典》，頁 383。
〔註31〕　參見顧敏耀：〈臺灣歷史辭典詞條商榷：以王見川撰〈李炳南〉條爲例〉，《歷史月刊》222 期（2006 年 7 月），頁 128～133。此文經顧君修改後，收入張師錦郎主編：《臺灣歷史辭典補正》（臺北市：臺灣學生書局，2009 年 10 月）之附錄四：詞條商榷，頁 377～392。顧君修正的部分主要是正文前再加以說明撰寫動機、正文後試擬一條「李炳南」辭條，詳見該書頁 390～391。顧君研究領域爲臺灣古典詩，其博士論文將老人詩作列入研究範疇。參見顧敏耀：〈臺灣古典詩與戰後移民社群──以李炳南在臺詩作爲例〉，《臺灣古典文學系譜的多元考掘與脈絡重構》（中壢市：國立中央大學中國文學研究所博士論文，2010 年 1 月），頁 177～212。
〔註32〕　李炳南：《雪廬詩集》上下冊，收入《李炳南老居士全集》詩文類之二、詩文類之三（臺中市：青蓮出版社，1989 年 4 月）。

將老人來臺後詩集中〈浮海集〉作爲研究主題。筆者不贅述其研究成果，然老人早年弟子徐師醒民所言，老人的詩中都包含了儒、佛的教化，是以筆者將選擇老人相關詩作，作論述的輔證。而對於老人的事蹟及人格氣象，除了文獻資料記載之外，又因去古未遠，筆者將親自訪問老人的嫡親、老人在南京弘法時的護法者之後代、老人在臺灣學術界弟子、老人在佛教界之弟子，做爲了解老人的重要一手資料。從親炙老人的弟子口中得知老人形象，可做爲研究輔助。可參考附錄四、七、八、九。

　　本論文第三章到第五章的部分，爲論文核心。第三章論述《論語講要》的成書過程，將老人開辦《論語》講習班的前因後果，一一討論發掘其意義。特別指出《論語》班開辦時，首先參考徐英（1902～1980）的《論語會箋》〔註33〕、劉寶楠的《論語正義》，但爾後有弟子發現清末民初程樹德先生的《論語集釋》，呈與老人參閱，老人在開講大約一個月後，就選擇以《集釋》爲主要參考注解。老人之所以稱爲一經學家，是因爲其《論語講要》由弟子記錄編成、出版，爲證明《論語講要》爲老人儒學思想之精華，《論語講要》的成書過程必須釐清。第四章深入討論《講要》的解經方法。首先分析老人引用古注的情形，其教授目的雖是以完成人格爲主，但考據也必須詳實。所以注解的時候，無論是義理、考據的問題，盡量達到盡美盡善。又《講要》正文體例包含了《雪公講義》，此爲老人親自撰寫的上課講義，雖然並非每一章的講解都有《雪公講義》，卻也可從此見出哪些是老人特別重視而說明的篇章。老人平時講經、講課，善用「科表」〔註34〕，是以在《講要》當中也有科表的輔助，如同現今的圖表，有助於學生吸收、統整。《講要》當中的「科表」又比《雪公講義》更少，所以也應探討。此章期能發掘老人如何解決了當前《論語》學的種種問題。第五章《論語講要》思想述，是本論文的核心精華，老人儒佛融會，其《講要》是以學習中華文化爲中心，以開發本有性體爲總綱領，詮解原則是儒佛相通，最後是理性尊重所有古先賢的注解。第六章結論，總結《論語講要》的最大意義，在於追求「人成上達佛成」，在這以前，是堅持「實踐以成人道」。

〔註33〕 徐英（澄宇）：《論語會箋》（臺北市：正中書局，1976年12月）。
〔註34〕 《李炳南老居士全集總目錄》（臺中市：青蓮出版社，2006年夏曆3月）〈編輯例言〉載：「先師講經，不寫講稿，只編講表，或就經本加以眉注，以及經文之旁加以小注。」，頁6。

第五節　相關《論語》研究述要

　　民國以前之《論語》學，歷來研究已有很多介紹，筆者擬以重點的方式略作呈現。雪廬老人身處清末民初之際，而《論語講要》的問世則在 1949 年之後。蓋與老人同一時期、或前代的學者是如何詮釋《論語》一經，應先瞭解。老人一生以弘儒弘佛爲職志，其實踐性的《論語》講述必有師承。是以本節分三段討論，首先闡述民國以前的《論語》學，其次說明民國時期《論語》學概況，最後再闡述實踐性《論語》研究，以期進入論題前，能有一廣泛的理解。

一、歷代《論語》重要注本

　　古今注解《論語》的書籍汗牛充棟，具代表性的重要著作有數種。由歷代注解本的解經方法，可見其對經典詮釋的態度。老人對於這幾種注解，一體尊重，《講要》中引述的古注大都不出於此：

　　何晏等編撰《論語集解》是今存最早的《論語》注本，纂集了孔安國、包咸、周氏、馬融、鄭玄、陳群、王肅、周生烈八家之說而成書。所集八家均爲漢、魏時人，去古未遠，「堪稱集漢、魏諸儒訓解《論語》之大成」〔註 35〕。且因去古未遠，《講要》引用《集解》處頗多，最常直引孔安國說、包說、馬融說、鄭玄說。

　　南朝梁皇侃爲何晏《論語集解》作的《疏》，反映魏晉玄學家對《論語》的見解。特色是文字淺近，易於了解。又薈萃眾說，保存舊注。然皇本經文常有不同於《集解》本之處，《講要》也常選擇可備一說之處，將之列出。

　　宋代邢昺《論語正義》，也是爲何晏《論語集解》作的《疏》，由宋眞宗下詔，邢昺改定舊《疏》而成。此書可代表漢、宋之學轉變中，對《論語》的見解，刪除皇《疏》中部分的佛、老思想後，敷以義理，大抵傾向名物訓詁。皇《疏》、邢《疏》都是《講要》常引用的注解，因爲其訓詁有方。

　　宋代朱熹窮四十年之功，經多次改訂始竣工的《四書章句集注》，當中的《論語集注》，是朱子一生用盡心力完成的重要著作。徵引漢代以下三十五家有關《論語》的義說，而以二程及其友朋、門生爲主，是宋代理學家對《論

〔註 35〕參見葉國良、夏長樸、李隆獻合著：《經學通論》（臺北市：大安出版社，2006年 10 月），頁 363～365。

語》見解的代表作。特色是重義理闡發，頗能掌握《論語》的精髓。但「說解時不免摻雜理學觀點，義理固然精到，卻未必合乎《論語》本義」。〔註36〕正因如此，《講要》倘援引之，則定為老人深思熟慮之後而決定引用，若朱子過度的想像來詮解《論語》，老人也會特別提出評論。

　　清代劉寶楠、劉恭冕父子的《論語正義》，亦是為何晏《集解》作的《疏》。此書正是清代漢學對《論語》見解的具體表現，其態度是「不為專己之學，亦不欲分漢、宋門戶之見，凡以發揮聖道，證明典禮，期於實事求是而已」。〔註37〕此書博採清人注釋、考證的新資料，可說是清儒訓釋《論語》的集大成之作。雖偶有繁瑣之病，然擺脫「疏不破注」的陋規，有駁正《集解》誤說之處。老人對於《論語正義》持較肯定的態度，因為《正義》將宋儒批評前儒的部分都剔除，也較公允。

　　民國時期程樹德《論語集釋》是繼朱熹《集注》而作，薈萃宋後諸家之說，分類採輯，並收錄由漢至唐之古注，收羅豐富，常有新義、按語、發明。惟錢賓四先生謂其書「凡十類四百八十種，異說紛陳，使讀者如入大海，汗漫不知所歸趨」。〔註38〕誠然，錢氏撰《論語新解》亦應時代需求，然做為學術研究，必定得回歸原典，若就《論語》歷代釋經學之立場，當以《集釋》入手。老人講授「論語班」即以程氏《論語集釋》為主要參考注解，上課同學無論正式生、旁聽生也都人手一本《論語集釋》，是以筆者認為，程氏的《集釋》尤需老人發掘，其精義才得以發明。

二、民國時期《論語》學述要

（一）一般《論語》學述要

　　近年來因為「民國學」的興起，無論是在臺灣、或是在中國大陸，多有研究「民國學」的論文出現。所謂「民國時期」，是指民國元年（1912）至38年（1949）新中國成立前的階段。在中國大陸方面，2005年4月劉斌率先以《民國四書文獻研究》為論題，完成碩士論文，2008年4月則以《民國《論語》學研究》為論題完成博士學位〔註39〕。民國時期的《論語》學已有初步

〔註36〕　《經學通論》，頁366～367。
〔註37〕　《論語正義》，〈劉恭冕後序〉。
〔註38〕　參見錢穆：《論語新解》（臺北市：東大圖書公司，2008年10月），原序頁1。
〔註39〕　以上兩本學位論文，參見劉斌撰，魏永生指導：《民國四書文獻研究》（濟南

的討論。《民國《論語》學研究》下編以專書解讀了民國時期重要《論語》注解本，分章析論了簡朝亮（1851～1933）的《論語集注補正述疏》〔註40〕、馬一浮（1883～1967）的《論語大義》〔註41〕、程樹德（1877～1944）的《論語集釋》及趙紀彬（1905～1982）的《論語新探》初版〔註42〕。劉氏所選的四位民國《論語》著作，有四種解經方式，分別從宋學、漢學及馬克斯主義等思潮方向解釋《論語》，展現民國時期《論語》學之不同風貌。然而，民國《論語》學的特色不僅這幾種，若將時期推得更廣的面向來看，民國時期乃至於近代中國重要的《論語》注解本，如楊樹達（1885～1956）的《論語古義》〔註43〕、楊伯峻（1909～1992）的《論語譯註》〔註44〕、陳大齊（1887～1983）的《論語臆解》〔註45〕及前述錢賓四（1895～1990）《論語新解》等著作，皆可看出其紛然之貌。其中楊伯峻的《論語譯註》為白話解釋，內容較淺白，成為廣泛流通的版本。晚近學者在描述民國時期的經學研究時，總以為五四運動已終結經學。根據業師林師慶彰教授從1989年開始編輯的《經學研究論著目錄（1912～1987）》發現，經學專著有六百多種，經過數年的努力及「民國以來經學研究計畫」的進行，林師最新統計民國時期的經學專著約有一千三百種。今觀林師主編並已出版的《民國時期經學叢書》第一至第四輯，有關《四書》或《論語》的著作即達四十一種〔註46〕。這些著作或就前朝學者的《論語》著作擴充，如章太炎的《廣論語駢枝》〔註47〕，意為廣清人寶應劉台拱之《論語駢枝》〔註48〕而作，或如王伯沆圈點手批朱熹的《四

市：山東師範大學碩士論文，2005年4月）。劉斌撰，龐樸指導：《民國《論語》學研究》（濟南市：山東大學博士論文，2008年4月）。

〔註40〕 簡朝亮：《論語集注補正述疏》（北京市：北京圖書館出版社，2007年5月）。

〔註41〕 馬一浮：《論語大義》，收於劉夢溪主編，馬鏡泉編校：《中國現代學術經典・馬一浮卷》（石家庄市：河北教育出版社，1996年8月）。

〔註42〕 趙紀彬：《論語新探》（北京市：人民出版社，1976年）。

〔註43〕 楊樹達：《論語古義》（上海市：商務印書館，1934年）。

〔註44〕 楊伯峻：《論語譯註》（臺中市：藍燈文化事業公司，1987年9月）。

〔註45〕 陳大齊：《論語臆解》（臺北市：臺灣商務印書館，1968年3月）。

〔註46〕 參見林師慶彰主編：《民國時期經學叢書》第一、二輯（臺中市：文听閣圖書公司，2008年7月）；第三、四輯（臺中市：文听閣圖書公司，2009年9月）。有關《四書》及《論語》的著作約有41種。《民國時期經學叢書》預計出版八輯，筆者就目前出版狀況推測，民國時期關於《四書》及《論語》的著作應該將近百種。

〔註47〕 章太炎：《廣論語駢枝》，《章氏叢書續編》（北平市：刊本，1933年）第一冊。

〔註48〕 〔清〕劉台拱：《論語駢枝》，《劉氏遺書》，《皇清經解》（上海市：上海書店，

書集注》〔註 49〕等；而對佛學有研究的學者，也探討、弘揚儒家經典，如歐陽漸的《四書讀》〔註 50〕、王恩洋的《論語新疏》〔註 51〕等。自清末乃至民國時期，有些經學家使用新方法和新觀點來解經，新的思潮和新的學問紛紛傳入。新學問方面，如民俗學、社會學等注入傳統學術；新思潮方面，如：三民主義、馬克斯主義、佛洛伊德性心理學等。許多學者利用這些新方法和新觀點來解釋經書，取得相當好的成績。〔註 52〕而《論語》一經，因為文字淺顯，又能與五經相通，討論《論語》的經典大都從「講義」類著手，這是民國時期《論語》一經的經典詮釋概況。雪廬老人來臺灣弘法近四十年，早期至晚期皆曾講述《論語》，然而，對於經典詮釋，不像上述諸人援引太多的新方法來詮釋《論語》，似乎是有意回歸原典，或許是見到近世學者的詮釋過於偏頗，恐有違聖人的真意吧！是以解經特色便是揀擇合情合理優良的古注，深入解析，以影響弟子、信眾在不違古意的情形下，對經典能有深刻的吸收。

（二）宗教《論語》學述要

上述民國時期《論語》研究，曾提及許多對佛學有研究的學者也探討儒家經典。其實也有修行深厚的出家師父或信仰虔誠的在家居士，敬重儒家經典，並加以宣揚。然而，從經學歷史來看，儒佛不是一直都處於和平相處的模式，從梁武帝主張會合儒、釋、道三教開始，經學除了具玄學的色彩，也添加了佛學的成分。受到唐朝佛法興盛的影響，儒家思想受到動搖，中唐以後開始有了對佛學的反對，如韓愈、李翱排佛的學說。宋儒漸受韓、李學說的影響，雖然吸收了佛道二家的思想，使經學完全理學化，卻極端排斥佛道二家思想。彼時，釋智圓（976～1022）、釋契嵩（1007～1072）及張商英（1043～1121）都曾駁斥，但程朱之學成為主流，主張儒佛二分的思想一直影響士人。到了晚明，陽明之學興起，大量以禪、道解釋儒經，才會有滿益大師《四書

1988 年）卷 798。

〔註 49〕 〔宋〕朱熹集註，王伯沆圈點手批：《圈點手批四書集註》，《民國時期經學叢書》第 4 輯（臺中市：文听閣圖書公司，2009 年 9 月）第 44、45 冊。

〔註 50〕 歐陽漸：《四書讀》，《民國時期經學叢書》第 3 輯（臺中市：文听閣圖書公司，2009 年 9 月）第 40 冊。

〔註 51〕 王恩洋：《論語新疏》，《民國時期經學叢書》第 4 輯（臺中市：文听閣圖書公司，2009 年 9 月）第 49 冊。

〔註 52〕 參見林師慶彰《民國時期經學叢書》〈序〉。

蕅益解》這種儒佛融會的作品產生。

　　從清末到民初，佛教團體除了在佛教思想上革新，對於傳統經學、儒學的弘揚，也產生一定的作用。南京著名的「金陵刻經處」除了流通佛經之外，創辦人楊仁山居士（1837～1911）在講學四十年間也同時闡揚傳統經學，並有《論語發隱》、《孟子發隱》等經學著作傳世〔註53〕。楊氏弟子歐陽竟無居士（1871～1943）後在金陵刻經處創設「支那內學院」，對唯識法相學有深入的研究，除了多種佛學著作之外，經學著作亦有《四書讀》、《論孟課》、《中庸傳》等書傳世；相較於楊氏、歐陽氏義理式、講義式的經學著作，楊氏的再傳弟子、歐陽氏的入室弟子──王恩洋居士（1897～1964）也於弘揚佛法、創辦「東方文化研究院」前後，陸續有龐大體系的幾種經學著作流通：如《大學新疏》、《孟子學案》、《論語新疏》、《孟子疏義》等。由清末民初佛教居士對民間社會推廣教育的角度來看，此時此區域講學氛圍中，經典詮釋的特色有濃厚的儒佛融會思想。這種經學史上的轉變，除了政治動盪的外圍因素之外，其義理相融合的辯證也是重要因素。民國時期經學研究對近代思想史、學術史、宗教史上之影響甚廣，換言之，宗教研究對經學史也有輔助的影響。雪廬老人除了承接種種《論語》注疏傳統，又具豐厚的佛學涵養，可說其《論語講要》有著宗教性質。在理解老人的解經特色前，必須對此加以瞭解。

　　除了佛教性《論語》研究之外，結合道家思想、基督教信仰與儒家思想而共同討論者，也有多種著述問世。著名的著作如江希張（1907～2004）的《四書新編》〔註54〕，王治心（1881～1968）的《孟子研究》〔註55〕。江希張將儒、釋、道三家融合為一，又因其九歲神童之姿，廣為宣傳息戰思想，影響頗大；王治心則是虔誠的基督徒，卻也大力弘揚中華文化與基督教思想的相通性。這在民國時期的經典詮釋史上，可以看出知識分子的種種憂患與愛國情操。

〔註53〕有關楊氏著作，可參考《楊仁山集》（北京市：中國社會科學出版社，1995年12月）；文集可參考劉靜嫻、余晉點校：《楊仁山文集》（合肥市：黃山書社，2005年12月）；或可參考《楊仁山卷》（武漢市：武漢大學出版社，2008年12月）。

〔註54〕江希張：《四書新編》，《民國時期經學叢書》第2輯（臺中市：文听閣圖書公司，2008年7月）第48冊。

〔註55〕王治心：《孟子研究》，《民國時期經學叢書》第2輯（臺中市：文听閣圖書公司，2008年7月）第52冊。

第二章　雪廬老人及其著述

　　前人闡述老人的生平事蹟、著述內容，已有大量資料的統整與記錄。本章站在前人的基礎上，試著用後學的身分詮釋，必要時闡述自己的心得感想。倘有發現新資料，則補充之。本章共分五節，第一節〈生平：弘佛闡儒一詩家〉，從徐醒民先生懷念老人撰寫的〈弘儒弘佛一詩翁〉此文著眼，再重申其弘揚佛學、闡釋儒學的意義；而也由於老人詩作的量多質精，堪稱是一位「詩家」。由此三項，大抵可說是老人一生的全貌。第二節至第四節，分別描述老人的志向、詩文、著述，皆含有濃厚的佛法味道，而這也是老人悲憫世人的實踐表現。第五節強調其學術特性，是漢、宋注解並重，古今學說通讀，一種接納百川而發掘精義的包容氣度。

第一節　生平：弘佛闡儒一詩家

　　李炳南老居士（1891 年 1 月 16 日～1986 年 4 月 13 日）〔註1〕諱豔，字炳南，號雪廬，弟子及時人稱他爲雪公〔註2〕，山東濟南人。皈依淨土宗第十

<hr />

〔註1〕老人的生年是〔清〕德宗光緒 16 年，歲次庚寅夏曆 12 月 7 日；卒年是民國 75 年，歲次丙寅夏曆 3 月 5 日。按中國曆法，享壽 97 歲。

〔註2〕按：雪廬老人往生前，其佛門弟子稱老人爲「老師」，若在蓮社稱「老師」，即指雪廬老人；學界弟子則以「李老師」、「雪老」稱之。老人往生後，老人弟子則稱老人爲「雪公」、「雪公老師」、「雪公老恩師」等。及至全集編出，命名爲《李炳南老居士全集》，然對於出版之墨寶則稱《雪廬老人題畫遺墨》（臺中市：青蓮出版社，1997 年 9 月）。本文依止陳師雍澤之碩士論文《雪廬老人儒佛融會思想研究》，及今臺中佛教蓮社徐師醒民導師平日稱呼老人之方式，稱老人爲「雪廬老人」。除特別說明，本文稱「雪廬老人」及「老人」皆

三代祖師印光大師，法號德明。別署雪僧、雪叟、雪和尚〔註3〕。於 1912 年任濟南通俗教育會會長〔註4〕，1920 年任山東莒縣典獄長〔註5〕。此段期間，老人推行通俗教育會、並擔任莒縣的典獄長；然此時戰事頻仍，老人也在此經歷中，辦下了許多特出的事蹟，並且對往後學佛、茹素〔註6〕，種下了因緣種子。老人於 1934 年任莒縣重修縣志分纂，1937 年因重修縣志總纂太史莊心如先生的推薦，入孔府任大成至聖先師奉祀官府祕書，後晉任主任祕書。抗戰期間，隨孔德成先生（1920～2008）遷至重慶。1946 年至 1949 年，隨奉祀官府至南京。1949 年受孔先生之命，押孔府卷宗至臺灣，在臺中定居，並於臺中法華寺弘法。孔先生來臺後，因定居臺北，孔府亦遷往臺北，然老人已將臺中佛法振興起來，遂在臺中蓮友的挽留下，與董正之、徐灶生、朱炎煌、

指李炳南老居士。

〔註3〕 老人學習佛法的歷程曾接觸許多佛教祖師大德，先後親近了梅光羲大士（1880～1947）、印光大師（1861～1941）、太虛大師（1889～1947）、紅教諾那呼圖克圖（1865～1936）、白教噴噶呼圖克圖（1893～1957）、北京真空禪師等，學唯識八年、學禪學八年，最後導歸淨土。參見〈雪廬老人事略〉、陳師雍澤《雪廬老人儒佛融會思想研究》。老人與印光大師的因緣，可參看于凌波居士：《李炳南居士與臺灣佛教》（臺中市：財團法人臺中市李炳南居士紀念文教基金會，1995 年 10 月），頁 20～21：「又三年，專程到蘇州報國寺謁印光法師，師在關中接見，勉勵有加。師在關中接叩見者，例語十數分鐘，而雪廬竟蒙開示終日。」

〔註4〕 蓋此時老人二十三歲，即與濟南學界組成通俗教育會。參見李炳南教授百歲紀念文物特展籌備會編：〈雪廬老人事略〉，《李炳南教授百歲紀念特刊》，頁 9：「五年，更名私立通俗教育研究會，設講座於西門月洞，日日講學；又時往各集鎮遊行講演，並編印贈通俗詞曲，山東省府獎譽有加。」足見其宣揚中華文化的行動力。

〔註5〕 〈雪廬老人事略〉，頁 10 載老人任典獄長，對其悲憫之心的增長。其云：「民國九年（一九二〇），公管莒縣監獄，目擊監房湫隘，垂憫囹徒，即謀興革。紆折五年，重建監舍，炳煥寬敞，設施完善。又倡德化重於刑齊，加強獄中教化，俾囚人知非向善。因罹疾病，以精湛之醫術療之。罪屍無主者，代收瘞之。公始崇儒，宅心厚道；繼讀山東法科學堂，教授時講因果，以喻法學。時有梅教授擷芸光羲，南昌孝廉，掌秋官於魯省，精邃內典法相學，於大明湖畔組佛學社，講授相宗。公聽而悅之，每講必與，儒釋洞達，故從獄政，格外施仁。」此也是老人由法學入佛學的契機。今莒縣檔案亦載有老人典獄長的典範事蹟。

〔註6〕 〈雪廬老人事略〉，頁 10～11。文中談到老人終身茹素的原因，是因為民國十六年至二十年間，老人見到中央、地方各軍內戰傷國、危及莒縣百姓安危，「公在艱彌屬，偶閱及豐氏子愷《護生畫集》，深感弭兵之本，乃在戒殺護生。遂為蒼生立誓，是難不死，決定終身茹素。未幾，兩軍撤離，公於是實踐誓言，不復肉食。」

張松柏等先生籌組臺中佛教蓮社。1951 年 7 月，由許克綏、朱炎煌二居士施貲，購得社址，始興建此淨業道場。1952 年在臺中佛教蓮社開講佛學。4 月，成立「國文補習班」，請孔德成等諸位先生講授《論語》、古文等。1961 年 11 月，創慈光圖書館之國學講座與佛學講座。老人精通佛經、書畫，在臺灣弘揚佛教，影響臺灣佛教甚鉅，後以九七高齡圓寂。

老人往生後，治喪委員會編有〈雪廬老人事略〉。云老人的家學淵源，其來有自：「世居城南芬門巷，積善聚族，已歷三百餘年，詩書相傳，簪纓攸續，城中父老咸知李氏第宅。」〔註7〕幼年時，老人是「穎悟好學，諸經子史，循次讀誦」。〔註8〕中壯年時期，「開講以後」則是「兼治歧黃，又好劍術，而於篇什興趣尤濃，吟詠推敲，屢致忘食。迨研究佛學，教、禪、密、淨，皆嘗修持，最後則歸於淨業焉」。〔註9〕老人來臺之前，也就是從年少時期到中壯年時期，經驗、閱歷是非常豐富的。易言之，老人在臺灣的弘法事業雖說是一生的志業，但也正由於經歷種種學識、涵養的磨練機會，才能造就來臺後致力弘法的偉業。老人弘揚佛法，最後都導歸彌陀淨土法門；闡釋儒學，在濟南時推廣通俗教育會、在臺弘揚佛法時，也一直教授弟子們《禮記》、《論語》等儒家經典。晚年開辦《論語》講習班，更相當重視儒學的實踐精神。對於 1949 年前後，在戰亂中流離顛沛的那一代人，我們雖不能完全的體會他們的感受，卻也能理解他們的處境。老人一生喜好古典詩，其詩作不但數量豐富，更是篇篇佳作。無論是對時政懷抱著正義感寫下來的詩作、悲天憫人菩薩心腸而寫下來的吟詠，亦或是懷念故鄉、故人的種種愁思之作，皆是動人的篇章。然而詩作往往隱含種種譬喻，必須對老人有相當程度的了解，才能稍加詮釋。老人量多質精的詩作，可以成為臺灣古典詩的代表詩人；老人的儒家實踐精神，則可以從其對儒家經典《論語》等的重視而發現。弘佛、闡儒，一詩士，可以說是老人一生的寫照。

第二節 志向：佛心儒體期化世

老人接觸佛法甚早，始入私塾時，其學堂即設在一寺廟裡。稍長讀儒家書，受程朱排佛思想影響，也曾燒毀家中佛像經書。當時以為佛法是迷信，

〔註7〕 參見〈雪廬老人事略〉，頁9。
〔註8〕 參見〈雪廬老人事略〉，頁9。
〔註9〕 參見〈雪廬老人事略〉，頁9。

待漸漸深入了解後，才知曉佛法並不迷信，對於曾燒毀經像之事，深感懺悔。〔註10〕從這件事情，可以發現老人對於信仰有一定的堅持。就許多臺灣接觸佛法的信眾而言，並不知曉老人年幼時對於佛學思想的見解，但正因為由信生疑、再由疑轉深信，這個過程是經由老人親自學習、實踐、研究，才能在最後展現開來，以達到弘傳佛法的影響力。假設沒有經過懷疑的階段，老人當然最後也有可能會深信佛法；但是在體會「佛法是迷信」的思惟並不正確，找到證據之後，歡喜心是最為深刻的，也最能視此信仰為最終依靠，並成為老人一生弘傳的中心思想。

老人的儒學教化，可從其教育事業窺見一二。老人曾云：

> 本人來臺灣至今已三十多年，開始就是儒佛並重。當初一來就辦「國文補習班」講中國文化，同時也講佛經。三十年前如此，三十年後的今天也如此。……我是儒佛雙修的人，我就按照我的講法。孔子自己就是「志於道，據於德，依於仁，游於藝」的人，孔門弟子觀察孔子就是如此。現在研究中國文化的，對孔子這套不懂，學佛的人也看不起孔子，那更是荒唐。〔註11〕

這也是老人儒學教化一直不離佛學教化的心情寫照。老人創辦臺中佛教蓮社，其組織有念佛班、佈教所、聯體機構、大專佛學講座、內典研究班、《論語》講習班、國學啟蒙班、社教科，以及廣播、雜誌、出版等各方面。其儒學教化是與佛學教化事業同步進行，成果有如劉君靜宜所言：「第一、強調國學啟蒙，開創讀經風氣。第二、注重常禮規範，倡導佛化禮儀。第三、鼓勵三代同修，落實淨土法門。第四、樹立儒佛典範，德澤廣被四方。」〔註12〕老人舉辦種種教育事業，都是本著大乘佛法自利利他的精神，並將儒學事業化作種種傳播教育著述立說。此等佛心儒體，是在在化育世人的種種展現，便是老人的志向與精神。可以說是不離儒學精神，也不離佛法精神。

〔註10〕 參見陳師雍澤：《雪廬老人儒佛融會思想研究》，頁38。其云：「此後受到西學思潮的灌注，又受程朱闢佛言論的蠱惑，乃崇儒而斥佛，竟焚自家經像；後研哲學，廣泛涉獵佛學領域，始覺前非，而發探究佛理之心。復蒙梅教授擷芸光義大士指導法相唯識教理，才奠立日後深入佛學教典的基礎。」

〔註11〕 參見雪廬老人：《脩學法要》〈新元講席貢言——世出世法本立道生〉（臺中市：青蓮出版社，2004年4月），頁393～399。

〔註12〕 參考劉靜宜：〈雪廬老人儒佛教化事業探述〉，《紀念李炳南教授往生二十週年學術研究會論文集》，頁133。

第三節　詩文：詩融二教寓雅志

　　《李炳南老居士全集》收錄老人「詩文類」者共分二類，詩類有老人詩作《雪廬詩集》及老人在大專院校開授唐詩課程的講義《詩階述唐》二種；文類則有《雪廬寓台文存》一種。《雪廬詩集》共分六類，收錄〈爇餘稿〉、〈蜀道吟〉、〈還京草〉、〈發陳別錄〉、〈浮海集〉、〈辛亥續鈔〉（附〈雪窗習餘〉）；《詩階述唐》則包含了〈學詩先讀求味〉、〈聲調舉隅〉、〈吟誦常則〉、〈詩惑研討隨筆〉及〈鱗爪概談〉；《雪廬寓台文存》則收錄老人入臺之後的多篇序跋碑文及種種講話，是以《全集》中的「詩文類」由三種不同的作品組合而成。就性質而言，《雪廬詩集》是老人古典詩的創作，《詩階述唐》是老人的詩學理論，而《雪廬寓台文存》則包含了文言及語體的文章。《全集》除上述「詩文類」三種詩文集之外，尚包括「佛學類」、「儒學類」、「醫學類」及「遺墨類」多種，「論著」、「開示」、「講經」等類別的文章皆包含在內。就詩作而言，弟子集結的《雪廬老人淨土選集》〔註13〕中之〈淨土詩偈〉尚有不少未收錄於《雪廬詩集》的詩作，有的也饒富風趣、文學性高；而《全集》中的《雪廬老人題畫遺墨》之外，應有其他遺墨未能收錄完備。老人與友朋弟子的書信往返更難收集完全，只能從已出版的文獻中窺視一二；惟前述所提及的文獻分量豐厚，仍可從中發掘其詩融二教的特色。

　　前章引吳君旭真《《雪廬詩集》〈浮海集〉研究》討論老人的詩作，論文後收錄老人來臺後——早期的弟子——現今臺中佛教蓮社導師徐醒民先生的訪問稿。訪談中，徐氏以為詩言志，老人的詩作頗能表達其「儒佛思想」之志向。如最為流傳的絕句〈殘燭〉：

　　　　未改心腸熱，全憐暗路人。

　　　　但能光照遠，不惜自焚身。〔註14〕

其佛心與儒體的心腸，不斷的燃燒、發熱，全是來自於對眾生的關懷與憐憫。為了將正法傳遞出去，自比為「殘燭」，只要能「光照遠」利益眾生，也不惜「自焚身」，以求將最好的正法帶給眾生利益。這種如佛家的慈悲表現，也與杜甫〈茅屋為秋風所破歌〉中的「安得廣廈千萬間，大庇天下寒士俱歡顏」的儒者風範不謀而合。又如律詩一首〈明倫月刊增廣頌〉：

　　　　數篇論語安天下，六字洪名出世間。

〔註13〕　《雪廬老人淨土選集》（臺中市：青蓮出版社，2004年4月）。

〔註14〕　〈殘燭〉，參見《雪廬詩集》〈浮海集上〉，頁296。

> 易簡聖言辭不費，邦家文物誓追還。
>
> 雲興眾望龍行雨，霧久深藏豹澤斑。
>
> 魚墨氤氳終勿用，蛙鳴日夜厭癡頑。〔註15〕

《明倫月刊》是為傳播「儒佛思想」而設立的刊物，從老人始創辦以來，一直出刊至今。首聯的「數篇論語安天下」，一語道出從儒家《論語》能安定天下的作用；「六字洪名出世間」則指老人家弘揚佛法——尤其是淨土安心法門的方便，單單一句「南無阿彌陀佛」六字洪名的萬德莊嚴，就能使眾生出離世間、得到解脫。「數篇」與「六字」看似極小極少，其影響卻是無論在世間法上，能夠使之安定；更難得的是出離世間，解決了生死大事！整首詩表現了對《明倫月刊》的期許，弘揚儒佛的願力。〔註16〕除了以上所引兩首詩作較能直接表明弘揚儒佛的心願之外，其他尚有多種類型的詩篇。顧君敏耀指出，老人的詩作有多種面向；以一種「接受美學」的角度來看，或許一般人會以為佛教居士的詩作是否都是禪詩、詩偈類為多？以勸人行善、勸人念佛為主？〔註17〕觀《雪廬詩集》則不然，全詩集共分六類（〈雪窗習餘〉附於第六類〈辛亥續鈔〉），其呈現多種樣貌。老人自述前五類的辭情，各個不同：

> 〈爨餘稿〉其辭多憤，〈蜀道吟〉其辭多怨，〈還京草〉其辭多憂，〈發陳別錄〉辭無類，〈浮海集〉其辭多哀而放，溫厚云乎哉，勢所然也。
>
> 〔註18〕

《詩集》的集結是依年代而收，也與老人的經歷息息相關。二次世界大戰之後，能存留下來的稱〈爨餘稿〉，當時老人較年輕，對不平之事較易起憤慨而拔刀相助；避中日戰爭入蜀而稱〈蜀道吟〉，則有種種怨之辭；抗戰勝利入寧，卻又目睹國共內戰的餘波，已知國民政府無法掌控全局，故詩作多憂國憂民。最後浮海來臺，則是時局所逼，與家鄉故人分離之苦，其辭是哀而

〔註15〕　〈明倫月刊增廣頌〉，參見《雪廬詩集下》〈雪窗習餘〉，頁318。

〔註16〕　首聯二句不僅能作為《明倫月刊》的期勉，也可以說是老人創辦眾聯體機構共同的志向。

〔註17〕　顧敏耀：《臺灣古典文學系譜的多元考掘與脈絡重構》，頁180云：「目前在臺灣提及李炳南居士，往往將注意焦點集中於他對佛教淨土宗信仰的大力傳播與理論建樹，但是，其實他也是一位卓然有成的古典詩人，而且其《雪廬詩集》之中，所佔比例最大的就是他來臺之後的詩作，量多（有千餘首之多）而質精，不管寫景、敘事、詠物、抒情或議論皆有獨到之處，李炳南在臺灣文學史、臺灣古典詩史上實應有其一席之地。」其肯定了老人在臺灣詩學界上的地位。

〔註18〕　參見老人〈例言〉，《雪廬詩集》。

放的。〈辛亥續鈔〉（附〈雪窗習餘〉）則作於老人八十以後，又與早期的境界不同：

〈辛亥續鈔〉作於師年八十以後，師謂此詩，興觀群怨交感於中。

是以感懷之辭又甚於前。〔註19〕

在這「量多質精」〔註20〕的詩作當中，有饒富趣味的巧遇童蒙學友〔註21〕、有對古時七夕節慶名改成情人節的微辭〔註22〕、也有獨自遙想故鄉的思念愁緒〔註23〕。顧君敏耀研究歸納出老人詩作的幾大特色，約有四類，分別是「流離懷鄉」、「反映時局」、「歌詠臺灣」及「安貧度眾」，其他主題詩作也呈現紛然樣貌，「在質與量兩方面都足以與這十位詩人在詩壇併騎馳騁而毫無愧色，足以在臺灣戰後古典詩壇佔有一席之地」。〔註24〕前國大代表安國鈞教授曾云：「老人之詩足比李杜，其書法更是一絕。」而顧君的研究也與吳君旭真英雄所見略同，吳君將老人《詩集》中的〈浮海集〉分為三類，分別是「感時抒懷」、「儒佛弘護」與「風俗題贈」。老人詩作當中對於中華文化的保存與重

〔註19〕參見〈編輯例言〉，《李炳南老居士全集》〈總目冊〉，頁8。

〔註20〕所謂「量多」，據顧敏耀統計出老人各時期的詩題數量如下：「〈燹餘稿〉上下二卷共133題，〈蜀道吟〉上下二卷共198題，〈還京草〉一卷共117題，〈發陳別錄〉一卷共55題，〈浮海集〉上下二卷共237題，〈辛亥續鈔〉上中下三卷共774題，〈雪窗習餘〉一卷共128題，全部總共1642題；後三者是來臺之後所作，數量有1139題，比例高達七成。可見李氏在臺詩作不僅是整本《雪廬詩集》的重頭戲所在，亦為臺灣古典詩史上不可或缺的一部份。」顧敏耀：《臺灣古典文學系譜的多元考掘與脈絡重構》，頁184～185。

〔註21〕如〈濟垣雜興八首〉之五：「忽遇當年同硯僧，胸懸梬子手扶藤；拍肩喜極無拘束，脫口還將小字稱。」見《雪廬詩集上》〈還京草〉，頁213～215。

〔註22〕對於傳統文化不受到重視，任易更改而學西方文化，老人頗感慨。如〈情人廟美僑捐建淫祠七夕乃國古節今竟改稱情人節類祀典焉二首〉：「祀有情人典。風從美地來。華僑由被化。紺殿壓新臺。首廢周公禮。兼除月老媒。凡塵與天上。此夜路徘徊。」「萬類乾坤象。倫常寧有私。雎鳩開國祚。奠雁古昏儀。但舉西門豹。河巫失詭辭。中天申信睦。砥柱作君師。」見《雪廬詩集下》〈雪窗習餘〉，頁328。

〔註23〕老人來臺尚能與南京信眾通信，但中共「解放」、國民政府「淪陷」後，兩岸無論電話與信件皆互不相通。老人晚年意外收到家人的來信後有〈得家書〉一詩：「似更衡陽雁，孤飛蒞海濱；穿雲雙翼健，寄我九州春；數語家無恙，深思淚滿巾，難將故鄉事，說與旅臺人。」見《雪廬詩集下》〈辛亥續鈔下〉，頁278。

〔註24〕顧敏耀：《臺灣古典文學系譜的多元考掘與脈絡重構》，頁212。前文所指的十位詩人是顧氏訪問張夢機教授「臺灣戰後詩作成教最高的十位古典詩人」，張氏所擬的十位詩人：「陳含光、于右任、賈景德、彭醇士、李漁叔、周棄子、駱香林、張達修、魏清德以及張默君。」

視，可以說是抒發最多，也感慨最大，其賦詩的動機也是寄寓其佛心儒體的最大表現。

關於老人的為文風格，前人研究重其弘揚儒佛經典的思想層面。老人本著「述而不作」的理念，並不妄發議論。闡釋儒佛經典，必定依循祖師大德的注解。偶有新義，也必定以經解經，找到有力的證據。必要撰寫講義之時，也是從「講表」、「問答」著手。「講表」可以使結構清晰明瞭，「問答」則能扼要解決問題。這二種方法，對於接引初機都是很方便入門的途徑，也可從此瞭解老人的用心。關於老人的著述成就，留待下節討論。老人為詩為文，皆不離儒佛二教。如〈題醫王學社學刊之四〉：「周孔醫世，歧黃醫境。和緩醫身，佛陀醫心。譬諸月魄，體無闕圓，用不其一，惟時所之。」是題贈中國醫藥大學（原中國醫藥學院）《醫王學社學刊》，勉勵醫學院的青年學子除了能醫身之外，也可以儒佛二教來涵養，乃至於醫眾生的心。再如〈題智海學社圖書室成立〉云：「天下治亂，即蒼生之安危，為之者政，發之者心。而心習聖則聖，習狂則狂。此治亂之分野，語言文字，其心之化機乎。思無正之書不入此室，善矣。」是題贈中興大學智海學社，嘉勉興大青年學子，能夠在佛學社成立圖書室，是一件很值得鼓勵之事，而又強調語言文字用在對的地方，可以撥亂反正，叮嚀學子「思無正之書不入此室」。可以說老人家無論是詩作、偈作、題字，凡所有述，皆是寄寓佛心儒體的雅志。

以上題墨，可參附錄三。

第四節　著述：佛儒詩醫書傳世

老人往生後，弟子集結老人全集，今有《李炳南老居士全集》十六冊出版。有關老人的著述介紹，可參考吳師聰敏在濟南大學儒學研討會發表的〈雪廬老人學術思想與貢獻〉〔註25〕，《全集》集結的因緣大致如吳氏所言：

> 觀老人一生，度眾心切，悲願弘深，每重講說而輕著述，概冀口講指畫，當下感悟人心，而不計其名山之業、千載之功也。晚年，名古文家王教授禮卿來親近於老人，既歎老人之博學功深，復恐其沒世而無傳，屢慫恿暫隱避事，俾潛心著述，以遺後世；豈知老人終以度生為懷，志不在此，終無以應。雖然，其歷年講經弘法之注疏、

[註25] 該文後刊登於《明倫月刊》，第 268 期（1996 年 10 月）。

筆記、表解、詩文等著述，或已梓行，或存手稿，數亦可觀。往生
後，及門弟子組織編輯委員會，彙印全集刊行，其主要著作，可分
四大類：曰佛學類、儒學類、醫學類、與詩文類。

可知老人是「重講說而輕著述」，要以畢生的精力投入弘法利生的事業。換句
話說，如同其詩作〈計時鐘〉所云「警眾太殷勤，曾無間寸陰」，就是「把握
時間度眾生」。《全集》發行前，已有多種著述以單行本的方式發行出版。《全
集》可分四大類，總的來說，是「佛儒詩醫皆有書」。今將《全集》第一冊《總
目冊》與吳師述介匯表如後。

表 2-1：《李炳南老居士全集》總目述介一覽表

冊號	類別	書名	節錄吳師聰敏〈雪廬老人學術思想與貢獻〉對老人著述的述介	頁數
總目冊		李炳南老居士全集總目錄		
一	佛學類之一	《佛說阿彌陀經摘注接蒙義蘊合刊》	既是最初試啼之作，亦其平生弘護之思想根本，誠所謂無不從此法界流，無不還歸此法界。	174
	佛學類之二	《大方廣佛華嚴經講述表解》	《華嚴》為經中之王，亦稱大本彌陀，既為老人講經之末後歸宿，亦其抉剔淨土微言大義之究竟發皇。	
二	佛學類之三	《講經表解上》	包括四十餘種注經表解，既足見其佛法學識之淵深廣博，亦可略知其平生講經弘法先後之次第。	644
三	佛學類之三	《講經表解下》		647～1282
四	佛學類之四	《大專佛學講座初級教材》	為大專院校知識青年研究佛學，最早亦是最有系統之課程，老人皆為撰著講注與表解，大小二乘具備，性相兼包，解行並重。	
	佛學類之五	《弘護小品彙存》	此編即包括十二類，乃裒輯老人誘掖初機，毛角易逸之簡而成，亦可見老人度生之善巧方便。	581
五	佛學類之六	《佛學問答類編上》	為老人於經壇講說之暇，前後於《覺群》《覺生》《菩提樹》月刊，特闢問答專欄，以解答海內外學佛者之疑難編集而成；歷時二十餘年，字字珠璣，言簡義賅，契理契機。	580
六	佛學類之六	《佛學問答類編中》		581～1104
七	佛學類之六	《佛學問答類編下》		1105～1667

八	佛學類之七	《佛說四十二章經表注講義》	老人所講經典甚多，此為目前唯一經弟子（徐師自民）整理發表者，其餘講記，待乎其人。	192
	佛學類之八	《無量壽莊嚴清淨平等覺經眉注》	由此可見其平常研經之用心，與治學之一般。	95
九	佛學類之九	《脩學法要》	或講演、或授課、或開示，後經眾弟子記錄發表者，都三十五篇，概用語體，便於初機，可作為修學佐證。	326
十	佛學類之九	《脩學法要續編》		
	佛學類之十	《雪廬述學語錄》	為弟子（徐師自民）隨侍座下之親聞記，皆為短篇，雖片羽亦見吉光。	207
十一	儒學類之一	《論語講要上下》	《論語》一書，為孔子一生言行實錄，乃「五經之錧轄，六藝之喉衿」，是儒家學術之精華；老人晚年，投其全部心血，集合門下精英，設論語講習班，專講授《論語》，傳其儒學精髓，口講指畫，彌足珍貴。弟子（徐師自民）以文言整理為《論語講要》，已陸續刊行中，至於老人猶望能以語體紀錄之「論語講記」，尚在整理中，以部帙浩繁，恐有待時日。	844
	儒學類之二	《禮記選講》	平生講學，注重實際，不喜空談，故於三禮中只取《禮記》一經，且擇其日常實用者講解之。	
十二	儒學類之三	《中國歷史綱目表》	昔賢有云：「國可滅，而史不可滅」，蓋史者，民族之精神，人群之龜鑑；故老人以為中國人不可以不知中國史，彼自身一生讀史不輟，而講授史學，則析為四科：曰「考據、知識、文學、譜牒」。其初範台瀛，以台胞久受日人統治，鮮有知史者，故手編此表，乃側重「譜牒」之學也。逮於內典研究班開講《歷代通鑑輯覽》，則注重「知識」之傳授，蓋欲使知歷朝興衰存亡之理，俾立身處世獲應對進退之道也。	
	儒學類之四	《重修莒志選》		

十三	詩文類之一	《詩階述唐》	詩爲中國文學精華，迨至有唐，而達顛峰；老人留心唐詩，自少至老，未嘗間輟，眞積力久，成就自是非凡；不論「詩論」與「詩作」，皆有凌邁前人者。	628
十四	詩文類之二	《雪廬詩集上下》	爲「詩作」部分，依時間先後，復分七卷：〈爇餘稿〉爲避渝之前，居鄉期間，槪四十歲以前作品。〈蜀道吟〉爲避渝期間的作品。〈還京草〉抗戰勝利，還金陵三年之作品。〈發陳別錄〉，徐蚌戰敗，謀遷都，至浮海瀛臺前之作品。〈浮海集〉，爲六十歲（1949）渡海來臺，至八十歲（1969）間之作品。〈辛亥續鈔〉，八十二歲（1971）歲次辛亥，至九十四歲（1983）間之作品。〈雪窗瞀餘〉，爲老人最後晚年之作。老人自序云：「是集延續，積六十年，其分類異名，自有其意；國祚人情，成壞幻化，蒿目多艱，感而不已之言也。俾有覽者，知時風尙，可備史跡采實。」其弟子周邦道先生則歎之曰：「以一代之宿儒大德，寫一代之情懷、景物、遭際、因緣，與夫變亂史實，允堪珍若瑰寶，雖頌久遠而不替矣！」	上 376 下 361
	詩文類之三	《雪廬寓臺文存》	老人文宗兩漢，有時隨順世俗，亦作白話；此編自選六十二篇，有文言有白話，多屬佛法。	257
十五	醫學類	《黃帝內經選講》	（一）《黃帝內經素問表解》，爲在中國醫藥學院授課之講義，老人於中國醫學，浸漬已久，避渝之前，已獲中醫師執照；避渝之後，與川中名醫，亦常過往請益；以理論與實務兼通，且本身養生有道，故臨場發揮，自亦不同。 （二）《黃帝內經素問摘疑抒見》，老人凡所學，必有心得，此編乃融通解析前人異說難解之作，屢有獨到之見存焉。	217
十六	遺墨類	《雪廬老人題畫遺墨》		

觀《全集》十六冊，共十九類，卷帙甚繁。從類別中可歸納幾點特色：
老人弘揚佛法成爲著述中最大的一部分，佛學類總計有十。其中包括講解佛
經、表解教材等接引初機同學。更有問答體分類編成，佛典三藏十二部，經
典浩瀚如海，若能從問答入門，當可一窺佛門堂奧。儒學類總計有四，是老
人著述中第二著重的部分，其中除包含了《論語》、《禮記》的講要及選講之
外，《大學》、《中庸》的表解也是老人心力之作。儒學類並包含史學，其著重
史學的態度可從著述及開授課程得之。其餘詩文類、醫學類及遺墨類則可從
其他的作品當中展現其儒者風範。《全集》前有老人弟子周師家麟、徐師醒民
之序文，其云：「師平生大願誠於中，化度之功著於世，凡所爲文，無非利眾。
其爲佛學儒學之類，固皆智悲雙運，弘護兼施，可爲離苦之良導。即如醫學
詩文，亦是圓融道藝，興人出塵之思。故由各類之文，悉見師之悲心弘願」。
〔註26〕老人雖自謙述而不作，但留下來的巨著尚有諸多空間，可供後學學習。
如此「佛儒詩醫書傳世」，無非都是與其人格特質息息相關。正因爲體會到佛
儒的妙善，必定要以此來醫治眾生的心。正因爲生命歷程的流轉、必得要賦
詩以寄雅志。

第五節　學術：漢宋齊觀擇其優

前四節分別述介老人的生平、志向、詩文及著述，對於老人主要的思想
特色有了初步的理解。在進入本論文核心論題前，須先瞭解老人對漢儒、宋
儒注經的看法。《論語講要》所引古注，歷來重要注解皆引用之；朱子《四書
章句集注》有不通文理者，老人亦揀別列出，以供讀者參考。這在一定的程
度上，也是弘揚朱子之學，再對其提出修正。然而《講要》由徐師醒民潤飾
而成，對於漢、宋注解的見解，後代學者若沒有深厚的儒學基礎，不容易完
全明瞭。前述所及「論語講記」，爲老人弟子所彙集的《論語》講習班筆記，
可以從中見到老人對漢、宋注解的看法。老人於第一期《論語》講習班開學
典禮講話云：

> 漢朝以前，秦火一把燒盡，<u>當時的《論語》沒有注解，反而好</u>，不
> 受邪知邪見，只是看得吃力而已。到了東漢末年才有鄭康成〈注〉，
> 其次到三國的魏才有何晏的《集解》。漢儒本著訓詁字句來講解，其

中的義理是何晏的意思，漢人不講義理。有人以爲漢人學問不夠，這是胡說。到了唐代，大概都是依著漢儒的原則。但是《論語》當中，聖人講的是什麼意思，到宋朝才有人講。南宋的朱子，他的老師程頤開頭講聖人之意。他注解聖人之意，以爲漢儒只是訓詁，他注解的才是孔子的微言大義，其實這是門户之見，恭維的話。……漢儒與宋儒相互比較，漢儒雖圇圇吞棗講得不好，也沒有大過錯；宋儒縱使講得好，卻有大過錯。什麼大過錯？因爲宋儒開啟罵人之端。……吾講《論語》，採取接近孔子之言的部分，不偏漢，也不偏宋，舉例或許會用佛學，如此而已。〔註27〕

爲了能更接近聖人的原意，老人以爲以中庸之道的方法來詮釋，才是最恰當不過的。是以無論對漢注、宋注，只要有可取之處，一定告訴弟子應如此讀；若詮釋不當，老人即盡所能，搜羅旁證，供讀者揀別。若有皆可從的情形，亦陳列二說、三說，才不致使詮釋《論語》變成一言堂的情形。

老人在講到〈學而〉篇「子曰巧言令色鮮矣仁」章時的一段話，也可以看出其對漢注宋注的見解，乃至於對於後來的人讀書只讀注解而不看原典，感到極需匡正，首先提出了老人解經的主要原則是根據經典來解經：

因爲自從漢以來注解有很多紛爭，吾也是費了大力氣，參考多種注解，吾據經解釋，並不是吾盧妄說說。宋以後儒者有漢宋之爭，因爲他們都有自己的意思，吾不敢，依經講說而已。〔註28〕

對於前人注解有所爭執之處，老人則編寫〈講義〉，於上課時讓聽講同學能更清楚釐清聖人眞意；而對於宋儒開罵人之風氣，老人極欲匡正，是以將注解相爭的經過大致說明了一遍：

今天也有講義，凡吾印的講義，都是前人有爭執。……要你們自備（徐英）《論語會箋》、（劉寶楠）《正義》。因自漢注到清末，開啟漢、宋兩派爭端，開始的漢代並無爭端，……《四書》中有「攻乎異端」，宋儒解釋端叫端正。異端與端正不同，是邪教，必得罵佛教爲異端。……到明代陸王這一派研究佛學，知道理學由佛學而來，便罵宋儒，到清代罵得更厲害，二百多家打來打去。……元朝

〔註27〕 參見「明倫月刊資訊網」，「論語講記」，〈論語講前介言〉（庚申之秋講於論語講習班）。http://www.minlun.org.tw/1pt/1pt-4-3/index-00.htm

〔註28〕 參見「明倫月刊資訊網」，「論語講記」，〈學而篇〉「子曰巧言令色鮮矣仁」章。http://www.minlun.org.tw/1pt/1pt-4-3/index-00.htm

> 之後，科舉考試用四書，諸說紛紜，而以朱注爲主，所以後學多學
> 朱注。……後來學《論語》者不信孔子，都信注解，與孔子不相干，
> 所以書中講不通處不知多少。後人信的不是孔子，而是信註解，這
> 是走上大歧路。〔註 29〕

對於這種學術上的爭吵，老人以爲是本末倒置。原本是要求經典中的聖人眞
意，卻因此不斷的詮釋、解釋、推翻並且形成門戶之見，而對於原典反而較
不重視了。而老人也提到，去古已遠，往往因爲經義難懂，而必須仰賴好的
注解本子來理解經典，所以老人推薦幾種較好的注解本子，以供學子參閱，
其云：

> 《會箋》也不是採一家之言，但是偏重宋儒，宋儒罵人，這本書不
> 罵人。另有《正義》偏重漢儒，一偏漢，一偏宋，都不罵人。……
> 可以相互對照，以後就不至於有偏見，能會通了。還有清末民初程
> 樹德的《論語集釋》，會通各注而加以注釋，也是反對罵人，是前二
> 部的折中，大家可以參考。〔註 30〕

因爲宋儒開罵人之風，疑經改經，導致了經典的混亂，對於此事，老人不以
爲然：

> 吾講時凡是罵人的一律不採取，……宋朝之後的程朱才大膽敢改
> 經，朱子唸不通，以爲《大學》篇章錯簡，就爲它改易前後經文的
> 次序。……《大學》、《中庸》難懂，必得研究佛學方懂，二程子學
> 佛卻謗佛，他說「性中有仁」，此言不錯，但是下一句「何嘗有孝弟
> 來」，這句便出毛病。佛法說萬法唯心，爲何心性之中沒有孝弟？謝
> 顯道謂「孝弟非仁」，陸子靜直斥有子之言爲支離，王伯安謂「仁祇
> 求於心，不必求諸父兄事物」等說。理學家不免有門戶紛爭，幾乎
> 不像注經，而似鬪經了。〔註 31〕

是以無論《講要》或「講記」當中，每一章都經過老人的愼思明辨，仔細發
掘注解的優劣，因爲求得聖人眞意，乃至於實踐之，才是老人講述《論語》
的最大用意。值得注意的是，老人雖說其解經觀念爲「不偏漢、不偏宋」，單

〔註 29〕 參見「明倫月刊資訊網」，「論語講記」，〈學而篇〉「子曰巧言令色鮮矣仁」章。
　　　　 http://www.minlun.org.tw/1pt/1pt-4-3/index-00.htm
〔註 30〕 參見「明倫月刊資訊網」，「論語講記」，〈學而篇〉「子曰巧言令色鮮矣仁」章。
　　　　 http://www.minlun.org.tw/1pt/1pt-4-3/index-00.htm
〔註 31〕 參見「明倫月刊資訊網」，「論語講記」，〈學而篇〉「子曰巧言令色鮮矣仁」章。
　　　　 http://www.minlun.org.tw/1pt/1pt-4-3/index-00.htm

觀「論語講記」，卻發現其對宋儒註解，或者說是朱子的註解，往往有許多的不認同。筆者以爲，老人並非不持平，而是爲了求得經義，也爲了辨正長久以來錯誤的註解，所舉之例才會看似對朱注有所微辭。〔註32〕以下諸章，則以《論語講要》爲主要討論的核心，其「漢宋齊觀擇其優」的特點，也需由以下諸章來呈現。

〔註32〕在老人詩集〈辛亥續鈔下〉〈論語各疏宋儒而後注家詡有心傳每外牽佛老力闢之行成薄俗〉二首：「巍巍夫子九重天，豈可輕論示掌拳。只此穹靈還不識，況能無量話三千。」「堯帝巢由各一方，朝廷山野兩徜徉。未聞攻伐誰鳴鼓，青史何曾有謗傷。」可見老人經學觀矣。

第三章　《論語講要》成書過程

　　前章分別從五方面介紹雪廬老人的生平大事、志向、詩文、著述及學術，期於進入主要論題前，更加理解老人。此章始述研究主題：《論語講要》。儒家經典有多種注疏傳統，如傳、注、疏、箋等，皆爲層層理解、層層詮釋、再層層深入探求聖人原意，整條釋經學史的長河是極其繁複的。儘管《論語》一經，文字淺白，又是語錄體的形式，而古今中外的注解卻不知有多少，清末時期的《論語》注疏已是汗牛充棟。《講要》的成書與《論語》注疏傳統有很大的關係，但成書的方式卻與注疏傳統不同。本章第一節即從「論語講習班」的開辦緣由談起，說明《講要》的前身來自於「論語講習班」的筆記整理。《講要》非由老人親自撰寫而成，那麼「論語講習班」的開辦意義則極爲重要，因爲此即《講要》成書的最初動機。而老人研究《論語》多年，講授時的主要參考注解──程樹德《論語集釋》也有其特殊的價值與意義，是以在第一節當中併附討論。第二節闡述《講要》的成書過程，是經由老人弟子徐醒民先生的筆記，文言潤飾，並於老人在世時，即於《明倫月刊》分期連載。第三節扼要介紹《講要》的版本及沿革，並談論其與「論語講記」不同之處。第四節則述論《講要》的撰寫體例，發掘其用心與立意。

第一節　「論語講習班」與《論語集釋》

　　雪廬老人對於儒家經典的傳播與教化不遺餘力，從來臺初期即開辦「國文補習班」，禮聘國學大師授課；平日講授佛經之餘，也傾力傳授儒家經典。晚年有感於社會風氣每下愈況，「人道」若不成，「佛道」便難成就；是以老

人以九十一歲之高齡，加上豐富的儒佛學養、閱歷，開設「論語講習班」（以下簡稱論語班），期許信眾、門下弟子等能夠體認孔子思想的精髓及中華文化的眞諦。此乃「深覺世風日下，聖學沉淪，復鑑學佛者，人格若虧，佛道難成。乃於民國六十九年十月創設『論語講習班』，定期講習，歷時三年有餘」。〔註1〕

老人講授初時參閱〔清〕劉寶楠《論語正義》〔註2〕及民初徐英的《論語會箋》〔註3〕，課程不到一個月，發現民初經學家程樹德的《論語集釋》〔註4〕，遂以《集釋》爲主要教材；講授時並無專著，只以《講義》（後稱《雪公講義》）供弟子們參閱。老人門人徐醒民居士（以下簡稱徐師）自親近老人以來，除了佛法之聽經聞法以外，並參加經學班的研討活動，且更親聞老人講授古文多種、詩選多種、《禮記》、《大學》、《中庸》、《論語》等，乃至老人晚年開設「論語班」，徐師則分期撰寫〈論語講要〉，連續刊登於《明倫月刊》〔註5〕，「筆錄授課講詞，刪繁取要」〔註6〕，書凡二十載，名爲《論語講要》。據聞老人交代徐師，記載內容宜刪去佛典注釋部分，以防門戶之見。徐師云：

> 雪廬老人，東魯純儒也。早年入衍聖公幕，後隨孔上公遷寓臺中。
> 暇時勤宣內典，教授儒經。晚年深感時風不競，聖教不彰。乃設論
> 語講習班，廣接文教各業有心人士，定期講習。〔註7〕

可以想見老人晚年將心力投注在《論語》一經，對弟子有深遠的寄望。老人

〔註1〕 此語出自陳師雍澤：《雪廬老人儒佛融會思想研究》，頁162。

〔註2〕 〔清〕劉寶楠：《論語正義》。

〔註3〕 按：《論語會箋》有二，一爲〔日〕竹添光鴻撰，一爲民初經學家徐英編撰。老人講授時會特別注明爲「竹添氏《會箋》」或「徐英《論語會箋》」。參見徐英《論語會箋》（臺北市：正中書局，1976年12月）。

〔註4〕 程樹德：《論語集釋》。老人當年弟子所使用的版本爲藝文印書館及臺灣鼎文書局景印版（1973年5月），筆者今所見北京中華書局的版本是1990年初版，前有程氏之女程俊英所撰〈前言〉一文，記述氏晚年撰寫歷程，老人恐未之見，特以注明。

〔註5〕 按：徐師撰寫〈論語講要〉於民國67（1978）年8月至民國85（1996）年6月刊載於《明倫月刊》，（76期至265期，其中有數次因故未刊載，共計169期）而「論語講習班」至民國69（1980）年10月才開辦，在開辦之前所撰寫的〈論語講要〉則爲徐師聽聞老人其他課程講述《論語》時的筆記。詳見附錄九。

〔註6〕 參李炳南講述，徐醒民敬記：〈開卷語〉，《論語講要》頁3。（原標題〈書鄉書香──論語講要〉，載於《明倫月刊》342期（2004年2、3月），頁40。

〔註7〕 〈開卷語〉，頁40。

來臺三十年間，目睹社會風氣日漸敗壞，人心不再純厚，而心有感慨焉。晚年傾力開設論語班，確是爲了「保住人格來學佛」〔註8〕。

老人講授《論語》雖希冀弟子能達到做人、學佛的目的，在民國六十九（1980）年十月開講〈上論〉，民國七十一（1982）年十月開講〈下論〉，共講三年有餘，對講授《論語》一經可以說用盡了全部心力，開辦論語班時，老人已九十一歲。綜觀老人一生，教化事業雖多，晚年則以講經授課爲主；老人心靈中的儒學推動如何落實，似乎即以論語班的開辦、講授而發揮最大作用。回顧老人來臺弘法的歷史，老人早期曾在臺中佛教蓮社開辦「國文補習班」，講授授「古文」課〔註9〕，到了晚年，老人爲了「揀邪辨正」，根據程樹德先生之《論語集釋》爲教本。老人研究指出：程氏參考了六百八十種注解〔註10〕，可見程氏在民初戰亂之世，隱居多年，終乃寫成此一鉅作，這本《論語集釋》在程樹德先生逝世多年後，遇到了雪廬老人這位「知音」，而能發揮其作用。自古以來《論語》注解或從漢注、或從宋注，皆各有短長；故自晚明以降，乃至於清代，多有爭論，或「從漢非宋」，或「從宋非漢」，大都以批判態度論述之；清代樸學家輩出，遂有「折衷派」，雪廬老人即採漢、宋兩家合理之注，以彰顯聖人的原意。正如程氏在《論語集釋》〈凡例〉中云：「是書職責，在每章列舉各家之說，不分門戶，期於求一正當解釋，以待後來學者，藉此以發明聖人立言之旨」。〔註11〕老人講授《論語》，即延續程氏的立意，「發明聖人立言之旨」。

在義理闡述方面，因爲老人精通華嚴、唯識、天臺、禪宗、密宗等，有深厚的佛理基礎，又有儒經之根柢，才能洞悉《論語》本義。這與程氏「潛心內典」〔註12〕相同，最重要的是能以不批評的方法，來尋求孔子原意，期

〔註8〕老人於民國 73（1984）年，第二期論語班結業講話時的講述重點即「保住人格來學佛」，此文後收錄於《全集》中的《儒學法要續篇》，頁 263。

〔註9〕老人於民國 41 年（1952 年）4 月，創辦「國文補習班」，義務傳授中華文化。禮聘孔德成、傅文平、劉汝浩諸師，講授《論語》。周邦道、許祖成二師，講授國文。老人則親授唐詩等課程，並親編《佛學常識課本》。見李炳南老居士全集編輯委員會：〈李炳南老居士年表（二）〉，《明倫月刊》364 期（2006 年 5 月），頁 18。

〔註10〕按：六百八十種注解中，論語類凡一百二十七種，四書類凡七十六種。《論語集釋》，頁 1381～1395。

〔註11〕《論語集釋》〈凡例〉，頁 6。

〔註12〕參見葉國良等著：《經學通論》（臺北市，大安出版社，2005 年 8 月），頁 368；將程樹德《論語集釋》特點整理有三，實爲中肯：一、收羅繁富，訓詁詳明。二、擺脫漢、宋之爭，無門戶之見。三、程氏潛心內典，徵引材料與按語，時有禪語。

能疏通經典爲最大原則。

對於「論語講習班」的主要教材:《論語集釋》,老人是如何看待的呢?程樹德《論語集釋》將歷來共六百八十種注解,分類集釋,偶有加「按語」等發明,老人在晚年看到程氏《論語集釋》,感於其內容豐富、條理清晰、對於漢宋注解皆有搜集,於是選訂爲論語班的教材。筆者今日所看的《論語集釋》版本前有程氏之女程俊英的〈前言〉、協助校注者蔣見元的〈論語集釋整理後記〉(此二篇爲當時鼎文書局或藝文印書館版本所無),又參閱程氏之〈自序〉及〈凡例〉,發現程氏與老人之學習背景竟有諸多不謀而合之處,略可歸納出三點:

一、程氏與老人皆學法律,程氏著有《國際私法》、《漢律考》、《九朝律考》、《中國法制史》等著作,其著作至今仍爲法律學者的重要參考書籍;老人則爲山東法政專門學校畢業,曾爲莒縣獄管獄員(似今日典獄長),有實際的法務經驗。程氏的法學基礎是建立在理論之上,而老人則具實際經驗,略有不同,然皆受過法學訓練。對於善惡是非的分辨,或許都有深刻的見解。

二、蔣見元在〈論語集釋整理後記〉談到:「作者著書,旨在發揚孔子的學術思想,本人又曾潛心內典,故於徵引材料與按語中,間及禪理。」〔註13〕觀程氏的解經方法,亦不乏選用佛理來解釋經典〔註14〕;老人自幼薰習中華文化,及長學佛、習儒多年,融會貫通儒佛精義,解釋《論語》亦常引佛法之例爲證。

三、程氏〈自序〉云:「《論語集釋》何爲而作也?……著者以風燭殘年……窮年矻矻以爲此者,亦欲以發揚吾國固有文化,間執孔子學說不合現代潮流之狂喙,期使國人之舍本逐末、徇人失己者俾廢然知返。余之志如是而已。」〔註15〕老人浮海來臺,即傳播文化種子於臺中。常年講習古文、《論語》,並

〔註13〕 蔣見元:〈論語集釋整理後記〉。

〔註14〕 關於程樹德《論語集釋》的解經方法,筆者曾做過初步的探討。參見筆者:〈程樹德《論語集釋》的解經方法〉,《第六屆青年經學研討會宣讀論文集》,高雄市:高雄師範大學經學研究所,2010 年 10 月 29 日。而對於程樹德《論語集釋》的文獻脈絡及對朱子《論語》論著的評論,可參見陳金木:〈注疏傳統與經典詮釋──《論語集釋·學而首章》的文獻檢視〉,《變動時代(1912~1949)的經學與經學家第七次學術研討會會議論文集》(宣讀論文),臺北市:中央研究院中國文哲研究所,2010 年 6 月 11 日。《《論語集釋》對朱子《論語》論著的輯錄與評論〉,《變動時代(1912~1949)的經學與經學家第八次學術研討會會議論文集》(宣讀論文),臺北市:中央研究院中國文哲研究所,2010 年 11 月 5 日。

〔註15〕 程樹德:〈自序〉。

配合講《易經》、《左傳》、《唐詩》等國學。來自各方的學員浸潤於經史、詩文之薰陶，則有如泳遊於洙泗之間，可知與老人弘揚儒佛不輟，以傳承中華文化爲己任的大志相同；尤其二位皆目睹孔學受到時代的遺棄危機，對於匡正民心的立意是相通的。

惟就闡釋方法而言，程氏《論語集釋》，至今可說是《論語》注解文獻最重要的材料；老人則在程氏的基礎上，闡發經義，以期弟子及後學者，能繼續發揚光大聖人的精神。

老人對《論語集釋》的評語是：「《論語》幫助佛學很大。聽《論語》必須略知門路，因爲時間短不能入到裡頭，幸好選了這本《集釋》的注解，這本注解比較完全。有人學一生還不懂文化的重心，若不是這本書，都有所偏。依著《集注》、《集解》學，一輩子學不出來。這兩種注解已經夠麻煩了，看了《集釋》就有分別的能力，如今你們還沒有分辨的能力。」〔註16〕是以在老人所處的時代環境，乃至於「保住人格來學佛」的迫切，皆是老人選用程氏《集釋》的用意所在。

今從老人〈辛亥續鈔下〉〈論語講習班成立誌感〉：「道統五千載，崇朝今古分。書刪孔尼父，典祀卓文君。歲月逝如水，乾坤飄似雲，何期新舊雨，有志樂同臺。」可見其成立心志。

第二節　《論語講要》成書過程述析

前節說明論語講習班的開辦經過與目的，並發掘論語班上課主要參考注解《論語集釋》與老人講述《論語》相輔相成的功能。今已明瞭，《論語講要》一開始並非今日所看到的成書面貌，而是經由講授者上課、子弟記錄。單篇論文篇章連載於《明倫月刊》，最後再集結成冊。今日所見的《論語講要》，開頭有〈開卷語〉，亦非連載時即有之，而是《講要》即將成書時，記

〔註16〕參見鍾清泉整理：「論語講記」（老人講〈雍也篇〉子謂仲弓章），經典今註，臺中蓮社資訊網。《論語講記「前言聲明」》：自民國69年10月到72年12月，雪廬老人在「臺中論語講習班」講授《論語》，共計講完──學而、爲政、八佾、里仁、公冶長、雍也、述而、泰伯、子罕、鄉黨、先進、顏淵、子路、憲問、衛靈公、季氏、陽貨（宰我問三年之喪章止）等近17篇。雪公往生後，爲了長期得以熏習雪公教範，不忘訓誨，謹依數位師長的《論語》筆記，相互比對，略事整理，暫名「論語講記」。筆者按：筆者撰寫此篇論文時曾親自向鍾師請益，鍾師曾提示可參考其整理的「論語講記」，特此註明。

錄者徐師醒民再附上，此文也於單篇論文連載完畢、《講要》即將付梓時，刊登於《明倫月刊》。〔註17〕今先將《講要》的前身——刊載於《明倫月刊》的前三十期〈論語講要〉日期、卷期、出版年月、內容範圍及備註列表如下：

表 3-1：前 30 期單篇〈論語講要〉與《論語講要》比較表

作者	篇　名	卷期／頁數	出版年月	內容範圍	備　註
資料室	〈論語講要〉	76、77 期合刊頁 8～10	民國 67 年 8 月	〈前言〉〈學而〉「子曰學而時習之章」至「有子曰其爲仁也孝悌章」，共 2 章。	1.此時論語講習班尚未開辦，故連載時未收入《雪公講義》（此期有子曰章《講要》中有《雪公講義》）。
資料室	〈論語講要〉	78 期頁 8～9	民國 67 年 9 月	〈學而〉「子曰巧言令色章」至「子曰道千乘之國章」，共 3 章。	1.同上，未附《雪公講義》（此期巧言令色章、吾日三省吾身章《講要》中有《雪公講義》）。2.文中文字稍與《講要》講解不同。
子民	〈論語講要〉	79 期頁 9～11	民國 67 年 11 月	〈學而〉「子曰弟子入則孝章」至「子夏曰賢賢易色章」，共 2 章。	1.同上，未附《雪公講義》（此期二章《講要》中皆有《雪公講義》）。2.文中文字稍與《講要》講解不同，皆是文末加一至二段說明。
子民	〈論語講要〉	80 期頁 7～8	民國 67 年 12 月	〈學而〉「子曰君子不重則不威章」至「子禽問於子貢曰章」，共 3 章。	1.文字略少於《講要》解說。
子民	〈論語講要〉	81 期頁 10～12	民國 68 年 1 月	〈學而〉「子曰父在觀其志章」至「有子曰信近於義章」，共 3 章。	1.同上，文字略少於《講要》解說。
子民	〈論語講要〉	82 期頁 10～12	民國 68 年 2 月	〈學而〉「子曰食無求飽章」至「子曰不患人之不己知章」，共 3 章。	1.文字稍異於《講要》解說，大意相同。

〔註17〕原標題〈書鄉書香——論語講要〉，作者：徐醒民。《明倫月刊》，342 期，民國 93 年 2、3 月合刊，頁 40～41。表 3-1 作者子民即徐醒民居士。

雪廬老人	〈論語時需講要〉	83 期頁 6～8、84 期頁 6～8	民國 68 年 3 月、4 月	學而章三段爲知行總說 其爲章二段孝悌爲修齊治平基礎	1.此文爲民國 68 年寒假明倫國學講座之講稿，《明倫月刊》特予轉載。2.此文後收於《講要》「學而篇」末之《雪公講義》，頁 35～38。
子民	〈論語講要〉	85 期頁 9～11	民國 68 年 5 月	〈爲政〉「子曰爲政以德章」至「子曰道之以政章」，共 3 章。	1.「子曰詩三百章」與「子曰道之以政章」內容大意相同，《講要》文字較詳明。
子民	〈論語講要〉	86、87 期合刊頁 11～13	民國 68 年 6、7 月	〈爲政〉「子曰吾十有五而志于學章」至「孟武伯問孝章」，共 3 章。	1.三章與《講要》內容大意相同，《講要》文字較詳明。
子民	〈論語講要〉	88 期頁 12～13	民國 68 年 8 月	〈爲政〉「子游問孝章」至「子曰吾與回言終日章」，共 3 章。	1.同上，三章與《講要》內容大意相同，《講要》文字較詳明。
子民	〈論語講要〉	89 期頁 12～13	民國 68 年 9 月	〈爲政〉「子曰視其所以章」至「子曰君子不器章」，共 3 章。	1.同上，三章與《講要》內容大意相同，《講要》文字較詳明。
子民	〈論語講要〉	90 期頁 12～13	民國 68 年 10 月	〈爲政〉「子貢問君子章」至「子曰學而不思則罔章」，共 3 章。	1.同上，未附《雪公講義》（此期學而不思則罔章《講要》有《雪公講義》）。2.文中文字稍與《講要》不同，內容大意相同，《講要》文字詳明。3.此期更正 89 期〈講要〉訛誤二處。
子民	〈論語講要〉	91 期頁 11～12	民國 68 年 11 月	〈爲政〉「子曰攻乎異端章」至「子張學干祿章」，共 3 章。	1.同上，未附《雪公講義》（此期攻乎異端章《講要》有《雪公講義》）。2.文中文字稍與《講要》不同，內容大意相同，《講要》文字詳明。
子民	〈論語講要〉	92 期頁 12～15	民國 68 年 12 月	〈爲政〉「哀公問曰何爲則民服章」至「子張問十世可知也章」，共 5 章。	1.同上，未附《雪公講義》（此期季康子問使民敬忠以勸章《講要》有《雪公講義》）。2.文中文字稍與《講要》不同，內容大意相同，《講要》文字詳明。

子民	〈論語講要〉	93期 頁13～15	民國69年1月	〈為政〉「子曰非其鬼而祭之章」至〈八佾〉「三家者以雍徹章」，共3章。	1.文中文字稍與《講要》不同，內容大意相同，《講要》文字詳明。
子民	〈論語講要〉	94、95期合刊 頁12～14	民國69年3月	〈八佾〉「子曰：人而不仁如禮何章」至「季氏旅於泰山章」，共4章。	1.同上，未附《雪公講義》(此期林放問禮之本章《講要》有《雪公講義》)。2.文中文字稍與《講要》不同，內容大意相同，《講要》文字詳明。
子民	〈論語講要〉	96期 頁7～9	民國69年4月	〈八佾〉「子曰君子無所爭章」至「子曰夏禮吾能言之章」，共3章。	1.同上，未附《雪公講義》(此期君子無所爭章、巧笑倩兮章《講要》有《雪公講義》)。2.文中文字稍與《講要》不同，內容大意相同，《講要》文字詳明。
子民	〈論語講要〉	97期 頁7～9	民國69年5月	〈八佾〉「子曰禘自既灌而往者章」至「王孫賈問曰章」，共4章。	1.文中文字稍與《講要》不同，內容大意相同，《講要》文字多且詳細。
子民	〈論語講要〉	98期 頁11～13	民國69年6月	〈八佾〉「子曰周監於二代章」至「子曰射不主皮章」，共3章。	1.文中文字稍與《講要》不同，內容大意相同，《講要》文字多且詳細。
子民	〈論語講要〉	99期 頁12～14	民國69年7月	〈八佾〉「子貢欲去告朔之餼羊章」至「子曰關雎樂而不淫章」，共4章。	1.文中文字稍與《講要》不同，內容大意相同，《講要》文字多且詳細。
子民	〈論語講要〉	100期 頁14～16	民國69年8月	〈八佾〉「哀公問社於宰我章」至「子曰管仲之器小哉章」，共2章。	1.同上，未附《雪公講義》(此期哀公問社於宰我章《講要》有《雪公講義》)。2.文中文字稍與《講要》不同，內容大意相同，《講要》文字詳明。
子民	〈論語講要〉	101期 頁11～13	民國69年9月	〈八佾〉「子語魯大師樂曰章」至「子曰居上不寬章」，共4章。	1.文中文字稍與《講要》不同，內容大意相同，《講要》文字詳明。

子民	〈論語講要〉	102 期 頁 14～15	民國 69 年 10 月	〈里仁〉「子曰里仁爲美章」至「子曰苟志於仁矣章」,共 4 章。	1.文中文字稍與《講要》不同,內容大意相同,《講要》文字詳明。
子民	〈論語講要〉	103、104 期合刊 第 7～9	民國 69 年 12 月	〈里仁〉「子曰富與貴是人之所欲也章」至「子曰人之過也各於其黨章」,共 3 章。	1.文中文字稍與《講要》不同,內容大意相同,《講要》文字詳明。
子民	〈論語講要〉	105 期 頁 14～16	民國 70 年 1 月	〈里仁〉「子曰朝聞道章」至「子曰放於利而行章」,共 5 章。	1.同上,未附《雪公講義》(此期君子之於天下也章《講要》有《雪公講義》)。2.《雪公講義》後之「按語」此期有附。3.文中文字稍與《講要》不同,內容大意相同,《講要》文字詳明。
子民	〈論語講要〉	106 期 頁 12～14	民國 70 年 2 月	〈里仁〉「子曰能以禮讓爲國乎章」至「子曰君子喻於義章」,共 4 章。	1.文中文字稍與《講要》不同,內容大意相同,《講要》文字詳明。
子民	〈論語講要〉	107 期 頁 7～9	民國 70 年 3 月	〈里仁〉「子曰見賢思齊焉章」至「子曰三年無改於父之道章」,共 4 章。	1.此期與《講要》內容同。
子民	〈論語講要〉	108、109 期合刊 頁 14～15	民國 70 年 4、5 月	〈里仁〉「父母之年不可不知也章」至「子游曰事君數章」,共 6 章。	1.文中文字稍與《講要》不同,內容大意相同,《講要》文字詳明。
子民	〈論語講要公冶長第五〉	110 期 頁 14～15	民國 70 年 6 月	〈公冶長〉「子謂公冶長可妻也章」至「子謂南容邦有道不廢章」,共 2 章。	1.此期與《講要》內容同。
子民	〈論語講要〉	111 期 頁 12～14	民國 70 年 7 月	〈公冶長〉「子謂子賤章」至「或曰雍也仁而不佞章」,共 3 章。	1.文中文字稍與《講要》不同,內容大意相同,《講要》文字詳明。

　　老人是於民國 69 年 10 月開講《上論》,民國 71 年 10 月開講《下論》,而徐師醒民則奉老人之命,同步開講《下論》與《上論》。〈論語講要〉前三

十篇的刊載可以看出，論語講習班尚未開辦時，徐師醒民已將跟隨老人幾十年聽聞《論語》課的筆記發表（首篇發表於民國 67 年 8 月，《明倫月刊》第 76、77 期合刊）。是以〈論語講要〉當中無老人上課時所附的《雪公講義》。而將前三十期單篇的〈論語講要〉與現已成書的《論語講要》相對照，或因篇幅關係，單篇講解文字較少，而《講要》則增補了許多古人注解的部分。

單篇〈論語講要〉最後一篇刊載於民國 85（1996）年 6 月，是《明倫月刊》第 265 期，全部刊載完畢。成書後，《講要》正文前〈開卷語〉則全文刊登在《明倫月刊》第 342 期（民國 93 年 2、3 月合刊）。在經過徐師醒民與諸子弟共同整理、校對、回查原文，並對單篇論文作增補之後，《講要》成書於民國 92（2003）年。《講要》成書後，仍不斷地再經由弟子的發掘、考證，至今再版仍有些微文字上的修正。可以說《講要》是老人與弟子共同的成果。

第三節　《論語講要》與「論語講記」

《論語講要》的成書過程大致如上節所述，《講要》經由單篇〈論語講要〉的連載，乃至於成書，經過了將近二十年之久。所以《論語講要》較無太大的版本問題。《講要》的成書，至今可查閱出幾次出版記錄：

一、李炳南講述，《論語講要》，《李炳南老居士全集‧儒學類之一》，臺中市，臺中蓮社，403 頁，2003 年（精裝）。

二、李炳南（雪廬）講述，《論語講要》，《李炳南老居士全集‧儒學類之一》，臺中市，青蓮出版社，2 冊，2004 年（精裝／平裝）。

三、李炳南著，李炳南老居士全集編輯委員會編，《論語講要上下》，《李炳南老居士全集‧儒學類之一》，臺中市，青蓮出版社，844 頁，2006 年（精裝）。

四、李炳南教授講述，徐醒民先生敬記：《論語講要》，臺中市，青蓮出版社，844 頁，2007 年夏曆 6 月 19 日（精裝）。

筆者所使用的版本為第四項，2007 年出版的精裝本。

除了《論語講要》之外，老人於論語講習班第一期時座下的正式學員 26 人、旁聽學員有 200 人之多，是以有老人弟子統整眾弟子的筆記而成「論語講記」。據整理者鍾師清泉云，此乃「老人講授《論語》時的開場引伸，乃

至有感而發，則依老人多位弟子的筆記統整爲「論語講記」。〔註18〕「論語講記」與《論語講要》皆是老人子弟聽聞老人講授《論語》筆記而成，究竟有什麼不同呢？

從「論語講記」網路版上的〈前言聲明〉可以窺見一二：

自民國 69 年 10 月到 72 年 12 月，雪廬老人在「臺中論語講習班」講授《論語》，共計講完──〈學而〉、〈爲政〉、〈八佾〉、〈里仁〉、〈公冶長〉、〈雍也〉、〈述而〉、〈泰伯〉、〈子罕〉、〈鄉黨〉、〈先進〉、〈顏淵〉、〈子路〉、〈憲問〉、〈衛靈公〉、〈季氏〉、〈陽貨〉（宰我問三年之喪章止）等近 17 篇。〔註19〕

雪公往生後，爲了長期得以熏習雪公教範，不忘訓誨，謹依數位師長的《論語》筆記，相互比對，略事整理，暫名「論語講記」。〔註20〕

其連結並註明「檔案版權，係屬明倫月刊，請勿印行」。而從臺中佛教蓮社的網站，也可從「明倫海會」「經典今註」連至「論語講記」的內容，〈前言聲明〉則較上引文多一段，其云：

爲應急用，謹先上傳於明倫海會，供眾參閱。今十七篇已初步整理完成，往後將作細部增修。

此分「講記」只是略事整理，難免有所錯謬，敬請參閱者暫勿列印流通，也請勿上傳其他網頁，感激不盡。〔註21〕

而檢閱「論語講記」的內容，發現其內容是老人上課的講演詞，這對於理解老人上課時的實際情形，有很大的幫助。「論語講記」併將《講要》內容置入，所以在研讀的過程中，可以同時參照《講要》與「講記」。老人講課注重時事，如此解說可使聽眾方便理解。《講要》是爲講述經書的要義，則以全面解說經文爲主，「講記」則是忠實呈現老人講課的面貌。偶有部分古注之引用，《講要》捨去，然「講記」都全面保留。如〈公冶長〉「或曰雍也仁而不佞章」，「講記」收錄劉寶楠《論語正義》的說法：「劉氏《正義》說，

〔註18〕語見鍾師清泉：〈雪廬老人弘傳《論語》析探〉。
〔註19〕「論語講記」〈陽貨篇〉第 22 章至〈堯曰篇〉，係據「論語講習班」開辦前老人所講補全。
〔註20〕見「論語講記」，明倫月刊資訊網 http://www.minlun.org.tw/，雪公專集，儒學類，論語講記。
〔註21〕臺中蓮社資訊網：http://www.tcbl.org.tw，中華文化，經典今註，論語講記。

冉雍是孔門四科中的德行科。」〔註22〕而未見《講要》收錄。是以需將《論語講要》與「論語講記」同時參看，較能全面瞭解老人的《論語》思想。

「論語講記」收錄了老人在每一期論語班開學前的講話，如〈開學典禮講話〉、〈論語講前介言：庚申之秋講於論語講習班〉都強調了辦論語班的宗旨與目的；而各篇之前後，也會大致說明整篇的特色。如在講〈里仁〉之前，說明〈八佾〉大多談「禮」，而這一篇（〈里仁〉）大多說「仁」。這些提撕語，都必須仔細研讀「講記」，才能深刻體會。

從「講記」當中可以知道老人對漢、宋注解的看法：

> 孔門親自授業的弟子曾子等人，尚且不懂聖人的意思，為什麼隔幾千年到了南宋，他們都懂了？這點吾不信。但是這不是說宋注不好，漢宋的注子各有好壞。聖人開始說的沒有錯，賢人說的還都有錯。宋儒他們能懂聖人之意，吾不信。譬如達摩祖師不懂馬鳴、龍樹菩薩，迦葉不懂佛的境界。佛法分正、像、末，吾每每常說看注要依古注，不要依今人的注解，因為今人的注解自認以為高於古人，其實都是胡說。……到清代，有劉寶楠的《正義》，可以參考，傾向漢注。還有徐英的《論語會箋》，傾向宋注。看這兩本注解必須選擇，各有好壞，卻都是簡單不囉唆。吾無門戶之見，確信那一種說法與聖人之言接近，孔子在書中也有說過的，便採取這種注解。〔註23〕

是以我們可以為「講記」做個定位，要理解老人上課時的苦心，除了要參考經過了文言潤飾的《論語講要》的成書，應參閱「講記」。兩者可謂相輔相成。

第四節 《論語講要》撰寫體例述論

在瞭解《論語講要》的成書過程之後，可以清楚知道《講要》的成書，經過徐師醒民的筆記整理、潤飾。而從〈論語講要〉的單篇文章刊載，再到成為《論語講要》一書，其體例是逐漸形成，以致成為今天所見的面貌。〈論

〔註22〕 參考「論語講記」，「或曰雍也仁而不佞章」。

〔註23〕 參見「論語講記」，〈論語講前介言〉（庚申之秋講於論語講班班）http://www.minlun.org.tw/1pt/1pt-4-3/index-00.htm

語講要〉單篇文章的體例較簡要，主要包含《論語》「經文」與「講解」兩個部分，此「講解」在文章中名曰「講要」，而在「講要」當中偶有「按語」。成書之後，其體例大致與單篇雷同，惟老人在論語班講課時的「講義」，名《雪公講義》，入講解之後，偶有「考證」及「按語」，入《雪公講義》之內。老人講課，喜用「科表」，此「科表」入講解之內。

　　《論語講要》包含《論語》二十篇，依序講解。包含〈上論〉：〈學而第一〉、〈為政第二〉、〈八佾第三〉、〈里仁第四〉、〈公冶長第五〉、〈雍也第六〉、〈述而第七〉、〈泰伯第八〉、〈子罕第九〉、〈鄉黨第十〉；〈下論〉：〈先進第十一〉、〈顏淵第十二〉、〈子路第十三〉、〈憲問第十四〉、〈衛靈公第十五〉、〈季氏第十六〉、〈陽貨第十七〉、〈微子第十八〉、〈子張第十九〉、〈堯曰第二十〉。《講要》於各篇篇名之後，依上段所述的順序，分別入「經文」、「講解」，視情況而入《雪公講義》。「按語」及「科表」亦視情況而入。講解的方式則似傳統註解一般，隨文註釋。倘需要引證古注，則列之。如〈衛靈公第十五〉「子貢問曰章」，《講要》云：

　　○子貢問曰：有一言而可以終身行之者乎。子曰：其恕乎。己所不
　　欲，勿施於人。

　　　　一言，在這裏作一字講。

　　　　子貢問，有沒有一個字可以終身依之而行。孔子答復，那應該
　　就是恕字。所謂恕，就是自己所不欲的事情，不要加在別人身上。

　　　　「己所不欲，勿施於人。」是孔子給恕字最明確的注解，學仁
　　學道，必須依此終身行之。〔註24〕

此章是最典型的《論語講要》注解方式。每一章「經文」前以「○」符號，表示為經文，已與〈論語講要〉單篇文章中偶用「論文」或其他符號，表示區別。經文之後是講要解說，此章的解說分三段，首段解釋「一言」在此章作「一字」，第二段較白話的詮解整章章義，末段則加以闡釋，指出此章學仁學道的實踐意義。《講要》全書字體為「明體」，經文是「特明體」，講解是「粗明體」。前引《講要》內文因論文需要，則改成「標楷體」。而《講要》當中，「經文」字體比解說字體稍大，以利區別。講解當中，談及人名則加「人名號」，如孔子、子貢；談及書名與篇名，皆加舊式「書名號」，如大學、為政

────────────

〔註24〕《論語講要》，頁 652～653。

篇、述而篇、孟子公孫丑篇。皇侃《論語義疏》則簡稱皇疏。

再舉有《雪公講義》之例，如〈學而第一〉「曾子曰吾日三省吾身章」，《講要》：

○曾子曰：吾日三省吾身。為人謀而不忠乎。與朋友交而不信乎。傳不習乎。

曾子，孔子弟子，姓曾名參字子輿。參讀森，輿，驂也，參亦可讀驂。孔子嘗曰：「參也魯」。然勤能補拙，人一能之己百之。夫子之道，終由曾子一以貫之。

此章敘曾子為學之工夫，每日以三事省察自身。一省為人辦事是否盡忠。忠者盡其全力也。二省與朋友交是否言而有信。信即不欺朋友，亦即不欺自心。三省傳習，受師之傳，行之也否？傳授生徒，先自溫習否？忠信傳習三事不闕，方能安心就寢。傳不習乎之習字，與前章學而時習相映。忠信是學習之要點。

〔雪公講義〕

〔考證〕禮大學篇：是故君子有大道，必忠信以得之。本篇：主忠信，無友不如己者。述而篇：子以四教，文行忠信。

〔按〕道德仁義禮樂，以及脩齊治平諸端，均須以忠信為主施行之。具此篤純始得其成。學亦如之。仍與崇仁求學互映。至「日」字、「三」字，各註紛然，要在省身，餘不拘泥求異。〔註25〕

此章在講解之後有《雪公講義》，而此例又有「考證」及「按語」。蓋講解內容之外，需特別提示者，老人才會特編《講義》，以供上課學員參考。觀此章「考證」，是舉《禮記》〈大學〉經文、《論語》〈學而篇〉經文與〈述而篇〉經文，強調聖人論「忠信」，處處可見。而「按語」則強調了道德仁義乃至於脩齊治平等綱目，都須以忠信施行，始得其成。這是老人講述的重點，要在實踐與脩行。且提示應不拘泥各注對於經文當中的「日」、「三」究竟指何義，產生了多種紛歧。因為此章重點要在「省身」，「吾日三省吾身」究竟是一天當中哪三次反省自身，則不必考究。此種解經方式，還是老人講述重點，要在實踐與脩行。

老人在講述《論語》的時候，「科表」的使用則較講述佛經來得少。《講

〔註25〕《論語講要》，頁10～11。

要》當中只有幾處繪製科表或表解，詳細論述待下章討論。如〈爲政第二〉「子游問孝章」，經文是「子曰：今之孝者，是謂能養。至於犬馬，皆能有養。不敬，何以別乎」，在講解之時，爲明文理，有表解如下：

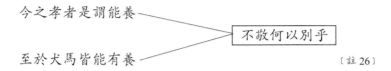

今之孝者是謂能養 ＼
　　　　　　　　　　　不敬何以別乎
至於犬馬皆能有養 ／
〔註26〕

在此章，子游問孔子行孝之道，孔子答覆他說：「今之孝者，是謂能養。」，意思是說，今日行者的人，只說能養父母即可，例如以飲食養父母。能養父母，這就是孝嗎？孔子這種語氣一轉，便說：「至於犬馬皆能有養。」這裡的「犬馬」，指的究竟是「孝者」，還是「父母」，古來注解有兩種說法。一是以「犬馬」比喻「人子」，另一說是以「犬馬」比喻「父母」。《講要》云：

> 一是包咸注：「犬以守禦，馬以代勞，皆養人者。」此以犬馬比喻人子。此說可採。一是《集解》另舉一說：「人之所養，乃至於犬馬，不敬，則無以別。孟子曰，食而不愛，豕交之也。愛而不敬，獸畜之也。」此以犬馬比喻父母。……朱子《集注》唯採此說。……劉氏《正義》以爲：「以犬馬喻父母，於義難通，自昔儒者多譏之。」
> 〔註27〕

而老人列表解，以明喻子之說，表解列出，則「孝者」與「犬馬」相對，《講要》云：「由這兩個能字看來，顯然是以犬馬比喻人子。」〔註28〕表解一列，則清晰易懂，更能證前儒之說法。而關於《講要》其他科表，分別入第四章及第五章討論之。其中最主要的兩張科表，是在〈述而篇〉「志於道章」，此章的詮解是老人對整部《論語》乃至於整個中華文化的見解，甚可說是《論語講要》整部精華，待於第五章闡述之。

有關《講要》撰寫之體例，今試擬簡要凡例如下：

一、講解：經文之後，列講解。此講解包含了字義的解說、注解根據及引申義。

二、雪公講義：講解之後，列老人上課講義。

〔註26〕《論語講要》，頁57。
〔註27〕《論語講要》，頁56～57。
〔註28〕《論語講要》，頁56～57。

三、考證：雪公講義之內，視情況而入考證。考證多引《論語》經文或其他儒家經典證之。亦有引史書證明的情形。

四、按語：雪公講義之內，視情況而入按語解說。

五、表解：講解之後，視情況而繪表解、科表解說。此種情形不多，而成例外。

相較於《講要》的簡要，老人講授論語班的主要參考注解：程樹德《論語集釋》，其體例則較爲繁複。《論語集釋》內容計分十類，程俊英在〈前言〉中提到，其父程樹德是「在學術上力求不分宗派，苟有心得，概與採錄，以供學者研究。」〔註29〕今列其凡例，並就筆者的理解說明如後：

（一）考異：「經文有與《石經》及《皇本》或他書所引不同者，日本、高麗版本文字有異者，均列入此門。」主要參考了各種版本，當中經文文字若有出入，則列入此類。

（二）音讀：「字音讀法及句讀有不同者入此門。」則是就經文音讀的不同而加以陳列，以擇較中肯的說法。

（三）考證：「自閻若璩撰《四書釋地》〔註30〕，江永著《鄉黨圖考》〔註31〕以後，世人漸知考證名物之重要。故人名、地名、器物、度數之應考證者無論矣，此外如《大戴禮》〔註32〕、《說苑》〔註33〕、《新序》、《春秋繁露》〔註34〕、《韓詩外傳》〔註35〕、《中論》〔註36〕、《論衡》〔註37〕諸書有涉《論語》之解釋者，以其爲漢儒舊說，亦附此門。」此類爲考證名物之門，選擇的書籍很多，以「漢儒舊說」爲主。

（四）集解：「邢《疏》有可採者亦附入此門。」此類專收邢昺《疏》文，程氏強調「有可採者」亦附入之。

（五）唐以前古注：「此門包含最廣，上自漢末，下及於唐，中間南北朝

〔註29〕《論語集釋》，前言頁3。
〔註30〕〔清〕閻若璩：《四書釋地》（臺北市：臺灣商務印書館，1968年）。
〔註31〕〔清〕江永：《鄉黨圖考》（北京市：學苑出版社，1993年）。
〔註32〕〔漢〕戴德撰，〔北周〕盧辯注：《大戴禮記》（北京市：中華書局，1985年）。
〔註33〕〔漢〕劉向撰，向宗魯校證：《說苑校證》（北京市：中華書局，1987年7月）。
〔註34〕〔漢〕董仲舒：《春秋繁露》（臺北市：臺灣商務印書館，1969年）。
〔註35〕〔漢〕韓嬰：《韓詩外傳》（臺北市：藝文印書館，1966年）。
〔註36〕〔漢〕徐幹：《中論》（臺北市：世界書局，1987年）。
〔註37〕〔漢〕王充：《論衡》（上海市：商務印書館，1936年）。

諸家著述爲《北堂書鈔》〔註38〕、《太平御覽》〔註39〕、《藝文類聚》〔註40〕所引者備列無遺。其材料以皇侃《義疏》〔註41〕、馬國翰《玉函山房輯佚書》〔註42〕爲主，計所採者凡三十八家。」此類最爲特別，《論語》注疏傳統當中，唐以前古注較易受忽略。程氏特立此類，收羅書籍也較廣泛，可補其他注解之不足。

（六）集注：「《集注》〔註43〕文字稍繁，故採擇以內注爲限；外注有特別精采者始行列入。但其中貶抑聖門、標榜門戶者，因有後人之辯論，不能不列入原文，可分別觀之。」此即專收朱熹《四書章句集注》之內容。朱注之缺失清儒多已辨明，然因朱注的影響頗可觀，程氏特列此類門，以供讀者採納。

（七）別解：「《集解》、《集注》以外如有新穎之說，別爲「別解」一門。」特立此門，乃因《集解》與《集注》對《論語》詮釋史已造成極大影響，而除此二種，仍有其他較新穎之說，則列入之。

（八）餘論：「清初漢學家立論，時與宋儒相出入，擇其言論純正、無門戶偏見者，爲「餘論」一門。其有宋以後諸家注釋可補《集注》所未備而不屬於考證者，亦附入之。」此類專收清初漢學家之看法，特別指出是與宋儒不同且言論純正者。有宋以後可補《集注》見解者亦入之，可見程氏欲打破門戶之見的立意。

（九）發明：「宋學中陸王一派多以禪學詁經，其中不乏確有心得之語。即程朱派中亦間有精確不磨之論。蓋通經原以致用，孔氏之言，可以爲修己處世之準繩、齊家治國之方法者，當復不少；惜無貫串說明之書，僅一《四書反身錄》〔註44〕，尚多未備。因欲後人研究論語者發明其中原理原則，故特立此門。」陸王一派、程朱一派的見解，亦指理學式的見解，若有精確之論，則入此類。

〔註38〕　〔唐〕虞世南撰，孔廣陶校註：《北堂書鈔》（臺北市：宏業書局，1974年）。
〔註39〕　〔宋〕李昉等撰：《太平御覽》（臺北市：臺灣商務印書館，1968年）。
〔註40〕　〔唐〕歐陽詢等撰：《藝文類聚》（臺北市：文光出版社，1974年）。
〔註41〕　〔魏〕何晏集解，〔梁〕皇侃義疏：《論語集解義疏》（北京市：中華書局，1985年）。
〔註42〕　〔清〕馬國翰輯：《玉函山房輯佚書》（揚州市：江蘇廣陵古籍刻印社，1990年）。
〔註43〕　〔宋〕朱熹：《四書章句集注》（臺北市：大安出版社，1994年11月）。
〔註44〕　〔清〕李顒：《四書反身錄》（臺北市：萬有善書出版社，1980年10月）。

（十）按語：「凡集解、集注、別解諸說不同者，必須有所棄取，別爲按語以附於後。此外，自考異以下間有所見者亦同。」

此十類分門別類，應是經過程氏縝密的構思完成。有幾點可以注意，此十類並非屬同樣等級的類別安排。如「按語」一類，在前九類當中亦會出現，屬於通用性質；又如「考異」、「音讀」、「考證」皆同屬考證範疇，過度細分，恐使讀者有無所適從之感。「唐以前古注」較特別，注意到經學史上常被忽略的部分。

可見老人所採用的教科書——《論語集釋》已提供較完備的注解，是以《講要》無需再贅述。又因論語講習班的成立宗旨要在自我脩身、實踐仁學，「保住人格來學佛」，且《講要》就是「講述其要」，把最精要的「要義」闡釋出來，讓讀者人生道路上受用無盡，此其與傳統注疏方法之不同。而關於《論語講要》的解經方法又是如何？有何特色？待下章討論。

第四章 《論語講要》解經方法

　　欲瞭解《論語講要》在《論語》詮釋史上的位置，需先探求其解經方法及特色，本章繼〈成書述〉之後，述其解經問題。首節分析《講要》引述古注的幾種特色，蓋雪廬老人講述《論語》要義時，常援引多家說法；爲能瞭解其選擇古注的特色，需先統計其較常選擇的幾種注解，加以分析。再於這幾種注解當中，找出其內在規律，以見其引述之精要。論語講習班上課之時，老人偶有編製《講義》，以供學員參看。《講要》成書時，將《講義》收錄，更名爲《雪公講義》。此爲老人親自編寫，第二節即討論《雪公講義》的內容特色。老人講經，學習古來大德，多編製「講表」，講述《論語》時，編製的講表雖不多，但凡製表則綱舉目張；第三節即析論《講要》中之科表，以見其分析文理之精闢。第四節〈《論語講要》意圖探索〉，討論《講要》欲解決《論語》學的種種相關問題，例如歷來古人解讀《論語》時偶有考證不精或臆測的情形，老人都能揀別。

第一節　《論語講要》引述探論

　　老人曾謂自己解釋《論語》是「不分漢、不分宋」，此情形可從《講要》引述古注看出一二。本節試以《論語講要》諸篇引用的前人說法，見其解經依據。並將統計的資料製成《論語講要》引述表，收於附錄。該引述表以《講要》正文出現前人的說法爲先後順序列。《講要》排版爲直式，並以舊式書名號、舊式篇名號、舊式人名號標點，今依新式標點改之。其餘則依《講要》所言，如云「陽湖劉申受」，則不改爲「劉逢祿」，云「鄭康成」則不改爲「鄭

玄」，以見《講要》述者、編者之體例。列表之後，進而分析比較引述的內在規律，以見其引述特色。

表格第一欄為「原文」，第二欄為「《論語》本經」，第三欄為「其他十三經」，第四欄為「朱注」，第五欄為「前人說法」。表格設計構思來自於老人解經往往「以經注經」，其一是舉《論語》本經為證，其二是舉其他《十三經》輔證。是以第二、三欄的設計為了證明《講要》「以經注經」的特色。除了《論語》本經，《十三經》包括了《毛詩》、《尚書》、《周禮》、《儀禮》、《禮記》、《周易》、《左氏春秋傳》、《春秋公羊傳》、《春秋穀梁傳》、《孝經》、《爾雅》、《孟子》，而《大戴禮記》因與《十三經》關係密切，一併列入。表格第四欄為「朱注」，此設計則是為了證明《講要》「不偏漢、宋」的特色。第五欄為「前人說法」，以見《講要》引述之大致情況，詳見附錄一。

由該表可以了解，《講要》最常援引的注解為皇侃的《疏》文。皇《疏》共引用了 153 次。對於字義解釋、訓詁問題，亦常引用邢昺《疏》文（56 次）、劉寶楠父子的《論語正義》（129 次）。何晏等《論語集解》（引《集解》共 110 次）也是常參考的注解本，其中孔安國的《注》（103 次）、馬融《注》（45 次）居多，包咸《注》（29 次）也常援引。鄭玄的注解至少引用了 55 次，王肅的注解則引用 14 次。

老人解經除了必定尊重古注之外，「以經注經」的情形也很多。此謂「以經注經」的方法，包括了以《十三經》的經文做為經義疏通的證據之外，也包含以《論語》本經的經文來佐證。以儒家經典解釋《論語》，《毛詩》共 14 次，《尚書》共 20 次，《周易》共 17 次，《春秋經》有 11 次，《左氏春秋傳》有 27 次，《公羊傳》有 10 次，《穀梁傳》則有 6 次。《四書》援引很多，《孟子》就有 47 次，而《中庸》有 39 次，《大學》有 13 次。《禮經》是《十三經》當中援引最多次的經典，就《禮記》而言，就引用了 76 次，除了《大學》和《中庸》外，至少還引用了《禮記》其他 20 篇。其他如《爾雅》（共 18 次）等字書，或《史記》（共 32 次）等史書，也會適時引用佐證。為了訓解字義，《說文》至少引用了 33 次，《經典釋文》則引用了 19 次。

除了上述所舉援引的書目外，有許多經義為歷來無法解釋得通的，老人盡力尋找適合的解釋方法。主要參考了程樹德《集釋》（共 41 次）當中所引的各朝《論語》注釋，如潘維城《論語古注集箋》（11 次）、陳天祥《四書辨疑》（9 次）等；亦常援引竹添光鴻的《論語會箋》（8 次）為證；或是對於

群經通論的著作，如王引之的《經義述聞》、《經傳釋詞》（共 6 次），宋翔鳳及程瑤田的說法，要在疏通經義，更能展現聖人的原意。老人雖說「不分漢、不分宋」，仍要以疏通經義為最大原則。如朱子《集注》有較不通經義的部分，老人不妄下斷語，發掘古注有較好的說法，則併列之，供讀者辨別。如陳天祥對朱子的評論，有較通順之處，老人必援引之。值得注意的是，朱子《集注》也引用了 46 次。

　　清代《論語》學有豐碩的成果，是以《講要》當中至少引用了焦循、戴震、毛奇齡、江永、江聲、錢坫、劉台拱、劉逢祿、黃式三、俞樾、潘維城等人的注解及說法。而從明至清，焦竑、李顒及陸隴其的見解也時常採納。可以說，除了傳統經解的注解之外，如李顒的《四書反身錄》、陸隴其的《松陽講義》，也是承自理學而來。對於《論語》的實踐意義，《講要》也是特別重視。

第二節　《雪公講義》內容述要

　　《講要》當中，《雪公講義》的篇幅不多。《講要》的功能在於上課時給予學員參考，大多是逐條列出古來注解多種說法，以明示較通順經義者。今先將《講要》中《雪公講義》篇章統計，製表如下，發現《雪公講義》見於《講要》二十處：

表 4-1：《雪公講義》篇章整理一覽表

篇　　名	《雪公講義》章數	《雪公講義》篇章
學而第一	6	有子曰其為人也孝弟
		子曰巧言令色鮮矣仁
		曾子曰吾日三省吾身
		子曰弟子入則孝
		子夏曰賢賢易色
		學而篇提要、學而章三段為知行總說、其為章二段孝悌為修齊治平基礎〔註1〕

〔註 1〕　此處為〈學而篇〉後之提要，全書唯此篇獨有，為全篇總說。

爲政第二	3	子曰學而不思則罔
		子曰攻乎異端
		季康子問使民敬忠以勸如之何
八佾第三	4	林放問禮之本
		子曰君子無所爭必也射乎
		子夏問曰巧笑倩兮
		哀公問社於宰我
里仁第四	1	子曰君子之於天下也
公冶長第五	1	子張問曰令尹子文三仕爲令尹
雍也第六	0	
述而第七	4	子曰自行束脩以上
		子曰聖人吾不得而見之矣
		子釣而不綱
		子曰仁遠乎哉
泰伯第八至季氏第十六皆無	0	
陽貨第十七	1	子曰性相近也
微子第十八至堯曰第二十皆無	0	
總計	20	

　　由上觀之，《論語》二十篇當中（老人論語講習班授課至〈陽貨〉第十七篇，由徐師醒民續講結束），《雪公講義》出現僅二十次。其爲老人於各章消釋文義之外，遇古今難解之章節段落、文字取捨、字義爭辨者，以《講義》歸納要義。如〈學而〉「子曰巧言令色」章，《雪公講義》云：

　　　　○孔子曰：君子有九思。今舉四端。以其爲言與色，可爲取法者。

　　　　曰：色思溫，貌思恭，言思忠，事思敬。〔註2〕

經文說「巧言令色鮮矣仁」，《雪公講義》則先舉《論語》本經經文〈季氏第十六〉「君子有九思」章當中的四端，來提示弟子「以其爲言與色，可與取法」。並再舉三例說明君子的言色容貌，《雪公講義》云：

　　　　○子夏曰：君子有三變。望之儼然，即之也溫，聽其言也厲。

　　　　○曲禮曰：儼若思，安定辭。

　　　　○又曰：禮不妄悅人，不辭費。〔註3〕

〔註2〕《論語講要》，頁9。
〔註3〕《論語講要》，頁9。

君子的言行該以何者爲規範，從老人所舉的《論語》本經、〈曲禮〉之例可以明瞭。從此也可發現其「以經注經」的原則。《講義》老人又加按語云：

> 【按】此四端皆言色之誠中形外，於人信而不欺。仁者人也，故不害仁，自無巧言令色之弊。再此章提出鮮仁之人，正與前章崇仁互映，或編者類聚有意。〔註4〕

再提示與前章「崇仁」的準備互相呼應，點出此章除了講君子言行之外，更重要是崇仁。《講要》講解云：「仁由本性而來。中庸云：天命之謂性。治國平天下必須明性。性難明，必須學道。道仍難明，遂講德。德猶難明，遂講仁。仁從二人，人與人相處，須講厚道。巧言令色之人，仁厚既少，與言道德更難。學仁者多於此處省之。經文：『鮮矣仁。』鮮仁，是少仁。古注或說爲無仁，則非經義。」〔註5〕正與《雪公講義》所強調「崇仁」一致，並辨「古注或說爲無仁」之謬。

其他如較具爭議的〈爲政〉「子曰攻乎異端」章，《雪公講義》按語云：「治與擊大異，須視解文而采。」〔註6〕又云：「自范氏謂異端非聖人之道，如楊、墨是也。程、朱遂以佛爲異端，而改論語以前之解。以後紛諍甚繁矣。學者宜詳讀《集釋》後段『發明』及『按語』，可得以簡要結論。」〔註7〕是以此章《講要》正文則解爲：「又，聖人講中道。如《中庸》記載，舜執其兩端，用其中於民。孔子亦是講中道。攻乎異端即是偏執一端，或不能執兩用中，則皆有害。」〔註8〕則較爲通順，更符合經義。

第三節 《論語講要》科表析論

老人講經、演講、授課，常用表解化繁爲簡。如《全集》當中有《講經表解》、《弘護小品彙存》、《佛學概要十四講表》等。老人曾云：

> 縱然長於口才之人，說之雖有條理，而聽者尚有聞後遺前，失於連貫之感，……思有補此缺憾，惟賴於圖表一端。表有定式，以線條爲準，圖無定型，可隨想像擬造。製成以後，事前書於黑板，使眾

〔註4〕《論語講要》，頁9。
〔註5〕《論語講要》，頁8。
〔註6〕《論語講要》，頁71。
〔註7〕《論語講要》，頁72。
〔註8〕《論語講要》，頁70。

按次尋索，一目了然。講者如長口才，順序解釋，自然益顯分明。

口才若遜，有所依傍，亦不致文義顛倒。〔註9〕

《講要》內共有五處有「表解」或「講表」，分別是〈為政第二〉「子游問孝章」、〈雍也第六〉「子貢曰如有博施於民章」、〈述而第七〉「志於道章」、「子曰仁遠乎哉章」及〈季氏第十六〉「孔子曰君子有九思章」。〈述而第七〉「志於道章」兩張講表因為老人認為是中華文化的總綱，內容甚為重要，可說是《論語》思想之精華，故於下章闡述。今先將其餘四處之講表陳列如後，以見其結構。

一、〈為政第二〉子游問孝。子曰：今之孝者，是謂能養。至於犬馬，皆能有養。不敬，何以別乎。表解如下：

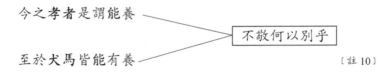

其中「孝者」與「犬馬」相對，「是謂能養」與「皆能有養」相對，表一列出，以明古注喻子之說。對於以犬馬比喻父母，則引劉氏《正義》云「以犬馬喻父母，於義難通，自昔儒者多譏之。」是以選擇包咸注云「犬以守禦，馬以代勞，皆養人者」，較能達通經義。

二、〈雍也第六〉子貢曰：如有博施於民，而能濟眾，何如。可謂仁乎。子曰：何事於仁，必也，聖乎堯舜其猶病諸。夫仁者，己欲立而立人，己欲達而達人，能近取譬，可謂仁之方也已。表解如下：

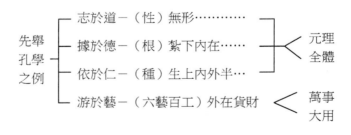

〔註9〕 轉引自鍾師清泉：〈雪廬老人弘傳《論語》析探〉。見〈內典講座之研究〉之「預製圖表」，《弘護小品彙存》，頁506。

〔註10〕《論語講要》，頁57。

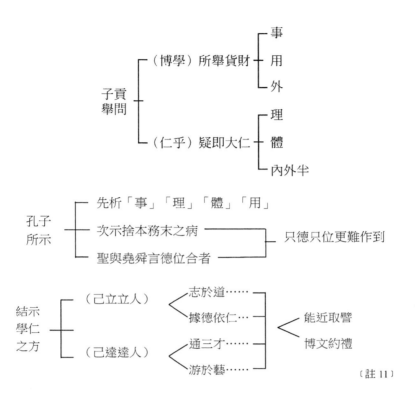

〔註11〕

對於此章，《講要》正文明示「須先舉孔學之例」，又說：「明乎孔學理體事用，始能得此章大旨。」〔註12〕此章為〈雍也〉末章，尚未講授至〈述而〉，然講此章須先明孔學之例，故第一張講表先舉孔學之例，以「志於道、據於德、依於仁、游於藝」分條明示。子貢所提的「博施於民，而能濟眾」，於此是屬於「外在貨財」，「萬事大用」之前，須先具備「元理全體」。第二張表，則列子貢舉問，「博濟」是否就是「仁乎」？然孔子的回答如第三張表，何事於仁，博施濟眾是「事用」，並不能與「理體之仁」一談。所以示其「捨本務末之病」；並舉德位合者的聖與堯、舜，尚不能博濟，更何況一般人是「只德」或「只位」。最後在第四張表所言，「結示學仁之方」，是「己立立人」、「己達達人」，由體達用、用不離體。《講要》云：

> 自己先志於道，再據於德，再依於仁。己如是立，亦如是立人。立後則言達，達者通達。舉凡天地人三才之道，以至六藝百工，皆須求其通達。己欲通達，亦教他人通達。自己與人既立既達，博濟之

〔註11〕《論語講要》，頁259～260。
〔註12〕見《論語講要》，頁256～257。

事自能爲矣。〔註13〕

三、〈述而第七〉子曰：仁遠乎哉。我欲仁，斯仁至矣。表解如下：

慾（今）

```
                              （世法）
              ┌─「情」喜、怒、哀、樂、愛、惡、懼。
「集韻」（情所好）─┤
              │      （佛法）
              └─「所好」色、聲、香、味、觸、法。  〔註14〕
```

此表出於此章之《雪公講義》，解釋「欲慾通用」，「慾」於《集韻》解爲「情
所好」，而此表將「情所好」分「世法」與「佛法」兩方面來講，以使聽眾
更能明瞭。「情」指世法中的七情，包括「喜、怒、哀、樂、愛、惡、懼」，
講表中特別將「愛」字旁加三個圈號明示，意指「愛」爲源頭。而「所好」
則指佛法中的六塵，包括了「色、聲、香、味、觸、法」。《講要》解說「欲
學聖人，必須去盡貪欲情欲。然而，欲如利器，用在乎人。欲仁仁至，欲色
色至。色至則無道，仁至則有道。」〔註15〕

四、〈季氏第十六〉孔子曰：君子有九思，視思明，聽思聰，色思溫，貌
思恭，言思忠，事思敬，疑思問，忿思難，見得思義。表解如下：

```
                    ┌視┐      ┌色（顏）┐      ┌言（語）┐      ┌疑（癡）
「動作  ─對境┤  ＞表態┤      ＞出動┤      ＞防非┤忿（瞋）
 次第」              └聽┘      └貌（容）┘      └事（行）┘      └得（貪）
```

〔註16〕

老人解釋此「九思」有一定的程序，不能顛倒。是以先列表，講明動作次第，
然後九思的意義便容易明白。《講要》云：

> 君子待人接物，開頭即有對象，這是第一步，名爲「對境」。怎麼
> 知道有這對象，即由視聽而知。……則第二步即是「表態」。態是
> 態度，包括面部顏色與容貌而言。顏色有青黃赤白黑，如羞恥則面
> 紅，怒則面色發青。……表態就是表現自己的顏色容貌等態度，君

〔註13〕見《論語講要》，頁258。
〔註14〕《論語講要》，頁313。
〔註15〕《論語講要》，頁312～313。
〔註16〕《論語講要》，頁694。

> 子必須自省。然後第三步就是「出動」辦事。動是動作，不外言事
> 二者。……事情辦完之後，有無過失，必須預防，所以最後是「防
> 非」。這是九思最後的三條，疑、忿、得。疑而不決，來自愚癡，
> 忿恨來自瞋心，得來自貪心。這三條都是過失，必須防範。〔註17〕

以上四則，有小有大，雖在《講要》當中出現的次數不多，但對於章句的解
讀，往往有畫龍點睛之效。由上文可以得知，老人講《論語》，偶爾引用內典
教法舉例，或能使聽眾更為契合、受益。

第四節　《論語講要》意圖探索

　　《論語講要》當中，解決了當前《論語》學的種種問題否？這是筆者最
為關心的部分。本節試探索其詮釋意圖，經過尋找，可發現幾點：

一、重在實踐

　　《講要》內，處處可見老人勉勵弟子「學論語在於實踐」之語。如〈為
政〉「子曰吾十有五而志于學」章，老人引劉氏《正義》說：「知天命者，知
己為天所命，非虛生也。蓋夫子當衰周之時，賢聖不作久矣。及年至五十，
得《易》學之，知其有得，而自謙言無大過。則天之所以生己，所以命己，
與己之不負乎天。故以知天命自依。命者，立之於己，而受之於天，聖人所
不敢辭也。」〔註18〕老人則說：

> 孔子學《易》，乃知天命。吾人雖聞天命，未必能知，須先信賴聖言，
> 以求知之。〔註19〕

老人勉諸弟子須先信賴「聖言量」，不因為自負甚高、不聽取聖言，導致自以
為是。

二、羅列古注

　　經典詮釋有幾種方法，老人每每在講述經義時，引古注作為詮釋的依據。
倘若前人注解有多種爭議，而歷來無定論，當古注眾多解釋當中，有理論依
據，且可信的說法，老人會羅列，供讀者自行斟酌。如〈學而〉「有子曰信近

〔註17〕見《論語講要》，頁 694～695。
〔註18〕《論語講要》，頁 49～50。
〔註19〕《論語講要》，頁 50。

於義」章，古注對於「因不失其親，亦可宗也」的「因」字，至少有三種說法。《講要》云：

> 因，孔安國《注》，以及皇、邢二《疏》，皆作親字講。宗，作敬字講。意謂所親不失其親，亦可宗敬。亦即所親的是仁義之人，是爲不失其親。能夠所親不失其親是有知人之明，故可宗敬。朱子《集注》：「因，猶依也。」意謂依靠亦須依得其人。此亦可學。又，因作姻字講，宗是宗族之義。婚姻必須愼重選擇，方能不失其親。姻親亦可在九族之內，故云亦可宗也。〔註20〕

所以對「因」字，至少有一、「親」字講，二、「依」字講，三、「姻」字講三種講法。多種解釋皆有理且可信時，老人會一併羅列。最後再引程氏（樹德）之說：「締姻不失其可親之人，則亦可等於同宗。」〔註21〕表示其較支持者。老人解經爲何言必有所據？可從《講要》當中窺其一二。〈八佾〉「子曰夏禮吾能言之」章，老人解釋該章，以爲：

> 夏殷之禮，孔子能言，必然能知。雖然能知能言，尚須尋求文獻，以爲徵信。足見孔子言必有據。〔註22〕

此亦可視爲老人講解《論語》或其他經典的準則。

三、朱注解疑

朱子《四書章句集注》自元代以降，成爲科舉用書後，學子莫不精心研讀。儘管朱《注》常有義理闡發與經義相去甚遠之處，但因文字簡潔，民國以後，乃至今日，國文教科書也常以朱《注》爲本。老人對宋儒的看法，乃至對朱《注》的看法，可從《講要》中發掘。如〈八佾〉「林放問禮之本」章，在《雪公講義》加強討論了經文中「喪與其易」的經義。引俞琰《書齋夜話》、俞樾《羣經平議》之說，又引朱子《集注》云「易，治也」。老人按語云：

> 《集注》引《孟子》「易其田疇」一句尚可；其下不貫，則費解矣。
> 〔註23〕

此爲老人對朱《注》的評斷。筆者也以爲甚公允，何以故？「喪與其易」該

〔註20〕《論語講要》，頁29。
〔註21〕《論語講要》，頁29。
〔註22〕《論語講要》，頁108。
〔註23〕《論語講要》，頁95。

句古來難解，《雪公講義》云俞琰《書齋夜話》的說法是「易字疑是具字」。〈檀弓〉云「喪具君子恥具」。〔註 24〕俞樾《羣經平議》的說法則是「戚當讀爲蹙」。〈禮器〉云「三辭三讓而至，不然則已蹙」。〔註 25〕兩種說法皆是「從順」，但是老人以爲「惜涉疑改，文獻不足，宜待後徵」。〔註 26〕《講義》又引包咸的說法，「易，和易也」，〈郊特牲〉說「示易以敬也」。〔註 27〕老人則以爲義較長，所以按語說「謂喪與其禮和嚴敬，不若哀有餘也」。〔註 28〕對於朱子引《孟子》「易其田疇」中的「易治」之義，來解釋《論語》此章，則果眞是「其下不貫，則費解矣」。〔註 29〕老人對於古來頗受爭議的注家注解，倘若值得一探，定羅列出，以資讀者自行判斷。

再如〈八佾〉「子曰禘自既灌而往者」章，魯國禘禮，自灌已後，孔子爲何不欲觀之，先儒解釋不同，老人則列孔安國《注》、朱子《集注》及劉氏《正義》三說，以備參考。一、《講要》引孔安國說：「既灌之後，列尊卑，序昭穆。而魯逆祀，躋僖公，亂昭穆。故不欲觀之矣。」〔註 30〕二、《講要》列朱子《集注》引趙伯循之說「魯之君臣，當灌之時，誠意未散，猶有可觀。自灌以後，則浸以懈怠，而無足觀矣。」〔註 31〕三、《講要》列劉氏《正義》引《禮經》，及參諸儒之論「以爲魯國特受周天子之賜，可在周公廟舉行禘禮，但後來僭用禘禮於羣公之廟，所以孔子不欲觀。又因爲禘禮自薦血腥開始，而灌又在血腥之前，是知灌時尚非禘禮，所以孔子自既灌而往不欲觀。」〔註 32〕其云：

> 以上三說，孔注爲逆祀，劉氏說爲僭禘，先儒或兼採，或任取其一。
> 趙氏懈怠說，諸注指無依據，故多不取。〔註 33〕

對於朱子所引的趙氏懈怠說，古注皆指出其無依據，老人也認同古注的看法，仍列出，以備讀者自行辨正。

〔註 24〕同上注，《論語講要》，頁 95。
〔註 25〕同上注，《論語講要》，頁 95。
〔註 26〕同上注，《論語講要》，頁 95。
〔註 27〕同上注，《論語講要》，頁 95。
〔註 28〕同上注，《論語講要》，頁 95。
〔註 29〕同上注，《論語講要》，頁 95。
〔註 30〕《論語講要》，頁 109～110。
〔註 31〕《論語講要》，頁 110。
〔註 32〕《論語講要》，頁 110。
〔註 33〕《論語講要》，頁 111。

再舉〈雍也〉「哀公問弟子孰爲好學」章，對於顏回的「不遷怒，不貳過」之經義，《講要》先引何晏與《說文解字》的說法，再闡釋其見解：

> 「不遷怒。」何晏《注》：「遷，移也。」《說文》：「遷，登也。」移，有移易延長之意。登，有升高之意。怒是一種煩惱。普通人發怒之後，其怒氣延續升高，難以制止，是爲遷怒。顏子好學，是指學道而言。任何煩惱皆是學道的障礙。煩惱起時，須有忍辱的工夫制止之。……顏子動怒時，即自知其爲煩惱，能以忍而止之，不使怒氣續發，是爲不遷怒。朱子《集注》「遷，移也。怒於甲者，不移於乙。」此說淺顯，不足以明顏子的脩養。〔註34〕

老人的著眼點在於「好學」與「遷怒」之關聯，並引何晏及《說文解字》的訓義以證明，則「不遷怒」爲「不使怒氣續發」，與朱子的「怒於甲者，不移於乙」之解釋大不相同。對於朱子《集注》的說法，老人皆是就經義而談論之，是以形成對朱《注》有弘揚、有補充、有評判之效果。就此章而言，對於強調品行脩養爲主的老人來說，「不使怒氣續發」來解釋本章，則更達到個人脩養要效果。

四、儒佛融會

老人來臺的志業是弘揚佛法，創辦之臺中佛教蓮社也以專修淨土爲宗旨。然解國學經典，仍依古代儒者之優良注解爲參，前文已述及，並叮囑弟子徐醒民先生在撰寫《講要》之時，要去除佛典，以防後來讀者有門戶之見。然老人本身的脩行即是「內佛外儒」，故《講要》當中仍會引與佛典暗合的注解，以資弟子明辨。如〈爲政〉「子曰吾十有五而志于學」章，《講要》在解完經義後，又列程樹德《論語集釋》當中引明儒顧憲成《四書講義》的說法：「這章書，是夫子一生年譜，亦是千古作聖妙訣。」〔註35〕《講要》云：

> 顧氏以爲，孔子自十五志于學，至四十而不惑，是脩境。五十知天命，是悟境。六十耳順，至七十從心，是證境。顧氏此說，大有道理。〔註36〕

「脩境」、「悟境」、「證境」三者，正是佛家「信、解、行、證」當中修行、

〔註34〕《論語講要》，頁218～219。
〔註35〕《論語講要》，頁51。
〔註36〕同上注，《論語講要》，頁51。

開悟、證果的步驟。老人評論皆有根據，不妄下斷語。此引顧憲成語，正是借前人的注解來證明自己的說法，也使經義要旨大明。又，老人儒佛融會之例證，最顯著的是對於「性與天道」相關章節的看法，筆者則於第五章深入討論。

五、前人未發

所謂「發前人所未發」，應該是超出古注之說法，並且更能接近聖人的原意。如〈八佾〉「子曰周監於二代」章，《講要》先援引孔安國《注》、邢昺《疏》及劉氏《論語正義》引《漢書》〈禮樂志〉之說，大抵不出「周之文章備於二代，所以孔子從而行之」之意。在此，《講要》又再深入說明古注依《說文》以「有文章」解釋「郁郁」，故《講要》云：

> 但三代禮文既以周禮最為完備，則郁郁二字自然包含禮的本質與條文，兩者兼備，而相平衡。也就是文質彬彬之意。文與質平衡，無過，亦無不及，就是恰到好處的中庸之道。〔註37〕（《講要》頁117）

老人引申出「中庸」的涵義，並為此章作白話的詮解：

> 孔子的意思，就是說：「我辦政治，即從周禮，依中道而行。」
> 〔註38〕

引申出「中庸」之道，詮解周禮不只是「有文章」，這是古注所沒討論到的，也就是老人「發前人所未發」之處。《講要》就像一篇大散文，溫厚的將聖人的真意闡述出來，而又必有根據。欲探求老人的創作意圖，並發掘「發前人所未發」之處，實際上並不容易。本小節僅以此例作為例證。事實上《論語講要》最大的特色，即是老人對「志於道」章及「性與天道」相關章節的討論，筆者亦於第五章深入討論。

《論語講要》的解經方法，大抵是傳統經學的治學態度。尊古不闢經，並且對於漢、宋注解皆予以採納。以經解經，是以回歸原典為基本方式。以孔子語解孔子語，則更能疏通經義。漢、宋注解，各有優劣；老人解經，必找出於文理文義，皆相通者。而關於《講要》的中心思想，又能呈現出什麼面貌？待下章討論之。

〔註37〕《論語講要》，頁117。
〔註38〕同上注，《論語講要》，頁117。

第五章　《論語講要》思想特色

　　老人浮海來臺，致力弘揚佛法、闡釋儒學；一直是儒佛並重、二不偏廢。而其重視儒家經典，除了《禮記》中的《大學》、《中庸》以外，並以《論語》為最主要的教材，因此其《論語》學可視為闡釋儒學思想最重要的精華。中華文化為老人終身奉行的準則，亦為《論語講要》的思想基礎，要瞭解老人《論語講要》之思想，必先闡釋老人《論語》詮釋最基本的觀念。《講要》當中，老人特別重視〈述而篇〉「志於道」章，以此章為中華文化總綱領，此堪稱老人《論語》思想最重要的觀念。第一、二節〈注重學道〉討論其對本章及中華文化的看法。《講要》按《論語》二十篇分篇依章序講述，每章必有講要解釋正文，其中幾處有《雪公講義》補充說明。而〈學而〉篇除基本體例與其他篇相同之外，特別在篇末收錄老人撰寫的〈提要〉，足見其特別強調〈學而〉篇詮釋的幾個重點，作為以下各篇之範例，次節〈立定人格〉即深入探討此〈提要〉的意義。《論語》中，孔子少談「性與天道」，稍有提及，也往往令學生不解，歷來注解更是紛雜不一。老人有佛學的背景，自己對教理下過工夫，並身體力行、孜孜不倦，對孔子所言，甚有體悟；《講要》當中，將孔子的「性」與佛家的「性」並列，是以開發人人本有的性體為其論述的總綱。第四節〈知曉天命〉則將《講要》「性與天道」的思想一一析論。第五節〈儒佛並重〉則引《講要》內老人儒佛並重的思想，以見其儒佛相通的詮解原則。

第一節　注重學道（上）

　　中華文化為老人終身奉行的準則，亦為《論語講要》的基礎思想，要瞭

解老人《論語講要》之思想，必先闡釋老人《論語》詮釋最基本的觀念。《論語講要》當中，老人特別重視〈述而篇〉「志於道」章，以此章爲中華文化總綱領，此堪稱老人《論語》思想最重要之觀念。本節將闡述老人對於此章看法的特殊性。在闡述老人思想以前，先陳列歷來重要注解對「志於道」章之看法。

一、古注解「志於道」章

「志於道」章在思想史上頗受學者青睞，雪廬老人年少成長時期，正逢清末民初政局交替，隨國民政府來臺後，直至西元 1986（民國 75）年在臺往生，不曾返鄉。雖思鄉心切，卻仍不忘以中華文化傳授弟子、信眾，弘揚儒佛不遺餘力。老人晚年開辦論語班，講授《論語》，以程樹德《論語集釋》爲主要參考注本。今研究老人《論語講要》，則必先從清代《論語》詮釋史談起。關於清代《論語》詮釋史，揚州大學柳宏教授在其著作提到「至乾嘉時已產生新注疏之需求」〔註1〕，並說明皇《疏》與邢《疏》之缺失分別是「多涉清玄」及「依文衍文」。清代的《論語》研究有許多新的成果，可繪表如下〔註2〕：

表 5-1：清代《論語》學研究成果

討論範疇	著　　作
宮室／衣服禮制	江永《鄉黨圖考》、任大椿《弁服釋例》等
史事地理	閻若璩《四書釋地》、周柄中《四書典故辨正》等
字義訓詁	段玉裁《說文解字注》、王念孫《廣雅疏證》、王引之《經義述聞》、惠棟《九經古義》等
鄭玄佚注	惠棟、陳鱣、臧庸、宋翔鳳諸君，並有輯本
經文辨僞考異	翟灝《四書考異》、盧文弨《釋文考證》、阮元《校勘記》
專家《論語》義說	毛奇齡《論語稽求篇》、臧琳《經義雜記》、方觀旭《論語偶記》、趙佑《四書溫故錄》、孔廣森《經學巵言》、劉台拱《論語駢枝》、焦循《論語補疏》、錢坫《論語後錄》等

清代《論語》學著作如此豐富，柳宏云：「凡此種種，皆爲劉氏相約分

〔註1〕 柳宏：《清代論語詮釋史論》（北京市：社會科學文獻出版社，2008 年 3 月），頁 212。
〔註2〕 此表根據上注柳宏：《清代論語詮釋史論》頁 212～213 繪成。

疏《論語正義》奠定了厚實的基礎。」〔註3〕按楊菁教授之研究成果，以為
劉寶楠《論語正義》在清代豐富的《論語》學當中，所能特出的原因是：「能
取其長而去其短，其書既具考證精詳之長，於義理的解釋上，又集結了清中
葉以前的思想義理，反應了清世反理學、重實理的一貫取向，深具時代特色。」
〔註4〕

　　觀察劉氏《正義》對〈述而篇〉「志道章」的看法，意外發現比其他章的
注解簡短。選擇古注方面，《正義》單引何晏《論語集解》之說法：

> 志，慕也。道不可體，故志之而已。據，杖也。德有成形，故可據。
> 依，倚也。仁者功施於人，故可倚。藝，六藝也。不足據依，故曰
> 游。〔註5〕

以其採漢注的傾向，以訓詁為詮解的方式，所見於斯。《正義》對此章所下
的章旨，頗獲近世學者青睞。其云：「此夫子誨弟子進德修業之法。」〔註6〕
進德修業的方法就是「志於道、據於德、依於仁、游於藝」這四條目。《正
義》進而分別對「道」、「德」、「仁」、「義」辨明字義：

> 道者，明明德親民，《大學》之道也。德者，〈少儀〉云：「士依於德。」
> 鄭《注》：「德，三德也。一曰至德，二曰敏德，三曰孝德。」此本
> 《周官》〈師氏〉之文。鄭彼《注》云：「至德，中和之德，覆燾持
> 載含宏者也。敏德，仁義順時者也。孝德，尊祖愛親。」三德所以
> 教國子，故鄭注〈少儀〉依用之。《論語》此文，義當同也。言「據」
> 者，據猶守也。《中庸》言顏子：「擇乎中庸，得一善，則拳拳服膺，
> 而弗失之。」即據德矣。〔註7〕

對於「德」的詮解，劉氏以《禮》經解《論語》，引鄭康成對〈少儀〉經文的
注解，以為德有三義，分別是「中和之德」、「仁義順時」以及「尊祖愛親」。
這也是本《周官》之文。而言「據於德」，劉氏解為「據猶守」，即有保守、
守住之義。並引證《中庸》言，「得一善……而弗失之」，據德即不讓其失掉。

〔註3〕　柳宏：《清代論語詮釋史論》，頁213。
〔註4〕　參見楊菁：《劉寶楠《論語正義》研究》（臺北市：花木蘭文化出版社，2006
　　　　年9月）。
〔註5〕　〔東漢〕何晏：《論語集解》《重刻宋本十三經注疏》（臺北市：藝文印書館，
　　　　1955年），頁60。
〔註6〕　〔清〕劉寶楠：《論語正義》（北京市：中華書局，1990年3月），頁257。
〔註7〕　同上注。〔清〕劉寶楠：《論語正義》，頁257。

關於「依仁」與「游藝」，劉氏亦引《禮記》〈學記〉與鄭康成的注解，並引本經《論語》證之：

> 「依仁」猶言親仁，謂於仁人當依倚之也。「游於藝」者，〈學記〉
> 云：「不興其藝，不能樂學。」又云：「故君子之於學也，藏焉修焉，
> 息焉游焉。」鄭《注》：「興之言喜也，歆也。游謂閒暇無事於之游。」
> 然則游者，不迫遽之意。〔註8〕

蓋誠如前述柳宏教授所言，劉氏《正義》所參考的古注很多，但此章「誨弟子進德修業之法」則無龐雜的訓詁考證，只引諸經證經，並且在游於藝的部分列舉「禮、樂、射、御、書、數」的項目。究竟為何出於常例？筆者以為，以劉氏的解經觀，著重字義訓詁，對於此章的深意，也是闕而不論。

清中葉乾嘉學者對宋人的注解頗有不滿之處，由此章雖看不出劉氏對宋注的抨擊，卻可由其隻字未提朱注，窺見選擇注解的價值評斷。朱熹《四書章句集注》〔註9〕對此章的看法，程氏《論語集釋》與黃懷信《論語彙校集釋》都引用之，給讀者一個公平的接受空間。朱熹《集注》云：

> 志者，心之所之之謂。道，則人倫日用之間所當行者是也。知此而
> 心必之焉，則所適者正，而無他歧之惑矣。
>
> 據者，執守之意。德者，得也，得其道於心而不失之謂也。得之於
> 心而守之不失，則終始惟一，而有日新之功矣。
>
> 依者，不違之謂。仁，則私欲盡去而心德之全也。功夫至此而無終
> 食之違，則存養之熟，無適而非天理之流行矣。
>
> 游者，玩物適情之謂。藝，則禮樂之文，射、御、書、數之法，皆
> 至理所寓，而日用之不可闕者也。朝夕游焉，以博其義理之趣，則
> 應務有餘，而心亦無所放矣。
>
> 此章言人之為學當如是也。蓋學莫先於立志，志道，則心存於正而
> 不他；據德，則道得於心而不失；依仁，則德性常用而物欲不行；
> 游藝，則小物不遺而動息有養。學者於此，有以不失其先後之序、
> 輕重之倫焉；則本末兼該，內外交養，日用之間，無少間隙，而涵
> 泳從容，忽不自知其入於聖賢之域矣。〔註10〕

〔註8〕 〔清〕劉寶楠：《論語正義》，頁257。
〔註9〕 朱熹：《四書章句集注》（臺北市：大安出版社，1999年12月）。
〔註10〕 朱熹：《四書章句集注》，頁126～127。

朱子謂此章的「道」是在「人倫日用之間」，並謂章旨爲「人之爲學當如是」。
朱《注》的見解，民初學者錢地之《論語漢宋集解》〔註11〕分析此章時，做
了詳要的判析，錢氏云：

> 此章各家注疏思想分歧，有以老、莊思想注者，乃如何《注》、皇
> 《疏》是也。有以理學思想注者，朱《注》是也。有以儒道兼用者，
> 邢《疏》是也。愚則直去何《注》皇《疏》，以免影響儒家正道思
> 想。……朱《注》此文精粗互紐，其精者曰：道在人倫日用之間。
> 曰游於藝，而日用不可闕少者也。曰爲學莫先立志，志於道則心存
> 於正，此是其精者。〔註12〕

蓋朱《注》與劉氏《正義》方法雖異，然章旨頗爲相近，朱子以爲，爲學當
依此章爲次第，「內外交養」；劉氏《正義》亦以此章爲孔子教誨弟子「進德
修業」之法。聖人的眞意雖難探究，但求得自身的脩養，皆不離此章。雪廬
老人亦吸取前述諸注之看法，並創發研究此章之心得，待下文詳談。

二、今人解「志於道」章

　　對於此章，臺灣學界多有討論。〔註13〕與雪廬老人相近年代的高明教授，
視此「志於道」章爲「中華學術體系」，並繪有「中華學術體系表」〔註14〕。
1973（民國62）年，高明教授在「暑期國學研究會」作專題演講，題目是〈中
華學術的體系〉〔註15〕，並在《中華學苑》、《孔孟月刊》上刊布，後收入《高

〔註11〕 錢地之：《論語漢宋集解》（臺北市：著者出版，1978年9月）。
〔註12〕 《論語漢宋集解》，頁324。
〔註13〕 如吳冠宏〈儒家成德思想之進程與理序：以《論語》「志於道」章之四目關
　　　　係的詮釋問題爲討論核心〉，《東華人文學報》第三期，2001年7月，頁189
　　　　～214。陳滿銘：〈論《論語》的「志於道」〉，《孔孟月刊》，第41第2期（2002
　　　　年10月），頁8～11；陳氏著〈論「志道」、「據德」、「依仁」、「游藝」的
　　　　關係〉，《孔孟月刊》，第41卷第6期（2003年2月），頁14～16。林安梧：
　　　　〈「道」「德」釋義：儒道同源互補的義理闡述──以《老子道德經》「道生
　　　　之、德蓄之」暨《論語》「志於道、據於德」爲核心的展開〉，《鵝湖》（2003
　　　　年4月），頁23～29。劉錦賢：〈孔子成學之教論述──志於道據於德依於
　　　　仁游於藝〉，《博學》（2003年12月），頁49～85。
〔註14〕 參見高明：〈中華學術的體系〉《孔孟月刊》，第十二卷第十二期，（1973年8
　　　　月），頁22～31。
〔註15〕 此文後刊於《孔孟月刊》，參見高明：〈中華學術的體系〉《孔孟月刊》，第十
　　　　二卷第十二期，（1973年8月），頁22～31。

明文輯》〔註16〕。在這篇文章高教授指出：我中國學術文化之傳統，以「志於道」為目標，以「據於德」為基礎，以「依於仁」為精神，以「游於藝」為途徑。高教授以此章分攝為「中華學術體系」，詳列的科目則以考據、辭章、義理、經世總括之；雪廬老人對此章則是以為「中華文化總綱領」，直指人心的依歸應先「志於道」。兩者詮釋的方法不一樣，一是從荀子勸學的基礎著手，一是從孟子的心性論為依旨。即便如此，卻有異曲同工之妙。高教授表格內亦總結此等學問是「造福人群之學」，而老人對於游於藝的涵養也是由「仁心」出發。《孟子》七篇是針對孔子所講的「道」加以闡發，老人對此章的詮解就是以「道」為出發點，告訴弟子們人生該如何走。《荀子》傳經，以「學」為方法，高教授則是將此章當作學術領域的學問方式，由內到外，再由外而內，亦為求學的進路過程。今附「中華學術體系表」如後：

　　大抵對於此章，學者多同意此乃為學的次第，惟雪廬老人弘傳《論語》是從傳統經學走向民間經學，故學界尚未能看到老人的說法。老人並非單求創新來隨意解說經義，而是選擇古注方面有其特殊的道理。故直指由「道」出發，展開「據德」，乃至於從「依仁」做起，涵泳於六藝之間，在在都是闡釋「道」的意義，實為老人的研究結晶，此部分由下節闡釋之。

〔註16〕高明：《高明文輯》（臺北：黎明文化事業公司，1978年）。

表 5-2：高明教授：中華學術體系表

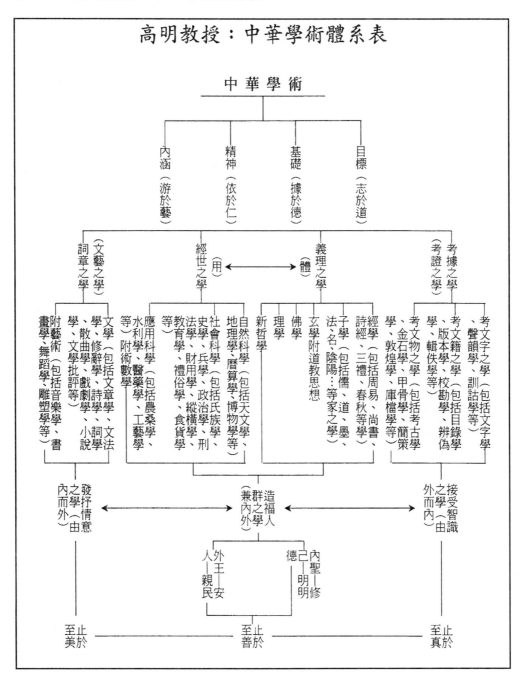

第二節　注重學道（下）

此節闡釋雪廬老人對志道章的詮解。可從老人弟子們的研究成果切入討論。

一、老人弟子研究成果

1996 年，臺中市佛教蓮社諸位居士受邀前往濟南大學參與儒學研討會，其中謝師嘉峰以老人對此章的闡釋爲研究主題，初步分析老人如何解析此章的分析。對於本章的章法結構，謝師云：

> 在闡述章句之前，雪公先以能所、體用、總別、內外、本末來解析這四句話的章法結構內容，這種解析是十分合乎科學邏輯的，目的是先對全部章句有總的概括的了解，而後再逐字逐句的解析及其章句義理的連貫。〔註17〕

借用佛理中的「能所」、「體用」、「總別」、「內外」、「本末」來解析，是老人思想中儒佛融會的特點。此四章重要的八個字，分別指的是：

> 「志、據、依、游」四字是能，指主觀內在的存養功夫；而「道、德、仁、藝」四字是所，指客觀實踐的法體內容。〔註18〕

如此一解，便清晰易懂。關於「體用」等章法結構，亦幫助讀者體會此章的次第。此章中「道、德、仁、藝」的眞正義涵，則更需一一釐清。「道」的意涵最爲重要，老人以爲「道即是性體」，孔子早已闡揚，惟孔子當時之學者尙未能領會。老人云：

> 宋儒之學，以性理著稱，其實此性理並非宋儒之發明，孔子早已闡揚之矣，惜以學者不能領會，故僅闡明少分，如云明明德，天命之謂性，性相近也，皆是闡釋性理，然其高足如子貢者，猶謂夫子之言性與天道，不可得聞，何況其餘之人。厥後孟子之言性善，荀子之言性惡……惟孟子之言少透本性之光而已。〔註19〕

據謝氏初步分析的結果，以爲老人對此章的看法公允，其云：

〔註17〕 參見謝師嘉峰：〈志於道、據於德、依於仁、游於藝──雪廬老人爲中華文化提綱及闡釋〉，《明倫月刊》，268、269 期，（1996 年 10、11 月）。

〔註18〕 謝氏著：〈志於道、據於德、依於仁、游於藝──雪廬老人爲中華文化提綱及闡釋〉。

〔註19〕 參見雪廬老人：《雪廬述學語錄》，《李炳南老居士全集》第 10 冊（臺中市：青蓮出版社，2006 年 4 月），頁 11。

「志於道，據於德，依於仁，游於藝」這一章句中有體有相有用，作爲中華文化的綱領，是恰當不過的，雪公云：「猝視道有多端，審詳惟體與用，體則明乎性德而率之，用則濟眾而利天下。」能將吾人本有的性體開發出，既而濟眾而利天下，使天下之人亦皆能開發本有的良知良能，這就是中華文化的大旨，這也是中華民族的民族性，中華文化實奠基於此，如此的文化瑰寶，是應當發而揚之，光而大之的。〔註20〕

由上觀之，老人詮解此章的要點，就是開發「吾人本有的性體」，進而能濟眾利益天下。

2006年，臺灣國立中興大學中文系舉辦紀念雪盧老人往生二十週年學術研討會，《明倫月刊》主編鍾師清泉亦探析老人弘傳《論語》的成就。其中談及老人時常談到「志於道章」，更在「論語講習班」講授時，共計花了四次上課時間分析。鍾師該文分析出，老人研究可歸納四點，分別是「以仁爲先」、「道德與仁藝」、「仁與藝」、「六藝之首」〔註21〕，其云：

（一）以仁為先——解說次序

先解釋「依於仁」，因爲學者從「仁」容易著手，與人相處「能近取譬」，先親親而後仁民愛物，從近而遠，由親而疏，人們可以「力行」仁的事業。〔註22〕

「道」與「德」實屬形而上的崇高理想，中人之資不易理解。以仁爲先來解說此章的次序，實爲聖人的苦口婆心。

（二）道德與仁藝——由體達用，用不離體

「道、德、仁、藝」，老人以「體」、「相」、「用」來判釋，從表5-3可見其綱領。鍾師云：

本章經文是孔子的自述，也是勉人一生應致力於此四大領域。志是「心之所之」，心心念念志在性體大道，默而識之，最後就能如孔子「從心所欲而不踰矩」。人遇到事物，難免有忿懥、恐懼、好惡、憂

〔註20〕謝氏著：〈志於道、據於德、依於仁、游於藝——雪盧老人爲中華文化提綱及闡釋〉。
〔註21〕參見鍾師清泉：〈雪盧老人弘傳《論語》析探〉，收於陳器文主編：《紀念李炳南教授往生二十週年學術研討會論文集》。
〔註22〕鍾氏著：〈雪盧老人弘傳《論語》析探〉，頁302。

患的情緒，使心不正，這時若如孔子好學而內自訟，使心「立覺復明」而不惑，自能據守在「明德」的狀態。〔註 23〕

關於此點，即與朱子《集注》云「蓋學莫先於立志，志道，則心存於正而不他」存正之心實爲求學的根本。

（三）仁與藝——根幹互滋

仁與藝的關係，老人表 5-4 詮解爲「根幹互滋」，實爲巧妙。老人在論語班上課說明：

> 不依仁，藝就壞了，仁與藝是根幹互滋，有仁才能發展藝，藝往好走，仁才不損傷，二者有連帶關係。藝術有了一分仁心，它就不害人。〔註 24〕

因此，老人於《講要》中云：

> 游於藝者。《韻會》：「藝，才能也。」又：「術也。」禮樂射御書數六藝，以及百工技能，皆藝術也。孟子曰：「是乃仁術也。」矢人惟恐不傷人，函人惟恐傷人，故術不可不愼也。故一切藝術不離乎仁。……按「水底」即深入沉潛之義。藝是行仁之工具。一切藝術技能，至爲繁多。已成聖人，是智者，是不惑者，無所不知。學者未成聖人，必須博學，以資推行仁之事業。古語：「一事不知，儒者所恥。」以有惑而不知，故以爲恥。知恥則必勇於學習一切藝能。
>
> 〔註 25〕

今日，擁有各項才藝技能的人頗多，擁有一個專業還不夠，需要第二專長、第三專長，擁有才藝成爲人人搶飯碗的必備條件。老人當時觀察出，依此章經義，「一切藝術不離乎仁」，並推衍出聖人是「智者」、「不惑者」，是無所不知的；我們一般學習者，尚未成聖人，必須博學，以「推行仁之事業」，蓋修學次第則應依此爲準。

（四）六藝之首——博文約禮

古有六藝，百工技能，以禮爲首。《講要》引《論語》〈雍也篇〉及《禮記》〈禮運篇〉云：

〔註 23〕 鍾氏著：〈雪盧老人弘傳《論語》析探〉，頁 303。
〔註 24〕 參見明倫月刊資訊網：「論語講記」，〈述而篇〉「志於道，據於德，依於仁，游於藝」章。http://www.minlun.org.tw/1pt/1pt-4-3/index-00.htm
〔註 25〕 《論語講要》，頁 270。

〈雍也篇〉：子曰：「君子博學於文，約之以禮。」上四所列曰博，而須約之以禮者，禮爲道德仁義之後，又爲六藝之首，道德仁義暨諸藝術，待禮而成。倫常、政治、軍備、祭祀、婚喪、教法，非禮皆亂。〈禮運篇〉云：「故聖人之所以治人七情，修十義，講信修睦，尚辭讓，去爭奪，舍禮何以治之。」故學道德仁藝，必自學禮始。學禮必以學習敦倫修睦辭讓爲根基。〔註26〕

老人又提撕學禮必以「敦倫、修睦、辭讓」爲根基。即使在今日，亦是爲人脩學的主要條件。根基則是最深的基楚，失了禮，則其餘一切技能都只是技藝而非仁藝。

二、老人手繪科表探析

前文所引，大致能明白老人以「志於道章」爲中華文化學術總綱的核心思想。而其手繪志於道章表，更可配合解說顯示出來。見表5-3。

這一章雖只有四句，雪廬老人畫了兩張表，這兩張科表，將四句經文的文意、文理、次第、方法都說明清楚。老人於此講表，上標「由體達用，用不離體」，在這之下，把「體、相、用」三者列出。對於章旨，《講要》云：

此章書爲儒學之總綱，圓該中國文化之體相用。志據依游是孔子教人求學之方法。道德仁藝是孔子教人所求之實學。〔註27〕

以此四句統攝中國文化之全部，實是老人研究古注，並以儒佛思想融會下的成果。《講要》依表解釋：

道是體，德是相，皆是內在。仁藝是用，皆是外在。仁是用之總，喻如總根，半內半外。藝是用之別，喻如枝幹，純屬於外。孔子學說以仁爲本，由仁發藝，以藝護仁，仁藝相得，喻如根幹互滋。仁原於德，德原於道。道德非中人以下可解，然行仁藝，道德即在其中。如此由體達用，用不離體，中國文化之精神即在是焉。〔註28〕

直指此章的大作用可「圓該中國文化」，也就是說這四句話是《論語》裏四大綱要，不但是《論語》的四個綱要，就是儒家的五經，也可以拿這四句話作綱要。老人以爲，讀懂這章經，瞭解孔夫子的原意，以後研究《論語》、

〔註26〕《論語講要》，頁271。
〔註27〕《論語講要》，頁266。
〔註28〕《論語講要》，頁266。

研究五經，乃至於其他儒家經典，都能了解經典的大綱。如此求學問、脩行，才是踏實，有目標才有成就。表 5-3 上所標的：「由體達用，用不離體。」體、相、用是佛法講眞如本性、教人家明心見性、研究教理的分析方法。「體」是本體，指我們人人都有心，心爲本體。心爲本體以佛家的講法是「無相」，是「眞空」，就是「體空」。而「相」是由眞空、由體起相的時候，出現相時，這個相才是有形相的，才是「有」的。「相」有很多種，如我們世間的萬象。所以研究佛法教理明白：體空相有。而「用」，就是千變萬化的作用。所以表 5-3 講「體」就是指眞如本性的本體。

表 5-3：「由體達用，用不離體」總綱〔註 29〕

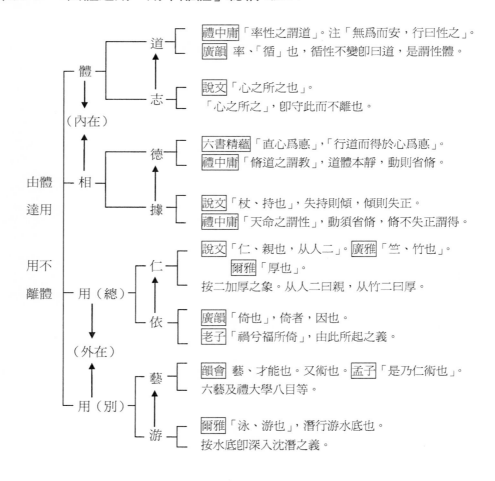

道　禮中庸「率性之謂道」。注「無爲而安，行曰性之」。
　　廣韻 率、「循」也，循性不變卽曰道，是謂性體。

志　說文「心之所之也」。
　　「心之所之」，卽守此而不離也。

體（內在）

德　六書精蘊「直心爲悳」，「行道而得於心爲悳」。
　　禮中庸「脩道之謂教」，道體本靜，動則省脩。

據　說文「杖、持也」，失持則傾，傾則失正。
　　禮中庸「天命之謂性」，動須省脩，脩不失正謂得。

相

仁　說文「仁、親也，从人二」。廣雅「竺、竹也」。
　　爾雅「厚也」。
　　按二加厚之象。从人二曰親，从竹二曰厚。

依　廣韻「倚也」，倚者，因也。
　　老子「禍兮福所倚」，由此所起之義。

用（總）（外在）

藝　韻會 藝、才能也。又術也。孟子「是乃仁術也」。
　　六藝及禮大學八目等。

游　爾雅「泳、游也」，潛行游水底也。
　　按水底卽深入沈潛之義。

用（別）

由體達用　用不離體

〔註 29〕《論語講要》，頁 272～273。按：此表原作爲直式，因應格式需求，改爲橫式。

　　老人詮釋經典不輕易妄下斷語，參考古注也是有根有據。《講要》詮解此章，必引經典字書爲證，字字意義，皆引出處。如表 5-3 中，根據《中庸》中「率性之謂道」解「道」字，再由《說文解字》中的「率」字謂「循」，而有循性不變之意，即謂道即性體。其後「能所」七字，亦復如是。《講要》又云：

> 志於道者。道即本心，亦即眞心，寂照湛然。寂者不動，此是定
> <u>力</u>。照者光明，此是智慧。寂而照，照而寂，定智湛然，恆在本
> 心。《禮記》〈中庸〉云「天命之謂性，率性之謂道」，天命，是天
> 然而有之意。性是人人本有，故云天命之謂性。此即人之本性。
> 率性，古注：「無爲而安行曰性之。」無爲，非由造作而來，即指
> 本性而言。本性不動，故曰安。行是動念。行曰性之，即《孟子》
> 〈盡心篇〉所說：「堯、舜性之也。」性之，即是率性之義，動念
> 自然合乎本性。《廣韻》：「率，循也。」循性不變，即曰道，是謂
> 性體。就循性不變而言，道即是性，性即是道。志者，《說文》：「心
> 之所之也。」心之所之，即守此道而不離也。守道不離，即是將
> <u>心定之於道。</u>亦即「默而識之」之意。〔註30〕

率性這就是道，率當順字講，順乎自己的天性，天性就是本性。一切順乎自己本性，沒有起變化；老人以爲，我們凡夫眾生辦不到這等境界。凡夫眾生起心動念時，一動念本性中的理性就被遮蔽了。凡夫眾生起心動念都是爲自己，私心起作用，一起作用就變成自私自利了。念頭固然是由本性而起，加上私心一污染，本性即被遮蔽了。這裏講「循性不變」叫作道，指安然不動、清淨本然、不變的性體。關於據於德，《講要》云：

> 據於德者。……《說文》：「據，杖持也。」德如杖，必須持之勿失。
> <u>失持則傾，傾則失正。</u>本性不動，動須省察脩持，脩不失正，是謂
> 之得。所謂得，非指本性而言。本性無脩無得。脩是指德而言。即
> <u>在一念初動時，即時覺之，覺則明而不昏。</u>如此念念省脩，則德不
> 昏，故稱明德。此即據於德。〔註31〕

老人根據《說文解字》對「據」的釋義，謂德如杖，倘若「失持」，則傾失正。這與劉氏《正義》的詮解有相通之處。既然「道」是性體，本應如如不

〔註30〕《論語講要》，頁 266～267。
〔註31〕同注8，《論語講要》，頁 267～268。

動，然因於「一念初動」時，則不覺。故本性應時時省察，「修不失正」才謂之「得」。而關於「依於仁」、「游於藝」的經解，如同前節所引，則不贅述。而對於此章老人所編製的第二張表，乃引佛經、儒經的解釋，今附於下。

表 5-4：述說次序〔註 32〕

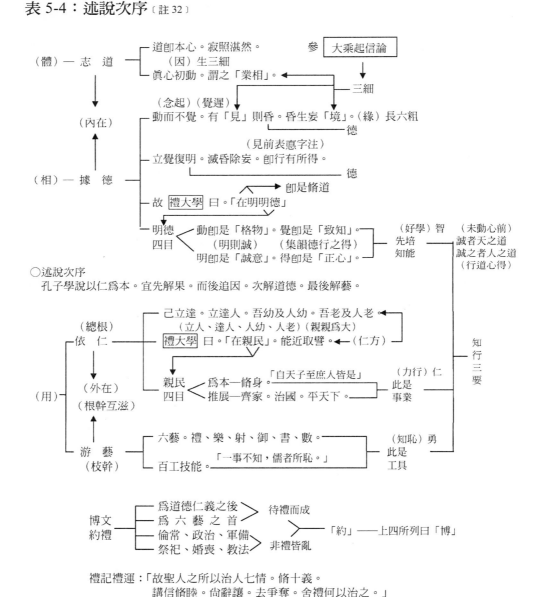

〔註 32〕《論語講要》，頁 274～275。按：此表原作為直式，因應格式需求，改為橫式。

—78—

表 5-4 運用了佛典，如《大乘起信論》當中的「三細」、「三粗」作譬喻，說明「道」是「本心」，是「寂照湛然」的。乃至於「德」的境界，就如《大學》當中說的「在明明德」。「仁」與「藝」皆是「用」，老人以根幹互滋作為比喻，兩者是相輔相成。最後再以智、仁、勇三達德總括知行三要。表 5-4 末有博文約禮的細目，以為「禮」為「道」、「德」、「仁」、「藝」之後，但為「六藝」之首，各種倫常政治軍備祭祀婚喪教法，是「非禮皆亂」的，因此必須「博文約禮」。表 5-4 是一種比較的研究法，表 5-3 則是純以儒家經典來解釋此章，兩者可以互相參看。〔註33〕

第三節　立定人格

《講要》當中，老人獨對〈學而篇〉撰寫〈提要〉。所謂「提要」，是提示要點。《講要》體例中，經文之後各有講解，〈學而篇〉亦如是。內文已於經文各章加以論述與詮解。〈學而篇〉最後的〈提要〉相較於其他篇的內文解釋，則顯得特出。此〈學而篇〉〈提要〉並非將該篇經文每一章都提出要點，而是選擇特別的章句、且以「立定人格」作提示的功能。試舉其例：

一、如〈提要〉云：「有子曰其為至未之有也。是一段。君子務本四句，乃引孔子之言。」是針對〈學而篇〉第二章經文，提示「君子務本」四句是「有子引孔子之言」，避免了多餘的爭論。

二、又如該篇第六章，〈提要〉云「子曰：弟子入則孝至而親仁。是一段。行有餘力，則以學文。張南軒〔註34〕曰：『言當以是數者為本，以其餘力學文也。』其義可從。」提示須選擇語義較圓融、語句較通順的注家注解，才不致偏於一方。

〔註33〕 按：本章第一、二節〈注重學道〉，修改自筆者單篇論文〈從傳統經學到民間經學——雪廬老人對《論語》〈述而〉「志道章」的一個新看法〉。該論文曾於「『中國語言與社會文化』研究生國際學術研討會」（南京市：南京大學文學院，2009 年 7 月 5 日～9 日）發表，後經修正，刊登於林師慶彰主編：《經學研究論叢》第 17 輯（臺北市：臺灣學生書局，2009 年 12 月），頁 243～266。

〔註34〕 張南軒（1133～1180）即張栻，四川綿竹人，字敬夫，又名樂齋，號南軒，幼從師胡宏，得理學真傳。後執掌長沙城南書院、岳麓書院多年，和朱熹、呂祖謙齊名，時稱「東南三賢」；官至右文殿修撰。其著作經朱熹審定的有《南軒文集》44 卷刊行於世，還有《論語解》10 卷、《孟子說》7 卷。清康熙年間由無錫華希閔重刊，道光年間又由陳仲詳將《南軒文集》和《論語解》、《孟子說》合刊為《張南軒公全集》或稱《南軒全集》。

三、對古注爭議性大的第七章，特別引各家注解輔證，其云「子夏曰賢賢易色至有信。是一段。陳祖范〔註35〕《經咫》、以及《論語述何》〔註36〕、劉氏《正義》等，皆云此四皆明人倫。劉申受〔註37〕謂賢賢是關雎之義。可從。雖曰兩句，《四書辨疑》〔註38〕，謂是子夏假設之言。劉正叟〔註39〕謂其人既能此等之事，而自言未學。皆可從。」

四、再如針對第八章，其云：「子曰君子不重至主忠信。是一段。上二句是病，下一句是治。次段是環境防範。上句防染，下句自省去非。凡能去非，皆可曰如己者。」以病治相對、防範方法之例，作經文大義的疏通。

五、對第十一章，其云：「父在觀其章（按）旨有論孝觀人兩說，余可論孝。觀志觀行，有爭，余從觀子之說。其父之道，只言善與常者，不及其惡。經有繼志與幾諫之訓，知孝者決不順惡繼惡。但善與常者，亦自萬殊，如父子大小不同，無妨三年後變通。」也說明了老人尊崇之說法。並加提示權變的方法，才不致拘泥於經文而不知變通。

〔註35〕陳祖范（1676～1754），清代詩人。字亦韓，號見復，江蘇常熟人。生於清聖祖康熙十五年，卒於高宗乾隆十九年，年七十九歲（《清史列傳》作卒於乾隆十八年，年歲同。此從《疑年錄》）。雍正元年（1723）舉人，會試中試，以病未與殿試。閉戶讀書數年，會詔天下設書院，大吏爭延為講師。乾隆四年（1739）掌教徐州雲龍書院。乾隆十五年，薦舉經學。居首列，以年老不任職，賜國子監司業銜，卒於家。祖范於學務求心得，論禮主不以古制違人情。著有《文集》四卷、《詩集》四卷、《經咫》一卷、《掌錄》一卷、《清史列傳》傳於世。

〔註36〕《論語述何》，劉逢祿（1776～1829）撰。劉逢祿為「公羊學派」之名家，喜借解經發揮一己之見。此書以「述何」為名，蓋指何休而言。何休作《春秋公羊解詁》，故清代治公羊者皆視為宗師。舊傳何休曾注《孝經》及《論語》，但向無傳本。虞世南《北堂書鈔》引何晏在《集解》中注「女為君子儒」一句，誤作「何休曰」，致劉逢祿以為其語真出於何休，遂據此大發議論。此書以《春秋公羊傳》解《論語》，表現特殊思路，可作清代公羊學派之成果。

〔註37〕劉申受，即劉逢祿，字申受，一字申甫，號思誤居士。江蘇武進（今屬常州市）人。劉綸之孫，劉召揚之子，莊存與之外孫，武進西營劉氏第十六世。清朝翰林，政治人物，儒學學者，專長《春秋公羊傳》。

〔註38〕《四書辨疑》：〔元〕陳天祥（1230～1316）撰。此書乃對朱子《四書章句集注》有待商榷處加以回應。相關論文可參考林師慶彰：〈元儒陳天祥對《四書集注》的批評〉，收於楊晉龍主編：《元代經學國際研討會論文集》（臺北市：中央研究院中國文哲研究所籌備處，2000年10月），頁705～720。

〔註39〕此引劉正叟言，蓋轉引自程樹德《論語集釋》對於此章〈餘論〉中陳天祥《四書辨疑》所引之言。劉正叟應為宋、元之際學者。

〈學而篇提要〉大致上是對以上五章作重點式的提要。〈提要〉內容不出於《講要》正文，但老人仍再次強調，可見重視之程度。又，老人曾云，撰此〈提要〉作為範例，之後各篇，應皆有該篇之中心思想，關於各篇的中心思想，當由學員自行練習。是以〈提要〉內未提及的章節，並不代表老人不重視，而是在講述之後，提醒學員們該如何解經、如何體會、加以應用。

　　〈學而篇〉後的《雪公講義》第一部分為〈學而篇提要〉，第二部分為〈學而章三段為知行總說〉。該文亦曾刊登於《明倫月刊》中，名〈論語時需講要〉〔註40〕。共分三段：第一段「受業始終」、第二段「名顯道宏」、第三段「時機不合」。特別為《論語》首篇首章分三段解析。《講要》云：

　　　　第一段「受業始終」，經文云：「子曰：學而時習之，不亦說乎。」

　　老人說：「學是求著接受教育。習是溫習所學的事業。悅是學習成功以後，心中得的愉快。」〔註41〕那麼所學習的應是甚麼事業？老人明示：「這裡指的是中華聖賢文化。」〔註42〕「講記」云：

> 大體就是格物、致知、誠意、正心、修身、齊家、治國、平天下等這些事。也是人人離不開的事，必須學纔會辦。……孔子的學行準則，就是「志於道、據於德、依於仁、游於藝」。中華歷代聖賢文化，經孔子一番整理，才有系統，所以稱曰集大成。孔子自己學行準則，就是中華文化的中心。以上說的本體，必須深研，說的大用，必須精學，纔能發揚日新，能以真得。這一段「學」字，雖然為讀書士人說的，但是各界各業皆可採用。所學有了真得，纔能愉快。這卻不分彼此，一樣的心理。」〔註43〕

此為老人因「時需」演講所言，於此又強調了其對「學習中華文化」的重視。明白指出孔子的學行準則就是「志於道、據於德、依於仁、游於藝」。而且這一段的「學」字是各界人士都可以採用的。如此自我脩養、再利益他人，才是最終目的。

　　　　第二段「名顯道宏」，經文云：「有朋自遠方來，不亦樂乎。」

　　老人云：「學有成就，名已遠揚。倘有志同道合的，遠來求學，或來訪

〔註40〕　參見雪廬老人：〈論語時需講要〉，《明倫月刊》第83期（1979年3月），頁6～8。此文為民國68（1979）年寒假明倫國學講座之講稿，《明倫月刊》特予轉載。
〔註41〕　參見《論語講要》，頁36。
〔註42〕　《論語講要》，頁36。
〔註43〕　《論語講要》，頁36～37。

問，竟能把自己所得，廣益人群社會，豈不是很歡樂的事。」〔註44〕此章老人詮解爲「廣益人群社會之事」，無非都是聖人的道、聖人的仁心起了具體的作用。

第三段「時機不合」，經文云：「人不知而不慍，不亦君子乎。」

上一段是針對「學有成就，名已遠揚」時講的，但時機不見得總相合，故云：「假若時機不合，不逢知音，空懷大才，無處去用；既是學有所得，自然知命，不可牢騷不平，自傷中和。應該養氣持志，不怨不尤，完成宏量君子，天爵更爲尊貴。」〔註45〕這是君子脩養的態度，縱令人們不知，也不會生慍氣。此一部分將「學而章」分三段，並以「受業始終」、「名顯道宏」及「時機不合」標明經義的作用，使讀者無論各行各業，身處何處，皆可受用。這或許是老人用心之處。

此篇篇後《雪公講義》第三部分，即〈其爲章二段孝悌爲脩齊治平基礎〉一文（此文亦以〈論語時需講要〉刊登於《明倫月刊》當中〔註46〕），亦將經文分二段解說。第一段「孝悌爲行仁開源」，經文云：「有子曰：其爲人也孝弟，而好犯上者，鮮矣；不好犯上，而好作亂者，未之有也。」《講要》先從「禮」入手，討論「六藝」之首「禮」的重要性，其云：

> 前章舉的六藝。第一件就是禮。《禮記》的第一句話是「毋不敬」，這是禮的總綱。除了禽獸，凡是人類，無不皆有禮敬，不過精粗之分而已。人有禮敬必吉，家有禮敬能昌，國有禮敬自強，若無禮敬必亂。〔註47〕

而禮之中又有輕重區別。又依禮的引申涵義，指出「禮敬一切爲行仁」。《講要》云：

> 《禮記》說「毋不敬」，但也有先後輕重區別。至親者、位尊者、有德者，自然居先。父母親而又尊，更要先之又先，必須孝敬。兄長同胞，又先我生，必盡悌道。此是天經地義，絲毫不許懈怠。然後推及一切，皆加禮敬。凡侵犯侮慢等事，概不能作。敬父母兄長名曰「孝弟」。禮敬一切名曰行「仁」。這是脩身至平天下一貫的路線，

〔註44〕《論語講要》，頁38。

〔註45〕《論語講要》，頁38。

〔註46〕參見雪盧老人：〈論語時需講要〉，《明倫月刊》第84期，民國68（1979）年4月，頁6～8。此文與前段所引之文不同，惟篇名皆以〈論語時需講要〉命名。

〔註47〕《論語講要》，頁39。

從始至終，有先有後。……人知禮敬，纔行孝悌，人皆有父母，彼此一禮，自然禮敬一切，普遍行仁。既行孝悌，是知禮敬之理，那侵犯長上的事，是無禮不敬動作，孝悌的人，深以爲恥，就少有這樣事了。〔註48〕

第二段「行仁爲達道之本」，經文云：「君子務本，本立而道生；孝弟也者，其爲仁之本與。」《講要》云：

上段孝悌定亂，事雖易知，理卻深密難明，因這是聖賢的大道。所以有二段解釋，舉出內在的本體，<u>教人用孝悌去求，自能易入</u>，否則多言悟少。〔註49〕

於此說明老人對此經的解釋。明確指出聖賢的大道不易明瞭，「教人用孝悌去求，自能易入」，也是聖人的權巧方便。《講要》又云：

辦事徹底，必須通理達道，若一知半解，不能成甚麼大事。<u>這裡忽然提出「務本」來，就是事宜追求根本，只要立住根本，大道自會發生</u>，要來說他，還得繞個彎子，<u>須先說出孝悌的根本，更說明孝悌是仁的根本</u>。要知，行仁便是修道的路程，道已在近前，既明且達，事就一貫成功了。所以孔子志道依仁。在《禮記》〈中庸篇〉有解釋——「修道以仁」。〔註50〕

《講要》當中，惟〈學而篇〉之《雪公講義》最爲豐富，亦只有此篇撰有〈提要〉，並以〈學而章三段爲知行總說〉、〈其爲章二段孝悌爲脩齊治平基礎〉二文清楚勾勒出整部《論語》的思想核心，亦爲研究《論語》者不可忽略的部分。觀此可以知道，老人解經的幾種思想。如：習以科判分段解經、則經文易於明朗。又如以經解經、並尊重各家古注說法爲前提。老人對〈學而篇〉的重視，除了因爲「人非生而知之者，故人生來即須求學」之外，亦因首篇，先將《論語》系統脈絡歸納出來，則將來弟子或其他讀者自行研讀《論語》更可受用。

第四節　知曉天命

《論語》當中，孔子少談「性與天道」，稍有提及，也往往令學生不解，

〔註48〕《論語講要》，頁 39～40。
〔註49〕《論語講要》，頁 41。
〔註50〕《論語講要》，頁 41。

歷來注解更是紛雜難一。老人有研究佛學的背景，自己曾對教理研讀下過工夫，並身體力行，加以實踐。對孔子所言甚有體悟，在《講要》當中，將孔子的「性」與佛家的「性」論證，以為佛家言「性」與儒家言「性」並無二致，是以開發人人本有的性體為其論述的總綱。

今檢視《論語》，談到「性」的篇章只有兩章，一是〈公冶長〉：「子貢曰：『夫子之文章，可得而聞也；夫子之言性與天道，不可得而聞也。』」，一是〈陽貨〉「子曰：『性相近也，習相遠也。』」。子貢是孔子的大弟子，都說孔子談「性與天道」是「不可得而聞」，無法真正明白孔子的天道觀。是以本節先討論老人對〈陽貨〉篇「性相近」章的詮釋，再討論其對〈公冶長〉「夫子之文章」章的看法，以期能發掘老人開發本有性體的真諦。

雪廬老人詮釋《論語》，除了對首篇〈學而〉特別以提要的方試闡釋，以表明其《論語》學特色、並於〈述而篇〉「志於道章」，將其《論語》學延伸到整個中華文化總綱，以見其宏觀視野。《論語》當中，孔子所提到「天道」的篇章往往是歷來經典詮釋者討論的主題，有深厚佛學背景的雪廬老人，對於「性與天道」的相關章節，亦有其特殊看法。此是雪廬老人儒佛融會最重要的引證，茲闡釋如後。

《論語》當中，孔子談「性與天道」相關議題，往往只點到為止。並非有一個確定的答案，孔子的弟子往往沒辦法體會真意。但孔子曾說過：「性相近也，習相遠也。」故老人以此章開始討論孔子的「性」、「命」觀解釋。此章老人的解釋甚多，為了明白老人的思想要義，除了直接討論《論語講要》，先引用「論語講記」老人的說法如下：

> 「子曰：性相近也，習相遠也。」「性」，從心從生。先有性以後才生動物，動物本著性來。……佛知過去，無始，找不出一個開始，後來無終，找不出結束來，無始無終就是說性，法爾如是，天然如是。……孔子講世間法，不講過去、未來，只講中間一段，講現在。這樣講很對，因為有現在就有過去、現在、未來。……孔子對過去、未來都知道，為什麼呢？孔子懂性又為什麼不說？因為說性沒人懂，所以孔子不說。子路問過：「敢問死？」死後怎麼樣的情形？孔子沒有說不知道，而是對子路說：「未知生，焉知死？」你怎麼來的知道嗎？不知生，怎麼知道死，這像參禪，暗示給他。子路又問鬼神，鬼神是現在嗎？孔子答：「未能事人，焉能事鬼。」對人你尚且

事奉不了，鬼更事奉不了。孔子承認有過去、未來。〔註51〕

此段先講「性」，以爲「性」是天然固有的心性，本來就有。而老人說，佛家講本性是「無始無終」，找不出開始，也沒有終了，法爾如是，本來就是這樣，有過去、現在和未來三世。同時引用〈先進〉第十二章：「季路問事鬼神。子曰：未能事人，焉能事鬼。曰：敢問死。曰：未知生，焉知死。」（此章於後討論）證明孔夫子也知道有過去、有現在、有未來。只是一般人不容易了解過去和未來，只重視現實，才講「現在」這一段而已，不是孔夫子不講，在《周易》〈繫辭〉就講到「性」，所以導歸出孔夫子也懂得「性」。老人接著討論「習」：

> 習是習氣，習是習染。《中庸》說：「喜怒哀樂之未發。」沒有表現出來，未發的喜怒哀樂是情而不是性。「發而皆中節，謂之和。」表現出來，而合乎一定的節度，不可超過。樂是情，已經發出來了，要調和使情中正和平。〔註52〕

「講記」此段是講「習」的意義，習是「習氣」，習慣之氣。雪廬老人引用《中庸》說：「喜怒哀樂之未發，謂之中。發而皆中節，謂之和。」這七情、喜怒哀懼愛惡欲，還沒有發生以前，稱作「中」。但是一發作起來，可能會影響別人，就要調和，使發生的七情、喜怒哀樂的感情都能有所節制，而不傷害他人，稱作「和」。所以「習」，是屬於情、情感。

雪廬老人說過「性」和「習」的意義後，接著說「相近」和「相遠」的「相」字含義。「講記」云：

> 性「相」近，相是你這樣，我也這樣，互相，如「相看兩不厭」的相。另一說法是「現象」，這二種說法都通。單一句說，相可以作現象講。二句合起來講，相當「互相」講。這裏我們當「互相」講。〔註53〕

這「相近」和「相遠」的「相」字可當作「互相」或是「現象」來講，但在這裏當「互相」講，因爲是兩句合起來，有彼此對照、比較的意思。雪廬老人又引用李白詩〈獨坐敬亭山〉「眾鳥高飛盡，孤雲獨去閒；相看兩不厭，只

〔註51〕「論語講記」，〈陽貨〉「子曰性相近也」章。http://www.minlun.org.tw/1pt/1pt-4-3/index-00.htm

〔註52〕「論語講記」，〈陽貨〉「子曰性相近也」章。http://www.minlun.org.tw/1pt/1pt-4-3/index-00.htm

〔註53〕「論語講記」，〈陽貨〉「子曰性相近也」章。http://www.minlun.org.tw/1pt/1pt-4-3/index-00.htm

有敬亭山」為證，其中的「相看兩不厭」是你這樣，我也這樣的「互相」。接著談「遠」與「近」：

> 「遠」指過去的遠，未來也是遠，這裏指將來。……「近」講這一生，一生下來，指現在。遠指後來。相是互相，遠的事與近的事，互相對照，遠與近互相比較。你我的本性，生下來時，互相接近。〔註54〕

這一段是講「遠」和「近」的意義。「遠」字是指後來，「近」字是指現在。遠的事和近的事，互相對照，遠近互相的比較。也先引出你我的「性」、本性，以現在這一生來說，一出生下來，彼此是差不多相同，互相接近的。接著再把「習」字，重說其意義：

> 「學而時習之」，一遍又一遍，成了習慣，諺語說：「習慣成自然。」諺語都是聖言量。為什麼習慣成自然？所謂「習與性成」，習慣常常了。習慣的事，久了就成性（習氣），如喜歡讀書便是讀書性（讀書的習氣），好賭就是賭性。但是本性沒有變，……本性，沒有變樣。「也」是肯定詞，就是這樣。〔註55〕

雪廬老人引用〈學而篇〉第一章「子曰：學而時習之」的「習」是一而再、再而三，做了又做，一遍又一遍，成了習慣，最後習慣成自然，譬如喜歡讀書便是讀書的習氣。但是「性」並沒有改變，不會變樣的。把「性」與「習」在文字的意義，其不同點再點出來。後面才能說明「性相近」和「習相遠」。「講記」云：

> 孔子說「性相近也」，本性在原來是「近」。近，指本性相近，原來無始，找不出來。……眾生的本性在最初（近）彼此差不多，為什麼後來不一樣？「習相遠也」。性，不知在何處，盡虛空遍法界都是性，性參加在眾生身上。眾生有父母，父母有習慣，男女陰陽和合時，性參加上去，三和合便可坐胎。性若不參加，光有男精母血不坐胎。一坐胎，有一陰一陽，所以中國從前講胎教，不准隨便吃、隨便看，怕有壞的習染。母親改變思想，想某一現象，胎兒就變樣子，便有習氣。這時的習氣還輕，一出胎後，一

〔註54〕 「論語講記」，〈陽貨〉「子曰性相近也」章。http://www.minlun.org.tw/1pt/1pt-4-3/index-00.htm

〔註55〕 「論語講記」，〈陽貨〉「子曰性相近也」章。http://www.minlun.org.tw/1pt/1pt-4-3/index-00.htm

接觸有愛、取、有〔註56〕，性的本來變了樣，便變遠了，大家變
的不一樣。大家習染不一樣，彼此之間便愈差愈遠。〔註57〕
這一段老人將「性相近」、「習相遠」合起來講。點出一個問題：性本來是相
近的，彼此是差不多的，但爲什麼後來習氣彼此相差越來越多呢？

雪廬老人先用佛家的說法，盡虛空遍法界都是性，無所不在，但是這個
「性」加入到眾生的身上，即我們眾生有父母，父母男女陰陽和合的時候，
性就參加上去，三和合，便長成胎兒，如果沒有性、不參加進去，那只有父
精母血，也不能長成胎兒。祖先知道這個道理，所以教導我們要重視「胎教」，
母親的思想、言行都會影響胎兒，等到胎兒一出胎，接觸外面的東西，這個
人的習氣和那個人的習氣，就越離越遠、差別太大了。老人說：「性的本來
變了樣，便變遠了，大家變的不一樣。大家習染不一樣，彼此之間便愈差愈
遠。」說明本性相近與習氣相遠的不同。說過之後，以佛家解釋的方法和儒
家經典《周易》作爲證明。「講記」云：

現今取孔子說的話，與佛家相同的，做爲證明。……孔子與佛家怎
麼樣相同法？……佛家注書有一個總原則，依「體、相、用」注解。
萬物都有本體、現象、作用，這是注解經典（佛經）必須的要素，……
體是本身，本身空無自體，是性空、眞空，全經都是說這個，《心
經》說：「是故空中，無色聲香味觸味法……無智亦無得」，體是空
的。……中醫有藥性賦，如薑的性是熱，雖然手握著薑，手不會發
熱，是不是薑就無性了呢？把薑煮熟食用，身體就感到熱。相性無
體，萬法都有本性，都有體，只是看不見而已，但是「體」會現起
各種形「相」。「相」，如薑的性熱看不見，摸不到，但是薑所長的
形相看得到，這叫「體空相有」，體也有，相也有。……體既然是
空，善惡便安不上，……再者，相是善是惡？但是扇、刀是善是惡？
連子彈的相也沒有善惡。體、相都無善惡，相藏在體中，有相才起
業用，才生出善惡。……所以用才分善惡，業才分善惡。「性相近
也」，孔子沒有說性是善是惡，孔子既然沒有說，到孟子才說性善，

〔註56〕在此老人引用佛學名相「十二因緣」當中的「愛、取、有」，十二因緣爲無明、
行、識、名色、六入、觸、受、愛、取、有、生、老死。參見老人編著《佛
學概要十四講表》第五、第十一講表。
〔註57〕「論語講記」，〈陽貨〉「子曰性相近也」章。http://www.minlun.org.tw/1pt/1pt-4-3/
index-00.htm

荀子説性惡，楊子説善惡。<u>在這章經文，説性善説性惡都講不通</u>，業才有分善惡。「習相遠也」，習就是用，習才與本性離得遠，才有變化了。……吾舉《易經》，以孔子説的做根據，《易經》處處講「體相用」。〔註58〕

上面三段是先以佛家的「體相用」本體、現象、作用來說明，本性本身是空無自體，是眞空，《般若心經》説「是故空中，無色聲香味觸味法……無智亦無得」，全經都如此說：本體是空的。又像身爲中醫的雪廬老人所言，中醫古書《藥性賦》中，有寒性、熱性、溫性、平性的藥，如薑的性是熱，性是熱的，但其性是看不見，也摸不到，但是薑所長的形相可看得到，這叫著「體空相有」，但也安不上善和惡，體、相都無善惡，相藏在體中，有相才起業用，作用才生出善惡來，所以孔夫子只說「性相近也」，沒有說性是善是惡，只講彼此互相接近。這是以佛家解經的方法「體、相、用」來說明「性相近、習相遠」的道理，那孔夫子有講「體、相、用」嗎？《講要》當中的《雪公講義》如是言：

> 釋典言性，分體相用。注云：體空，相有，用爲作業。體相皆無善惡，業用方有善惡，簡要精詳。<u>孔子云，近者，言其前。云遠者，言其後。</u>夫前爲體相，後指業用。故二聖之言同。……。《周易》〈繫辭〉云：「故神無方，而易無體。」又云：「一陰一陽之謂道，繼之者善也。又云：顯諸仁，藏諸用。」又云：「鼓萬物而不與聖人同憂，盛德大業至矣。」又云：「在天成象，在地成形，變化見矣。」至六十四卦之象曰象曰：吉、凶、无咎，皆相也。〔註59〕

根據《論語講要》來說明這一段的含義。《講要》云：

> 古注以「陰陽不測」解釋神。陰陽不測，非常微妙，所以無方。易是唯變所適，所以無一定之體。無方無體，即是本體眞空之義。「一陰一陽之謂道。繼之者善也。」依韓康伯之注說，道是「寂然無體，不可爲象」。但陰陽皆是由道而生。虞翻說：「繼，統也，謂乾能統天生物，坤合乾性，養化成之，故繼之者善。」孔穎達《正義》說：「道是生物開通，善是順理養物，故繼道之功者唯善

〔註58〕 「論語講記」，〈陽貨〉，「子曰性相近也」章。http://www.minlun.org.tw/1pt/1pt-4-3/index-00.htm

〔註59〕 《論語講要》，頁715～716。

行也。」就各注所說,「繼之者善」就是由體起用的意思,用始講善。「顯諸仁,藏諸用。」顯藏皆是作用。「鼓萬物而不與聖人同憂,盛德大業至矣。」鼓就是動,性動即出現萬物。本性之德盛大,業用亦大。大到究竟處,即是至矣盡矣。〔註60〕

上面這幾段是雪廬老人引用《周易》〈繫辭〉來證明孔夫子也都講本體、現相、作用。「故神無方,而易無體。」即是「本體」真空的意義。「一陰一陽之謂道。繼之者善也。」這「繼之者善」,就是由本體起「作用」的意思,有作用才開始講善或惡。「顯諸仁,藏諸用。」顯示、隱藏都是屬於「作用」。「鼓萬物而不與聖人同憂,盛德大業至矣。」這也是講「作用」。「在天成象,在地成形,變化見矣。」這個成象成形,就是講「現相」。至於六十四卦的「象曰」、「象曰」,以及「吉凶旡咎」,都是講「現相」。六十四卦的「象曰」、「象曰」都是相、「現相」,吉凶無咎也都是「相」。到後來「現相」,產生「作用」才有善惡出來。如《周易》〈坤卦〉〈文言傳〉上說:「積善之家,必有餘慶;積不善之家,必有餘殃。」善、不善(惡)的作用才顯現出來。最後《論語講要》作結論云:

以體相用解釋「性相近也,習相遠也。」便知性是體空,寂然不動,動則出現假相。體雖空,而性實有。……由此可喻吾人實有此性,人生以及宇宙萬有皆以此性為根源,此性亦遍及宇宙人生,而吾人以及萬物此性原來相差不多,所以說「性相近」。性雖相近,但各人習慣不同,依照各人習慣發展,愈到後來則互相差異愈遠,所以說「習相遠」。性體真空,固然沒有善惡,由性所現的假相,亦無善惡可言。例如人身,即是假相,在其既不為善時,也不為惡時,則此人身,便不能說是善身,也不能說是惡身,必須由此人身表現一些行為,或是利人,或是害人,始能說是善是惡,這些行為不是相,而是業用,習相遠的「習」就是業用,善惡只是就業用而言。既是性無善惡,則欲明性者,便不能從善惡中求。諸注或說性善,或說性惡,或說性善惡混,皆是誤解。〔註61〕

雪廬老人說,我們每一個人確實都有這個「性」,人生以及宇宙萬有都以這個「性」為根源,這個「性」遍及宇宙人生,而我們每個人以及萬物這個「性」,

---

〔註60〕《論語講要》,頁713。
〔註61〕《論語講要》,頁714～715。

原來是相差不多，所以說「性相近也」。但是性雖然是相近，各人習慣卻是不同，依照各人習慣的發展，愈到後來則互相的差異愈來愈遠，所以說「習相遠」。

再說，性的本體是真空，固然沒有善惡，由性所顯現的假相，也無善惡可言。例如我們人身也是個假相，在他不為善、也不為惡時，則此人身，不能說是善身，也不能說是惡身，必須由這個人身表現出的一些行為，或是利益他人（善的），或是損害他人（惡的），才能說是善是惡，這些行為不是相，而是業用，習相遠的「習」，就是業用，善和惡只是就業用來講。

從以上這些講法，雪廬老人才說：佛所說與孔夫子所說相同，二位聖人所講的並沒有不相同。這一段內容，是雪廬老人一開始講時，開宗明義說的，孔子講的「性」和佛家講的「性」、本性，所說的其實是一樣。性是沒有兩樣，只是後來各人的學問不一樣。就像太陽的體（本體）是一個，但是人、畜所見不同，每個人所見的也不一樣，臺灣狗與四川狗所見的也不一樣，夏日炎熱、冬日溫暖也都不一樣，這些不一樣，只是我們凡夫的虛妄分別；不同人、不同畜生、不同時間、不同方位等等的差別所造成的，但太陽還是同樣一個。

那有誰知道「本性」呢？「講記」云：

> 吾今日所講是聖人所講的性，孔子三千弟子中的七十二賢，顏子、曾子全懂，以及子貢半懂，只有這三人懂性而已。孔子對顏子說：「於吾言無所不悅，不違如愚。」對曾子說：「吾道一以貫之。」古來各種注解，都不合孔子的本義。……子貢自己說：「夫子之文章可得而聞也，夫子之言性與天道，不可得而聞也。」子貢有自知之明，懂一半。吾決不會說性，那能高過子貢，這是本著佛經而說性。祖師斷見思惑，才可以知道本性。否則，只說而做不到。吾是錄音帶而已，本著祖師所說的說。……諸位，處處學恭敬，學謙虛，決不可妄作聰明。〔註62〕

這二段所言，是有誰能懂得「性」呢？雪廬老人說孔夫子的弟子顏子、曾子懂得，子貢懂一半。在〈先進〉「子曰：回也。非助我者也，於吾言無所不說。」及在〈為政〉「子曰：吾與回言終日，不違如愚。退而省其私，亦足以發。回也不愚。」這是孔子對顏子的讚歎。從這「於吾言，無所不說」及

〔註62〕「論語講記」，〈陽貨〉「性相近也，習相遠也」章。http://www.minlun.org.tw/1pt/1pt-4-3/index-00.htm

「不違如愚」，老人看出顏子懂得「性」，才會「無所不說」、「不違如愚」，心中明白、不用說出來。而在〈里仁〉：「子曰：參乎，吾道一以貫之。曾子曰：唯。」這是孔夫子向曾子說，吾道一以貫之。曾子知道，就回答說是的。但是什麼？並未說出來。等到孔夫子出門，其他的門人不知道這「一以貫之」的「道」是什麼？才問曾子說：「何謂也？」曾子才說：「夫子之道，忠恕而已矣。」這是曾子只答世間人能懂、能作得到的「忠恕」之道而已，而其出世間之道，並沒有說出來。

　　同樣的，在〈衛靈公〉上：「子曰：賜也，女以予為多學而識之者與。對曰：然，非與？曰：非也，予一以貫之。」這是孔夫子向子貢說，我也是一以貫之，不是多學而識之者，乃是一體才能萬用。所以在〈公冶長〉，子貢才說「夫子之文章，可得而聞也。夫子之言性與天道，不可得而聞也」。可見曾子也懂得，子貢只懂一半。

　　但是老人自己說「我沒高過子貢」，我決不會說「本性」，為什麼？我只不過像個錄音帶而已，本著佛家祖師所說的內容，放出錄音帶來講而已。因為佛家祖師注解經典都是斷除見思惑〔註63〕，見到本性、明心見性才注經的。還教導學生要處處學恭敬，學謙虛，決不可妄作聰明。

　　這段經文講過，雪廬老人才說下一章的「唯上智下愚不違」，才能講得下去。其實不止這一章，老人還引用〈公冶長第五〉：「子貢曰：夫子之文章，可得而聞也；夫子之言性與天道，不可得而聞也。」以及〈先進第十一〉：「季路問事鬼神。子曰：未能事人，焉能事鬼。曰：敢問死。曰：未知生，焉知死。」這兩章也與講「本性」有關連。「論語講記」說：

> 「唯」是唯獨，有比較才說「唯」。連著上一章，雖然說是「性相近，習相遠」，但是「唯上智與下愚不移」，也沒有說善惡。上智下愚，指性與習，習是情。上智與下愚的性情不移，唯這二種人不移，不移是不更改。愚是什麼都不懂，……愚者如愚翁，以為山可以改，一般人以為山不可改，他卻認為可以改。能「不移」，做事情就能成功，如周利槃陀伽，連「笤帚」二字也記不住，同仁要他走，他就是不走，終於證了羅漢果，他全在「不移」上。不成功的都是我們這些人，處在上智與下愚中間的人，隨東隨西漂流，叮叮噹噹，

〔註63〕天台宗分惑有三，一見思惑、二塵沙惑、三根本無明惑。「見思惑」見老人編著《佛學概要十四講表》第九講表。

　　　隨時更改。不移是不改，能成功。〔註64〕

這二段是老人從「性相近，習相遠」的內容，進一步將「上智與下愚不移」
的含義闡釋出來。能「不移」，移是移動、轉變，不移即是不改變，一直往前
進，做事情才能成功，那誰有「不移」的工夫呢？上智是上等有智慧的人，
或是下等、下愚之人。老人引用佛家，釋迦牟尼佛的弟子周利槃陀伽，連「笤
帚」兩個字也記不住，念了「笤」就忘了「帚」，念了「帚」就忘了「笤」，
同修們要他離開，尤其是他最親的哥哥也要他離開，他堅持不離開，後來經
佛陀親自教導，即在「不移」的工夫上證得阿羅漢果。而不成功者是改來改
去、東漂西流、到處叮噹作響，自以為是。

　　老人再以《中庸》「誠者、誠之者」及《論語》〈里仁〉的「仁者安仁、
智者利仁」，證明上智與下愚的不移、不退轉。

　　　這一段是上智下愚不移。誠者，天之道也；誠之者，人之道也。誠
　　　是天然的，人沒有一點虛假，這是天道。誠之者是學誠，因著這個
　　　人誠不太充足，才要學，學後還算人。天然是上智，學習也是上智。
　　　仁者安仁，心在仁上才心安理得，天真直率，不勉強。智者利仁，
　　　智者是聰明人，智者知道走仁路有利益，這還是上智。現在的人，
　　　既不能安仁，也不能利仁，知而不做，有什麼辦法。上智能成就，
　　　不退轉，下愚也是如此。〔註65〕

雪廬老人引《中庸》「誠者，天之道也。誠之者，人之道也。誠者，不勉而
中，不思而得：從容中道，聖人也。誠之者，擇善而固執者也」，因為「誠」
是天然的，一點也沒有虛假，這是天道、純真的。而誠之者是學誠，學習「誠」
者擇善而固執、堅忍不拔，學了之後是人。這誠者、誠之者都稱得上是上智
之人。又引〈里仁〉「子曰：不仁者不可以久處約，不可以長處樂。仁者安
仁，知者利仁。」這仁者安仁，他的心在仁上、仁慈的心上，才能心安理得，
天真直率，不是勉強作之。智者利仁，智者是有智慧的聰明人，知道走這一
條「仁路」是有利益的；仁者、智者也都是上智。上智的人才能夠不會退轉、
不退轉就能成就，下愚也是這樣執善固執、不退轉才能成就。

〔註64〕　「論語講記」，〈陽貨〉「子曰惟上智與下愚不移」章。http://www.minlun.org.tw/
　　　　　1pt/1pt-4-3/index-00.htm
〔註65〕　「論語講記」，〈陽貨〉「子曰惟上智與下愚不移」章。http://www.minlun.org.tw/
　　　　　1pt/1pt-4-3/index-00.htm

第五節 儒佛並重

　　根據徐師醒民〈弘儒弘佛一詩翁〉記載，老人「長年忙於講說，在儒學方面，只學孔夫子，述而不作」。〔註66〕然而徐師課堂上嘗云：「（老人）若有所著述，則能解決前人未解決的問題。」究竟老人「發前人所未發」之處何在？勢必應從老人「儒佛圓融」的原則著手研究。

　　孔夫子對於「性」與「命」與「天道」的看法究竟是如何？子貢都說：「夫子之文章，可得而聞也。夫子之言性與天道，不可得而聞也。」千百年來，注解都很難解釋得清楚。有關「性與天道」的篇章，如〈陽貨〉記載：「子曰：性相近也，習相遠也。」此「性」該如何解釋？先儒有三種說法。一是孟子性善說，二是荀子性惡說，三是揚子善惡相混說。然而老人以爲這三說不足以明性義，故前面引證釋典及《周易》〈繫辭傳〉，以佛學教理體、相、用三部分的方法解釋「性」。其謂性體眞空，寂然不動，動則出現形相，是謂體空相有；有形則有業用，用作種種事業；體與相皆無善惡，業用方有善惡。性相近的「近」字，是指業用之前的體相；習相遠的「遠」字，是指體相之後的業用。如人人本具而無形的性體，與有形的身體，未造作任何事業時，不能說是善，亦不能說是惡，亦非善惡相混。必須由相起用，造作種種事業，若有利於人，則謂善業，有害於人，謂之惡業，才有善惡可言。如此詮解，運用〈繫辭傳〉的講法解釋，則可明經義。如此儒佛圓融，此之謂老人發前人所未發，有如張商英〔註67〕所說的「吾學佛後然後知儒」〔註68〕。

　　「論語講記」〈公冶長〉對「性與天道」云：

> 「子貢曰：夫子之文章，可得而聞也。夫子之言性與天道，不可得
> 而聞也。」子貢說，老師的文章，可以聽得懂。文章，指六藝及修
> 齊治平等經典，可得而聞，高足子貢才懂修齊治平的世間法。至於
> 性與天道，不可得聞，孔子有說，只是說了而大家不懂罷了。〔註69〕

〔註66〕徐醒民先生：〈弘儒弘佛一詩翁〉，《紀念李炳南教授往生二十週年學術研討會論文集》（臺中市：國立中興大學中國文學系，2006 年 10 月），頁 3。

〔註67〕張商英，字天覺，號無盡居士，宋朝新津（今四川省新津縣）人，進士及第，官任守牧，神宗時升爲監察御史，宋徽宗大觀年間，升任丞相。

〔註68〕〔宋〕釋志磐：《佛祖統紀》卷 45，《大正藏》（臺北市：新文豐出版社，未載出版年月），頁 415bc～416a，略謂張讀《維摩經》後深信佛氏之道，常謂人曰：「吾學佛然後知儒」。

〔註69〕「論語講記」〈公冶長〉，「子貢曰夫子之文章」章。http://www.minlun.org.tw/1pt/1pt-4-3/index-00.htm

雪廬老人說，這些「性與天道」的事，孔夫子是有說，只是說了，大家聽不懂罷。子貢算是有智慧的聰明人，只懂一半，懂得世間的禮樂射御書數六藝，及現世的修身、齊家、治國、平天下的事，這些道理能夠明白，已經是了不起了。「講記」又云：

> 孔子之道，有性、天道，孔子不輕易講，但是在《論語》其他處，則要大家懂天命。天道是自然的道理，天命是天道所起的作用，不懂天命才會怨天尤人。孔子在陳絕糧，那是天命，不是天道，孔子爲弟子說的是天命。而「朝聞道，夕死可矣」，這是天道，修齊治平是人道，自古以來懂得人很少。孔子說，「吾道一以貫之」，這個道只有顏回、曾子、子貢懂，但是子貢所懂的還淺，不能融會貫通。孔子爲什麼不講？因爲程度不到，席地而言天，講了人聽不懂，愈講愈糊塗。〔註70〕

雪廬老人常說，《論語》當中講「天命」的地方很多，如孔夫子自己說的，「五十而知天命」。後來孔夫子爲什麼不再講？因爲學生的程度不足，講了學生也聽不懂，甚至愈講愈糊塗。天命都不容易明白，何況是天道、天然本有、自然的道理。

老人又引〈里仁〉「朝聞道，夕死可矣」章及「子曰：參乎，吾道一以貫之。曾子曰：唯。子出，門人問曰：何謂也？曾子曰：夫子之道，忠恕而已矣。」章，在在證明孔子常講「性與天道」的事。「講記」說明：

> 中國的學問講三才：天地人，依《易經》說，三才者，天地人，人爲天地之心。孔子講人道、地道，沒有說天道。地道敏樹，地不能生，地就完了。《周易》之中代表若干事物，天地人都有如佛經的三輩九品〔註71〕。人有男女，男爲天，女爲地，女主生，屬於地道。人道敏政，懂得修齊治平，才是人。孔子懂天道，《易經》講的就是天道，孔子讀《易》韋編三絕，顏子也知道天道。《易經》〈謙卦〉〈象〉曰：「謙，亨。天道下濟而光明，地道卑而上行。」天道下濟而光明，表示天的光明，本無晝夜的差別。《周易》的根本在六爻卦象上，文字還是其次。孔子祖述堯、舜，憲章文、武，《書經》說「天

〔註70〕 「論語講記」〈公冶長〉，「子貢曰夫子之文章」章。http://www.minlun.org.tw/1pt/1pt-4-3/index-00.htm

〔註71〕 《無量壽經》三輩：上、中、下三輩。《觀無量壽佛經》九品中有：上上、上中、上下、中上、中中、中下、下上、下中、下下品類的不同。

道福善禍淫」，有善，降之以福，有亂，降之以禍。《老子》也說「天
道好還」，爲善投以善，爲惡投以惡，還得清清楚楚。若不信老子，
那《書經》可以做爲憑據。〔註72〕

這裡雪廬老人引用《易經》、《書經》、《老子》等來證明天道，並說明孔子是
懂天道，《易經》講的就是「天道」，孔夫子讀《易》還要「韋編三絕」，顏
回也能知道天道。又引《易經》〈謙卦上〉說：「謙，亨。天道下濟而光明，
地道卑而上行。」天道的光明、無有晝夜的差別，有差別是我們人的分別所
造成的。《書經》云：「天道福善禍淫」，《老子》說「天道好還」。這是說天
道的作用，無善投以善報、爲惡投以惡報。《中庸》云：「地道敏樹，人道敏
政。」先秦諸子對於天道都有其特別的見解，實際上也可以相互通義的。「講
記」又說：

發明，《焦氏筆乘》云：「性命之理，孔子罕言之，老子累言之，釋
氏則極言之，孔子罕言，待其人也。」但是《中庸》就有說：「天命
之謂性，率性之謂道，修道之謂教。」故曰：「不憤不啟，不悱不發；
中人以下，不可以語上也。」然其微言不爲少矣。第學者童習白粉，
翻成玩狎。唐疏宋注，錮我聰明，以故鮮通其說者。內典之多，至
于充棟，大抵皆了義之談也。古人謂闇室之一燈，苦海之三老，截
疑網之寶劍，抉盲眼之金鎞。故釋氏之典一通，孔子之言立悟，無
二理也。張商英曰：「吾學佛然後知儒。」誠爲篤論。〔註73〕

《焦氏筆乘》談到儒釋道三者的孔夫子、老子、釋迦牟尼佛，談到性命之觀，
有罕言、有極言。引用《中庸》「天命之謂性，率性之謂道，修道之謂教」的
說法。這些道理如〈雍也〉「中人以上可以語上也」，中人以上才可以聽得，
中人以下不易明白，孔子才在〈述而〉說：「不憤不啟、不悱不發，舉一隅不
以三隅反，吾不復也。」「講記」又引《焦氏筆乘》的說法：

又曰：「孔、孟之學，盡性至命之學也，顧其言簡指微，未盡闡晰。
釋氏諸經所發明，皆其理也。苟能發明此理，爲吾性命之指南，則
釋氏諸經即孔、孟之義疏也，又何病焉。夫釋氏之所疏，孔、孟之
精也，漢、宋諸儒之所疏，其糟粕也。今疏其糟粕則俎豆之，疏其

〔註72〕 「論語講記」〈公冶長〉，「子貢曰夫子之文章」章。http://www.minlun.org.tw/1pt/
1pt-4-3/index-00.htm
〔註73〕 「論語講記」〈公冶長第五〉，「子貢曰夫子之文章」章。http://www.minlun.org.tw/
1pt/1pt-4-3/index-00.htm

精則斥之，其亦不通於理矣。」〔註74〕

雪廬老人又引用《焦氏筆乘》說明：「釋氏諸經即孔、孟之義疏也。」佛經很多的道理，都可以說是孔、孟性命之學的註解。

孔子之學，也不可以詳盡闡晰，否則就成爲佛學，沒有儒學了。人道社會，不可以沒有儒學，修齊治平，人道敏政，什麼病就要用什麼藥治。所謂「釋氏諸經即孔、孟之義疏也」，古來佛門的祖師沒有不讀孔子書的，但是注《論語》的有多少？「釋氏之所疏，孔、孟之精也」，所以不讀佛經，要如何講解四書？〔註75〕

結語，還是一直強調說「釋氏諸經即孔孟之義疏也」，爲什麼呢？因爲自古以來佛門的祖師大德，都要讀孔子書的，不讀孔子書，是無法了解佛經的經義，所以「釋氏之所疏，孔、孟之精也」。

再看「子路問事鬼神」及「敢問死」章。「講記」云：

古來注解，於上段「子路問事鬼神」還注得可以，下段問死則注得亂七八糟。吾因專爲學了生死，所以知道。古來的人只學達觀，不懂了生死的辦法。〔註76〕

雪廬老人因爲學過佛法，專爲學「了生死」、了脫生死大事，所以知道後半段的意思。對於生死的問題，古來的人只學「達觀」，雖然看透人世間的是是非非，也不爲喜怒哀樂所影響，可是還不懂「了生死」的辦法。

「季路問事鬼神。子曰：未能事人，焉能事鬼？」季路問孔子事奉鬼神之道，孔子說：你事奉人辦到了嗎？眼前事還辦不到，何況不是眼前事？若就世間法講，是一種講法。子路問事奉鬼神，五禮第一層是祭禮，誰會祭祀，就依祭禮如何祭，這是祭法。子路問事鬼神，問如何祭祀，今日之下不祭太廟、祭天，卻還有祭祖先。〔註77〕

這五禮是吉、凶、軍、賓、嘉，吉禮即是祭祀之禮，如法的祭祀必得吉祥。這一段大家都容易明白。下一段即不易明白，因爲自古人皆有死，但生

〔註74〕 「論語講記」〈公冶長第五〉，「子貢曰夫子之文章」章。http://www.minlun.org.tw/1pt/1pt-4-3/index-00.htm

〔註75〕 「論語講記」〈公冶長第五〉，「子貢曰夫子之文章」章。http://www.minlun.org.tw/1pt/1pt-4-3/index-00.htm

〔註76〕 「論語講記」〈公冶長第五〉，「子貢曰夫子之文章」章。http://www.minlun.org.tw/1pt/1pt-4-3/index-00.htm

〔註77〕 「論語講記」〈公冶長第五〉，「子貢曰夫子之文章」章。http://www.minlun.org.tw/1pt/1pt-4-3/index-00.htm

從何來？死往何去？

　　「敢問死？」季路接著問：人死以後怎麼樣呢？孔子說，眼前活生
　　生的事你知道嗎？若還不知道，何況是死以後的事。

　　「曰：未知生，焉知死？」下段子路問死，依世間法講就難講了。
　　子路因為不懂鬼，所以再問：死了以後是如何狀況。殺身成仁，為
　　義而死，這是死的辦法，但是下一生的生活，有什麼方法可以知道？
　　焉知生的「生」，若解作「如何生下」，與前段「事鬼神」合不起來，
　　所以這樣講不通。若解釋作「如何生活」，比較好。不能事人就不能
　　事鬼，就是承認有鬼神。〔註78〕

一般常講，人死為鬼，子路不知如何事奉鬼神。孔子說，你如果懂得事奉現
在的人，當然就會知道事奉鬼神了。可見不能事人就不能事鬼，就是承認有
鬼神。但是鬼神哪裏來的呢？是人死了，既然「死」是由「生」來的，所以
孔子答說你都不知道「生」的事，怎知道「死」的情形。這生的事，老人傾
向「如何生活」比較好，而不是其他注解的「殺身成仁，為義而死」的死的
辦法。也不是「如何生下」，這樣與上段經文連不起來。

　　前一段大主義在「事」字，不是問鬼神，是問事鬼神的方法。所以
　　孔子答的也是「事」。上段的注解都差不多，祭之以禮，葬之以禮。
　　五禮之首為吉禮。孔子入太廟，每事問。禮與其奢也寧儉，誠敬才
　　是禮的根本。以經證明，例如《左傳》「周、鄭交質」，心不誠，交
　　換人質也沒用。心若誠，不必三牲等，只要水草就可以祭薦鬼神，
　　不在物而在心。〔註79〕

〈八佾〉中「子入太廟，每事問」、「林放問禮之本」、「禮與其奢也寧儉」諸
章，都在告訴我們誠敬、至誠恭敬才是禮的根本。不管是人死後的「葬之以
禮、祭之以禮」，都在於誠敬之禮。更引用《左傳》「周、鄭交質」〔註80〕一

〔註78〕「論語講記」〈公冶長第五〉，「子貢曰夫子之文章」章。http://www.minlun.org.tw/
　　　　1pt/1pt-4-3/index-00.htm
〔註79〕「論語講記」〈公冶長第五〉，「子貢曰夫子之文章」章。http://www.minlun.org.tw/
　　　　1pt/1pt-4-3/index-00.htm
〔註80〕魯隱公三年：「鄭武公、莊公為平王卿士。王貳於虢，鄭伯怨王。王曰：『無
　　　　之。』故周、鄭交質。王子狐為質於鄭，鄭公子忽為質於周。王崩，周人將
　　　　畀虢公政。四月，鄭祭足帥師取溫之麥。秋，又取成周之禾。周、鄭交惡。
　　　　君子曰：『信不由中，質無益也。明恕而行，要之以禮；雖無有質，誰能間之？
　　　　苟有明信：澗、谿、沼、沚之毛，蘋、蘩、蘊藻之菜，筐、筥、錡、釜之器，

例，在於心誠，心不誠，交換人質也沒有用；心為誠，不必外表的物質三牲來祭薦鬼神，即用水草，也能得到禮之根本。所以不在物、而在於心。

> 下段「敢問死」，問死，這是接上段「事鬼神」。死為鬼神。注解卻以為應該如何死法，但是子路並不是問「敢問如何死」，為什麼會說成殺生成仁等死法？孔子答以「未知生焉知死」，怎能說「知道該如何死法，就知如何生法」？人果真會死，但是誰會「生」的辦法？
> 〔註81〕

上段是「事鬼神」，下段是「敢問死」。上下二段在文法上，雪廬老人說是連接下來的。但其他注解說「敢問如何死法」、「知道該如何死法，就知道如何生法」可能誤解孔子與子路的本意。

> 子路問的是了生死。敢問死，是問死後是什麼狀況。從何處來，就上何處去。程、朱讀過《參同契》〔註82〕、學過佛法，他們懂得了生死的道理……如果我們真懂，雖是蘇秦、張儀再來，也不為所動。淳于髡善於辯論……凡事但求諸己。〔註83〕

由此可知，子路的「敢問死」，死後是什麼狀況，是問死從何來？死往何去，也就是要問如何了脫生死。而程朱讀過參同契，也懂得了生死的道理。

> 生死的事情，你們知道。人死之後，有中陰身，七七四十九天則再投胎入六道。六道中的長壽、短壽不同，如長壽天與蜉蝣。入六道，死就是生；這裏死就在彼處生，有胎卵濕化等，愈說愈複雜，我們的智慧能和佛鬥嗎？淨土主張二力，佛力加上自己的力量。沒有自己的力量，也不可以。又說「感應道交」，有感有應，故知有能、有

潢汙、行潦之水，可薦於鬼神，可羞於王公；而況君子結二國之信，行之以禮，又焉用質？〈風〉有〈采蘩〉、〈采蘋〉，〈雅〉有〈行葦〉、〈泂酌〉，昭忠信也。』」

〔註81〕 「論語講記」〈公冶長第五〉，「子貢曰夫子之文章」章。http://www.minlun.org.tw/1pt/1pt-4-3/index-00.htm

〔註82〕 參同契即《周易參同契》，簡稱《參同契》，作者魏伯陽（147～167），結合了《周易》、煉丹術和道教氣功三者的一本著作。《周易參同契》是想藉由外煉服食和引內養性雙管齊下的方式，來達到後天返先天的效果。可以說，外煉服食是想直接造成身體的轉化，而引內養性則是想透過心性的提昇並帶動身體的轉化。參見賴師錫三：〈《周易參同契》的「先天——後天學」與「內養——外煉一體觀」〉，《漢學研究》，第20卷第2期（2002年12月）。

〔註83〕 「論語講記」〈公冶長第五〉，「子貢曰夫子之文章」章。http://www.minlun.org.tw/1pt/1pt-4-3/index-00.htm

　　所，感應不是一個人。〔註84〕

老人因為上課的學生大都是來學佛的，才說生死的事情。其再以佛家的方法
談人死之後、未再生之前這一段的「中陰身」來談生死的問題。即佛家的「六
道輪迴」之事，此死彼生、彼生再死，生死死生輪轉不斷。又引用佛家修持
淨土宗的方法，自己信願念佛的力量，加上阿彌陀佛接引的力量二力法門，
感應道交，而解決生死問題，這是佛家的方法。

　　　康有為《論語注》，引《易》曰：「原始反終，故知死生之說。精氣
　　　為物，遊魂為變，故知鬼神之情狀。」（參考來知德《易經注》）你
　　　若問死生，則「原始反終」，可參考《參同契》。周濂溪、邵康節、
　　　朱子都研究《參同契》。……孔子不作假，知原始反終，通乎晝夜，
　　　就是輪迴的道理。《易經》〈繫辭〉「曲成萬物而不遺」，萬物就包括
　　　六道。〔註85〕

最後老人引用康有為的《論語注》參考《易經》的「原始反終，故知死生之
說。精氣為物，遊魂為變，故知鬼神之情狀」，而孔子知道這原始反終的道理，
也找不到開始，是無始，也找不到結束，是無終。卻是去了又回來、回來又
去了，輪轉不停。在哪裏回轉不停呢？老人引用《易經》〈繫辭〉「曲成萬物
而不遺」的萬物，這萬物是宇宙人生的一切一切，包括佛家所講的六道。

〔註84〕　「論語講記」〈公冶長第五〉，「子貢曰夫子之文章」章。http://www.minlun.org.tw/
　　　　　1pt/1pt-4-3/index-00.htm
〔註85〕　「論語講記」〈公冶長第五〉，「子貢曰夫子之文章」章。http://www.minlun.org.tw/
　　　　　1pt/1pt-4-3/index-00.htm

第六章　結　論

　　老人儒學思想指歸，以《論語》〈述而篇〉「『志道章』爲中華文化綱領」
〔註1〕，其講授《論語》的目的，最重要在希望「人成即佛成」，由最基礎的
人格養成，達到佛道的成就。《講要》〈開卷語〉云：「《論語》二十篇，爲《魯
論》篇數。其中章次，不相聯屬。<u>雪公取〈述而篇〉志道章，以道德仁藝爲
綱，俾學者知其要指</u>。」〔註2〕是故老人以「志於道、據於德、依於仁、游
於藝」爲中華文化綱領，整部《論語》的要旨亦在於斯。〈開卷語〉詳加解
釋云：「道乃人之心體，即《中庸》云『天命之謂性』。是性天然而有，寂
然不動，而人不自知。德者由體所起微動之相，亦即初動之心念，人亦昧
而不知。仁與藝，皆是體相所發之大用。仁者親也，厚以待人，推至於物，
乃用之根本。藝者，禮樂射御書數，以及一切藝術技能。讀《論語》者，
要在知有是道。」〔註3〕老人晚年開辦論語班，亦叮囑學生力行實踐，〈開
卷語〉云：「知而脩之，則漸與俗習相遠，與天性相近。脩至極處，則無俗
習，而唯自性，即至聖人之境。聖人通明無礙，無所不能。脩是道者，須

〔註1〕　參見謝師嘉峰：〈志於道，據於德，依於仁，游於藝——雪廬老人爲中華文化
　　　　提綱及闡釋〉，《明倫月刊》268、269 期（臺中：明倫雜誌社，1996 年 10、11
　　　　月）。其結詞云：「『志於道，據於德，依於仁，游於藝』這一章句中有體有相
　　　　有用，作爲中華文化的綱領，是恰當不過的，雪公云：『狥視道有多端，審詳
　　　　惟體與用，體則明乎性德而率之，用則濟眾而利天下。』能將吾人本有的性
　　　　體開發出，既而濟眾而利天下，使天下之人亦皆能開發本有的良知良能，這
　　　　就是中華文化的大旨，這也是中華民族的民族性，中華文化實奠基於此，如
　　　　此的文化瑰寶，是應當發而揚之，光而大之的。」
〔註2〕　參見《論語講要》〈開卷語〉頁 6。
〔註3〕　〈開卷語〉，頁 6。

依事相而行」。〔註4〕這是老人要學生能力行實踐之證明。再進一步勉勵學生「禮樂以至百工,施於政教百業,皆事也。事本於仁,去爭行讓,公而無私。初由勉強而行,後則安而行之,入形而上,動念是道,聖功成矣」。〔註5〕強調要成聖成賢雖非一蹴可幾,但若依循著聖賢的教化,「亦步亦趨」,以求實踐,「聖功」就不遠了。

那麼學習實踐工夫,應如何落實?〈開卷語〉云:「《論語》第一章,子曰學而時習之。習者,習其所學聖言聖行也。時習者,無時而不習也。使學而不習,習而不恆,皆非夫子所曰學也。如學夫子溫良恭儉讓,而好奢如故,與人爭奪如故,學習云何哉。又如學恕道,則須己所不欲,勿施於人,須如子貢終身行之。」〔註6〕這種強調「知行合一」的落實,是老人最大的希冀,也是老人往生後,臺中蓮社兩位導師〔註7〕續辦論語班的目標:「《論語》二十篇,皆當如是學。《詩》、《書》、《易》、《禮》、《春秋》,亦如是學。必如是,乃能希聖希賢也。」〔註8〕

老人講授《論語》時,對於經文有普遍性的講解,也有針對性的講解。有博採各家說法,也有參考古注而自發者也。「述而不作」是雪廬老人詮釋《論語》的最大特點。或有研究者以為老人的詮釋《論語》方式較無新意〔註9〕,然而若只求新意而不依經義講述,聽眾容易有所誤解。對於儒家經典,歷代注解爭論不休,是以老人解經的最大原則,即如〈述而〉篇首章「述而不作,信而好古,竊比於我老彭」。〔註10〕除此之外,對於古注中往往歷來爭論不休而有疑問之處,老人於此亦從闕,以尊古不闕經的方法來解經。看似保守,

---

〔註4〕 〈開卷語〉,頁6。

〔註5〕 〈開卷語〉,頁6。

〔註6〕 〈開卷語〉,頁7。

〔註7〕 老人於民國75(1986)年3月往生,弟子遂祈請老人早期的弟子周家麟居士、徐醒民居士擔任臺中市佛教蓮社導師。周師於民國95(2006)年3月往生。徐師則擔任臺中市佛教蓮社導師至今。

〔註8〕 〈開卷語〉,頁7。

〔註9〕 如前述所及張崑將先生〈正統與異端:李炳南與南懷瑾《論語》詮釋比較〉一文。

〔註10〕 《論語講要》對此章的解說是:「述而不作者,敘述前人之學,而不自己創作。信而好古,信古人之有道者,好古人之樸實者也,例如先進於禮樂,野人也。野不失其真,故用之則從先進。竊比於我老彭者,自比於老彭。我老彭之我,示親切之義。如朱注:『我,親之之辭。』老子但述容成氏之言,故孔子比之。」見《講要》頁261~262。

卻不容易出錯。若有古注無法解決的問題，老人必定研究各家說法，能查閱出前人有否此說，倘前人有所根據，並與老人所見略同，則引以輔證，以利經文的通順。老人講述之《論語講要》，由其弟子徐醒民先生筆記而成。原爲上課筆記，再經文字潤飾，本屬不易；就體例而言，因爲其著重要點在於「注著學道，並以立人格、知天命爲學道之本」〔註11〕，故並無嚴格的體例。如談論鄭玄注解，《講要》皆稱「鄭康成」，然稱焦循，則直名焦循。從此可看出自清以降儒者皆尊敬鄭玄，故不直呼其名，老人亦復如是。

就雪廬老人講授《論語》思想特色而言，可以有幾項特點，歸納如下：

一、別有見地的次第安排

今《論語》二十篇，爲《魯論》篇數，其中各章次，不相聯屬。然老人講解《論語》之時，則具「別有見地」的次第觀念，如〈學而〉云：「人非生而知之者，故人生來即須求學。學、覺也。學喻開蒙，學然後知不足。故二十篇以『學而』爲首。」〔註12〕蓋前人注解，亦對學而章有諸多闡發，如程樹德引梁清遠〔註13〕《采榮錄》云：「《論語》一書，首言爲學，即曰悅，曰樂，曰君子。此聖人最善誘人處，蓋知人皆憚於學而畏其苦也。」〔註14〕

又如對〈學而〉「有子曰其爲人也孝弟」章，《雪公講義》按語云：「此段經文，列於〈學而〉之次者。據《史記》及唐、宋諸儒之說，均謂有若之言似夫子，曾立而師之，故成書者尊之。此以人而言也。又有云：古之明王，教民以孝弟爲先，故次列之。此以事而言也。」〔註15〕老人簡要的分「事」與「理」說明此章列於第一章之次的涵義，後再考證說明。考證之前，老人按語又云：「因上二說，引起諸多異議。有謂起句『其爲人也孝弟』，結句謂『孝弟爲仁之本』，終屬未通。遂有多人各本考據，謂『仁』、『人』古通，仁當人解，於義爲長。簡舉各說如後，而主仁者仍守不變」。〔註16〕強調對於此章主「仁」的理念不易之信念。老人是如何導歸出「仁」的中心思想呢？按

〔註11〕見〈前言〉，《講要》頁1，
〔註12〕《論語講要》，頁2。
〔註13〕梁清遠字迥之，號葵石，眞定人。生卒年不詳，約清世祖順治17年前後在世。順治3年（1646）進士，官至吏部侍郎。
〔註14〕參見《論語集釋》〈學而〉。
〔註15〕《論語講要》，頁4。
〔註16〕《論語講要》，頁5。

語云：「此章似承〈學而〉所來。學者何？內明德，格致誠正；外新民，脩齊治平。內爲體而外爲用，內體本仁，外用行仁。夫子之學，既是仁學，故處心行事，無不是仁。《禮》〈大學篇〉：『自天子以至於庶人，壹是皆以脩身爲本。』此章人孝弟脩身也。〈中庸〉云：『脩身以道，脩道以仁。』鮮犯上，家齊也。不好作亂，國治也。〈大學〉云：『一家仁、一國興仁。』此言脩齊治平之學，皆依仁而興起。」〔註17〕

如〈學而〉「巧言令色」章，《雪公講義》考證完「巧言」、「令色」之涵義後，加按語云：「此四端皆言色之誠中形外，於人信而不欺。仁者人也，故不害仁，自無巧言令色之弊。再此章提出鮮仁之人，正與前章崇仁互映，或編者類聚有意。」〔註18〕」老人巧妙地將第二章與第三章連結起來，並提示「或編者類聚有意」。徐師用精簡的文字記錄下來，使後學及後來的讀者可以從簡要的文字當中，體會出老人的用心。

二、精選古注的思想義涵

《論語》古來注解繁多，老人在擇古注講解時，必定精挑細選，以求能通聖人大義。如第二章：「有子曰：其爲人也孝弟，而好犯上者，鮮矣；不好犯上，而好作亂者，未之有也。君子務本，本立而道生；孝弟也者，其爲仁之本與。」《雪公講義》按語云：

> 愚於此段經文，惑於群言，數十年不解，近匯所研，妄有所採，以
> 孫陳二氏之說，深得於心。再依各經之文，以作訓言，略述拙見。
> 〔註19〕

孫氏爲孫詒仲，其云：「仁之發見，其切近而精實者，莫先於孝弟。」〔註20〕陳氏爲陳天祥，其《四書辨疑》云「孟子言人人親其親、長其長，而天下平。」〔註21〕老人以爲二氏之說「深得於心」，較貼近文意。

再如於「吾日三省吾身章」，《雪公講義》加按語云：「道德仁義禮樂，以及修齊治平諸端，均須以忠信爲主施行之。具此篤純始得其成。學亦如之。仍與崇仁求學互映。至『日』字、『三』字，各註紛然，要在省身，餘不拘泥

〔註17〕《論語講要》，頁7。
〔註18〕《論語講要》，頁9。
〔註19〕《論語講要》，頁6。
〔註20〕《論語講要》，頁6。
〔註21〕《論語講要》，頁6。

求異。」〔註22〕惟因古注對於「吾日三省吾身」有各種推想，如「日」是指白天亦或夜晚等、「三省」是省三次亦或按早中晚反省等，老人提示「不拘泥求異」，因爲此章「要在省身」，「日」可作一天講，「三」可作三次或多次講，這便是其精要的講解方式。

再舉「賢賢易色章」爲例，老人以爲此章講「夫婦倫常」之道。《論語講要》云：「此章說倫常之義。倫者五倫，常者不變也。此爲人倫之學，時代有變遷，此學不能變。」〔註23〕寥寥數字，將老人歸結到「五倫」的思想，強力彰顯出來。老人云：「此明夫婦之倫。夫婦重德不重色，以正人倫之始。事父母能竭其力，此理之當然。君者國之領袖，國爲大團體，既曰事君，則必先公後私，故曰能致其身。……五倫爲學之本，行在五倫，即是學矣。」〔註24〕五倫之首即爲「夫婦」倫，〈大學〉講「脩身、齊家、治國、平天下」，那麼成立一個家庭是非常重要的，一個家最基本即是由夫婦所組成，因此「夫婦倫常」之道便是爲學的根本。此章《雪公講義》更要言不煩的舉了諸家較重要的注解〔註25〕，以證其言。老人並加按語，簡要說明揀擇原由。「此章之首，愚采陽湖劉氏及《論語述何》等說。蓋於首次等章，皆一脈絡，而於有子一章，尤足證其義旨。」〔註26〕蓋老人對於經文「賢賢易色」一字一句研究細膩，雖然時代變遷到近現代，此學仍不能變之。因爲夫妻關係是五倫中最基礎、最重要的一倫，如此重德、謹慎地選擇伴侶，是非常重要的。此章一字一句，老人皆加以考證，其云：「賢賢，上賢字作貴重講，下賢字作賢德講。易色，易作輕字講，色是美色。此明夫婦之倫。夫婦重德不重色，以正人倫之始。」〔註27〕因此「賢賢」是「貴重賢德」，「易色」則是「輕美色」，倘若重色不重德，則夫婦之倫不正，則父子倫不正，乃至於君臣之倫不正耶？如此重視「五倫」，以歸其「仁」本，實爲老人的獨到見解。

〔註22〕　《論語講要》，頁11。
〔註23〕　《論語講要》，頁16。
〔註24〕　《論語講要》，頁17。
〔註25〕　《論語講要》，頁17～18，其舉四例，皆明此章爲明五倫之義。「皇《疏》：凡人之情，莫不好色，而不好賢；今若有人，能改易好色之心以好於賢，則此人便是賢於賢者。」「陽湖劉申受言：是〈關雎〉之義也，此賢賢易色，指夫婦之切證。」「《論語述何》曰：（節）六經之道，造端乎夫婦，有夫婦然後有父子，有父子然後有君臣，故首舉之。」「吳氏曰：子夏之言，其意善矣。然辭氣之間，抑揚太過，其流之弊，或將至於廢學。」
〔註26〕　《論語講要》，頁18～19。
〔註27〕　《論語講要》，頁17。

再舉「父在觀其志，父沒觀其行」章，老人詮釋：「例如父有善行，則承順之，有不善行，則幾諫之。」〔註28〕揀擇古注上面來講，引經文「觀其志」、「觀其行」云：「古人有謂觀父之志，觀父之行。今依孔《注》及皇、邢二《疏》，仍作觀子之志、觀子之行講。三年無改於父之道，是就善者而言。如不善，則非不可改。然如非善非惡，乃父所守之家中舊規矩，則以不改爲是。」〔註29〕對於所觀的對象，老人以爲「觀子之志」、「觀子之行」較合文意，並解實踐上可能遇到的疑惑，說明「如不善，則非不可改」，確爲聖人權智功夫。

三、以經注經不妄臆作

老人對古聖賢大德往往存有「恭敬心」，謹愼處理前人古注。雖然在研讀經典時有疑問，仍不妄改，或冒然批評古注。如前述「有子曰其爲人也孝弟」章，爭議性頗大的注解是如何呢？老人考證云：「陳善《捫蝨新語》，王恕《石渠意見》，焦氏《筆乘》：『何比部語予……』，朱彬《經傳考證》，劉氏《正義》，宋氏翔鳳鄭《注輯本》等，餘難備舉，皆引據以此處之『仁』當作人。宋儒本好更張，獨此處仁字照舊未改。但程叔子謂性中有仁，何嘗有孝弟來。謝顯道謂孝弟非仁。陸子靜直斥有子之言爲支離。王伯安謂仁衹求於心，不必求諸父兄事物等說。未免門戶紛爭，幾不似註經，而似鬭經矣。」〔註30〕老人以爲，注經須小心，否則上述所引的諸多註解，有的不似註經，而似鬭經了。

又如「巧言令色」章，「鮮矣仁」之解釋，或有以爲是「無仁」，老人云「古注或說爲無仁，則非經義。」〔註31〕「少仁」與「無仁」雖只差一個字，但意義大不相同，老人提示讀者不可不察。

再如「曾子曰吾日三省吾身」章，老人「傳不習乎」的解釋，有兩個層次，其云：「三省傳習，受師之傳，行之也否？傳授生徒，先自溫習否？」〔註32〕不單單只是自省受師之傳，有否行之？除了自行之外，有餘力傳授生徒者，必定要先自溫習，此三事不關，「方能安心就寢」。在本章《雪公講義》考證

〔註28〕《論語講要》，頁 24。
〔註29〕《論語講要》，頁 25。
〔註30〕《論語講要》，頁 5。
〔註31〕《論語講要》，頁 8。
〔註32〕《論語講要》，頁 10。

云：「《禮》〈大學篇〉：是故君子有大道，必忠信以得之。本篇：主忠信，無友
不如己者。〈述而篇〉：子以四教，文行忠信。」老人引《禮記》與〈學而篇〉
「君子不重則不威」章及〈述而篇〉「子以四教」章，爲此章作詮解。

　　如「弟子入則孝」章，老人對「親仁」有詮釋層次之不同，其云：「親仁。
擇仁者而親近之。汎愛眾，無選擇。此從仁者學習，故須選擇。」〔註33〕親
仁要選擇仁者而親近之，「汎愛眾」是普遍性的講，再進一步是「而親仁」，
是針對性的講，如此儒家的「愛」便是有程序、次第的愛。此章「行有餘力，
則以學文」句，《雪公講義》考證程子與張南軒注，其云：「張語較程語義達，
可遵也。陸隴其《松陽講義》，載於《論語集釋》，可參考之，則知今之教育
與今之學風矣。」〔註34〕張南軒是說：「非謂行此數事有餘力而後學文也；
言當以是數者爲本，以其餘力學文也。」〔註35〕較之程子云：「弟子之職，
力有餘則學文，不修其職而先文，非爲己之學也。」〔註36〕確較中肯。而不
至於令學者對「學文」與「修養」有先後之差別意。

　　再以前節述「賢賢易色」章爲例，對於經文中講「雖曰未學，吾必謂之
學矣」，老人加按語云：「雖曰未學二句，只采劉正叟氏之說，不致後學謗經。」
〔註37〕蓋劉正叟之說爲：「其人既能此等之事，而自言未學，吾必謂之已學，
蓋此等非學不能也。」〔註38〕可見老人選注必定不妄自說，也盡量避免後
世學子謗經。

四、行解相應知行合一

　　老人勉人學《論語》要會問能悟：「諸位聽《論語》，若一章不能開悟，
縱使全部《論語》聽完，也沒用。見聞在你們個人，百聞不如一見，見聞很
重要，見了必須問，一篇不知道，必須問究竟。篇篇都知道，究竟不可能，
一、二篇透徹，眼力就不同於常人。悟了就容易，即使不悟，也與其他人不
同。但是悟了還須實行，若不實行，大學博士也不如一位粗工。如學醫必須
有醫院實驗，否則是念死書，沒有用。」〔註39〕最要緊的還是在「實行」

〔註33〕《論語講要》，頁14。
〔註34〕《論語講要》，頁15。
〔註35〕《論語講要》，頁15。
〔註36〕《論語講要》，頁14～15。
〔註37〕《論語講要》，頁19。
〔註38〕《論語講要》，頁18。
〔註39〕參見「論語講記」，明倫月刊資訊網。

二字。

　　前述「曾子曰吾日三省吾身」章，老人《雪公講義》加按語云：「道德仁義禮樂，以及修齊治平諸端，均須以忠信爲主施行之。……至『日』字、『三』字，各註紛然，要在省身，餘不拘泥求異。」〔註40〕老人在在都提示弟子們「要在省身」，考據章句固然重要，而進一步落實的工夫更爲重要。

　　再舉「君子不重則不威」章爲例，老人最後引揚雄《法言》〈脩身〉，謂人須取四重。其言：「即重言，重行，重貌，重好。言重則有法，行重則有德，貌重則有威，好重則有觀。此處好字即是嗜好。嗜好高雅者，如琴棋書畫等，則有可觀。學者言行貌好皆須學其莊重。」〔註41〕這便是老人提示弟子們在讀通此章經文之後，可依循著四重去實踐。

　　雪盧老人弘揚《論語》的具體作用，可從老人民國70（1981）年3月27日開示「論語班宗旨」得知，其云：

> 吾增添論語班的用意，因爲大家不懂世間法，這與學佛有什麼干係？因爲懂佛法才懂《論語》，學佛後知道人身難得，惟有人身才能成佛。爲了幫助你們學佛成功，若沒有人天的根底，不能學佛。從前叢林規矩很嚴，要成功必須有根底，徹底才能成功，所以添論語班。……子貢說：「夫子之言性與天命，不可得而聞也。」孔子雖懂天道爲大家說，大家聽不懂，所以不說。顏回懂天道，子貢略懂，不懂就不會這樣說。《六祖壇經》云：「佛法在世間，不離世間覺。」凡夫才要學佛，否則何必學佛？人天不懂，如何懂佛法？……《論語》對你們已經有幫助了，但是眼前的狀況，你們知道嗎？你們不認識環境，而且是絕對不認識，你們若是對《論語》有一知半解，才能略知環境，否則只是知道文章而已。……讀《論語》就要知道未來，知人間的未來。再者，才可以爲你們說其他法門，知其他法門便能知十方三世，這不是神通，而是「至誠之道，可以先知」，無雜念才能誠。先正心而後誠意，不打妄想就是誠意，例如一面鏡子，可以很清楚看見眼前的事物。〔註42〕

觀上所錄，老人弘揚《論語》有其迫切的針對性功能，也有長遠的普遍性作

〔註40〕《論語講要》，頁11。
〔註41〕《論語講要》，頁21。
〔註42〕參見臺中蓮社論語班網誌網站：http://plog.tcbl.org.tw/plog/blog/71，此實錄爲老人講課之逐字稿。

用；而綜前諸章所引《論語講要》內容，則以徐師所選定的作爲觀察核心，則可確立老人在近代經學家所佔的舉足輕重地位。老人曾在中興大學、東海大學、靜宜大學、中國醫藥大學等校任教，老人無求功名利祿之心，然爲了傳承中華文化而不遺餘力。可以他的一首詩〈殘燭〉爲此作註解：「未改心腸熱，全憐暗路人，但能光照遠，不惜自焚身。」〔註43〕

老人的《論語》學，當以〈述而篇〉「志於道」章之闡釋爲其經學觀、《論語》學觀。老人詮解此章，是以仁爲先。談此章仍依經文次序，從「道」出發，再談到「德」，再談到「仁」，最後講「藝」。惟中人之資不易了解「道」、「德」，講「仁」則易明白。仁是愛人、親人，無論如何，最後都由「藝」來展現，發揮出眞正作用。談到藝，六藝之首「禮、樂」一直是《論語》中孔子所強調的。老人以爲，禮這種禮讓、恭敬的態度，以及雅樂的調和，在在都是人展演「仁」心的地方，而且是從「相對」的禮一直脩養到「絕對」的禮；於是徹底地貫通到形而上學的「道」，即圓融了中華文化。

雪廬老人講授《論語》最重要的主旨，是要弟子能「行解相應」、「知行合一」，老人勉人學《論語》要會問、才能悟，因此老人強調，最要緊的還是在「實行」二字。對於「實行」，儒者多有提及，在實行之外，老人因爲學佛多年的背景，講解《論語》亦是爲了正法得以長存，由此章的道、德、仁、藝順序，與佛家教理中的「頓悟漸修」講法相似，這也是老人以爲儒家可貴的地方，只要依著儒家的講法而實踐，就可以很接近「道」了。此章講的「道」，是〈中庸〉所講的「率性之謂道」，即是人人本來就有的性，都是平等無差別的。

概括本論文各章的要點，雪廬老人從民國38年來臺灣以後，直到往生，未曾離開過臺灣。這段期間大力宣揚佛法、創辦慈善事業。所以在近代臺灣佛教界 以推動西方淨土法門聞名。他的教育事業除宣揚佛法外，對於經學、儒學、國學 亦盡力的闡揚。本論文以老人講述、其弟子徐醒民先生筆記的《論語講要》爲研究中心，探討老人對於《論語》一經的重視及其解經方法，希冀發掘《論語講要》的思想特色。

關於緒論提到的**研究動機**，第三點主因：即老人爲何在高齡91歲開辦「論語講習班」？爲何一部《論語》經典的講授須由一期爲兩年的「論語講習班」來完成？爲什麼從民國69年開辦至今第十四期已快結業，但是他的

〔註43〕《雪廬詩集》〈浮海集上〉，頁296。

弟子及再傳弟子仍不斷研討《論語》？《論語講要》已成書，到了今天仍不斷修正錯別字等，以求臻於完美。從**傳統的經學到民間講經學**，這一本《論語講要》的起緣、問世、流傳，可由本論文發掘其特殊的傳播魅力。除了群弟子繼續研討之外，老人的《論語》觀乃至於經學觀，必有其中心思想，才能使不易接受的「傳統」能夠長久地推廣到民間。

從對《論語講要》**成書**及**體例**的分析，可以理解老人主要參考的注解，即程樹德《論語集釋》，已提供較完備的注解，所以《講要》在體例上不需贅述。且「論語講習班」的成立宗旨在於**自我脩身、實踐仁學**，講要就是「講述其要」，站在前人的基礎上，把老人認為**最圓滿**的注解，精要的「要義」闡釋出來，這即是《講要》與**傳統注疏方法**不同之處。

從對《論語講要》解經方法的討論，可以明白《講要》最常援引皇侃、邢昺、劉寶楠的注解本，何晏、包咸、馬融、孔安國的注解亦時常引用。可見其**重視字詞訓詁意義**之程度。為疏通經文，以經注經的情形也很多，此「經」包括《十三經》、史書、字書等。除了傳統的方式，為找出圓融的解釋方法，陳天祥《四書辨疑》、竹添光鴻的《論語會箋》等常引用補充。老人說自己的解經觀是「不偏漢、不偏宋」，《講要》當中則往往對朱注提出評判，因此筆者以為，老人此指的「不偏宋」不單指朱熹的注解，尚包括許多**非理學的宋儒作品**。

從第五章對《論語講要》整個思想體系作一個深入的研究，可以找出二個小結論，一是他重視「志於道」章，不僅以為「志於道」章為孔子思想的體系、而是整個中華文化的總綱領。他是（一）以仁為先，「仁」與「道」、「德」相比，容易著手。所謂「先親親而後仁民愛物」，都是從力行「仁」開始。（二）是「道、德」與「仁、藝」是「**由體達用，用不離體**」，老人家以為人遇到事物，難免忿懥、恐懼、好惡、憂患的情緒，使心不正。這時如孔子好學而內自訟，可以使自己心「立覺復明」，而不惑，可以據守「明德」的狀態。（三）**仁與藝的根幹互滋**，在此強調，藝術必須有一分仁心，它就不害人，乃至於可以利益人。必須博學來推行仁的事業。（四）六藝之首，**博文約禮**，他強調，藝為六藝，又要以禮為先。而老人家這兩張表的用意，在讀《論語》任何一章，或是儒家任何經典時的時候參看，都可相通。此乃其《論語》思想最中心要旨。

再講到「性與天道」的相關篇章，如〈陽貨〉「性相近也，習相遠也」

章，老人先用佛家的理論闡釋，再用《易經》解釋，最後導出結論，「體」、「相」都無善惡，「業」「用」才分善惡。性是體空，寂然不動的，動則出現假相。體雖空，而「性」是實有的。由這裡可比喻我們人實有此「性」，所以說性相近。但各人習慣不同，所以是「習相遠」。因此來辨別前人所說性善或性惡，或性善相混之說。小結，本論文最後總結出幾點，（一）別有見地的次第安排、（二）精選古注思想義涵、（三）以經注經不妄臆作、（四）行解相應知行合一。

研究本論題的過程中，筆者有幾點心得感想：

一、關於「講表」：因為老人自己曾說，「講表」對聽者方便之外，對講者也有特殊意義。講者如對講述內文能建構其體系，可在講述的時候加以發揮，發揮完再帶回主題。「志於道」章的兩張科表就有這樣子的效果及意義。因為這是老人家一貫的中心思想，其背後意涵就更大。所以筆者以為，「志於道」章的科表，放在每一儒家經典之前來閱讀，都適用。惟《論語講要》使用「講表」或「科表」的情形不多，這是較為遺憾的一點。

二、筆者曾於緒論提及老人是「內佛外儒」，論文後又談及他是「儒佛並重」。此點需說明。老人弘揚儒家經典，並非晚年才開始，早年就一直在講儒家經典。筆者大膽的推斷，因為老人學佛後，不斷地脩行，愈益發掘儒家經典的好，所以晚年才開辦論語講習班，並且強調儒佛可以並行，也可以相輔相成。這也算是其悟道的過程。

三、關於全文強調老人經學觀是「漢宋齊觀」，但是在選擇注解方面，往往提出許多對朱子注解的修正。今天說宋儒注解，通常指朱子一派或是理學一派的注解，但是老人家自己說的不偏漢、不偏宋，則不單指朱注。朱注除了因為元代科舉之後成為主流，清儒雖然檢討的厲害，但是到筆者一代學的中華文華基本教材大多使用朱注。筆者以為，老人家不是不喜歡朱注，而是要強調有許多章節還有更好的注解方式，所以才在許多地方對朱注做出修正。

關於《論語講要》中的詮解，筆者以為其文字精要，乃為勉勵弟子脩身的主要目的。自古以來，高僧大德除研究佛學外，對於傳統經典如《論語》、《老子》、《莊子》等，往往皆有深入研究。老人對《論語》的堅持在於以傳統注疏的方式來詮釋經典，整部《論語講要》，可說是一本大散文書。用最慎重的方式選擇古注，並且用最簡要的文字表達出來，不但可做為讀書人的

脩身良方，對於各行各界的人士都能受用。而對於老人講述《論語》的最終目標，曾聽蓮社師長轉述老人常說：「食其毛，踐其土。」意思是指，口裏吃著這個地方所生長的糧食，雙腳踏在這塊土地上，這個地方對我們太恩厚了！因此，要常懷感恩圖報之心，每到一處必存利樂有情之心。否則不但愧對天地有情，於自己德行也有所損傷！老人從年輕乃至於到年老，無論在大陸或在臺灣，哪怕是在戰亂之時，所到之處，於公於私，盡量利益眾生、弘法利生。對儒家經典，亦宣揚不遺餘力！到了臺灣，開辦的所有文化教育事業，都是用心回饋社會；這與國民政府當年在臺灣辦「復興中華文化運動」可說有深層意義上的不同。可以說，研究《論語講要》，發掘其「人成而達佛成」的追求，是從「實踐以成人道」的堅持中完成！

附錄一　《論語講要》引述表

按：此表說明參照第四章第一節：《論語講要》引述探論

〈學而第一〉

《論語》原文	《論語》本經	其他十三經	朱注	前　人　說　法
子曰：學而時習之，不亦說乎。有朋自遠方來，不亦樂乎。人不知而不慍，不亦君子乎。	〈述而篇〉「志於道，據於德，依於仁，游於藝。」	《禮記》〈中庸〉		
有子曰：其爲人也孝弟，而好犯上者，鮮矣；不好犯上，而好作亂者，未之有也。君子務本，本立而道生；孝弟也者，其爲仁之本與	〈學而〉漢人引《論語》	《孝經》《孝經》《孟子》《禮》〈大學〉、〈中庸〉		《史記》、陳善《捫蝨新語》、王恕《石渠意見》《焦氏筆乘》、朱彬《經傳考證》、劉氏《正義》、宋翔鳳鄭〔註1〕《注輯本》程叔子、謝顯道、陸子靜、王伯安邢昺《疏》、《揅經室集》孫詒仲、陳天祥《四書辨疑》

〔註1〕指鄭玄《論語注輯本》。

				《說文》 《揅經室集》〈論仁篇〉、古逸詩、劉向
子曰：巧言令色，鮮矣仁。	《論語》經文	《中庸》〈曲禮〉		
曾子曰：吾日三省吾身；為人謀而不忠乎。與朋友交而不信乎。傳不習乎。	《論語》經文 《論語》經文〈述而篇〉	《禮》〈大學篇〉		
子曰：道千乘之國，敬事而信，節用而愛人，使民以時。		〈大學〉	包咸《注》	
子曰：弟子入則孝，出則弟，謹而信，汎愛眾，而親仁；行有餘力，則以學文。		竹氏《會箋》引《周易》〈乾文言〉	皇《疏》 邢《疏》 馬融《注》 程子曰 張南軒曰 **陸隴其《松陽講義》**、《論語集釋》	
子夏曰：賢賢易色，事父母能竭其力，事君能致其身，與朋友交，言而有信。雖曰未學，吾必謂之學矣。			劉氏《論語正義》 《正義》引《漢書》〈李尋傳〉、顏師古《注》 《集解》 皇《疏》 **陽湖劉申受《論語述何》** 吳氏曰 翁方綱《論語附記》、吳元音《四書大全》 《論語述何》、劉正叟 陳祖范《經咫》、《論語述何》、劉氏《正義》 劉申受《四書辨疑》	

子曰：君子不重則不威，學則不固；主忠信，無友不如己者，過則勿憚改。				孔安國《注》 焦循《論語補疏》引〈曲禮〉鄭康成《注》 皇《疏》 揚子《法言》〈脩身篇〉
曾子曰：慎終追遠，民德歸厚矣。		《孝經》		孔安國《注》 邢《疏》
子禽問於子貢曰：夫子至於是邦也，必聞其政；求之與，抑與之與。子貢曰：夫子溫、良、恭、儉、讓以得之；夫子之求之也，其諸異乎人之求之與。				鄭康成《注》 程氏《集釋》引洪頤煊《讀書叢錄》
子曰：父在觀其志，父沒觀其行；三年無改於父之道，可謂孝矣。				孔安國《注》 皇、邢二《疏》
有子曰：禮之用，和為貴。先王之道，斯為美。小大由之，有所不行。知和而和，不以禮節之，亦不可行也。				皇、邢二《疏》 劉氏《正義》 馬融《注》 皇《疏》引沈居士言
有子曰：信近於義，言可復也；恭近於禮，遠恥辱也；因不失其親，亦可宗也。		皇、邢二《疏》引《周易》（巽卦爻辭） 劉氏《正義》引《孟子》〈離婁篇〉		鄭《注》、《說文》 皇、邢二《疏》 《史記》〈蘇秦傳〉 《莊子》〈盜跖篇〉 孔安國《注》、朱子《集注》 潘維城《論語古注集箋》、劉氏《正義》皆引桂馥《羣經義證》，考據古籍及《說文》、程氏樹德
子曰：君子食無求飽，居無求安，敏於事而慎於言，就有道而正焉，可謂好學也已。				鄭康成《注》 孔安國 焦循《論語補疏》 劉氏《正義》

《論語》原文		《詩經》〈衛風〉〈淇奧篇〉《爾雅》〈釋器〉		邢《疏》鄭康成說孔安國《注》皇、邢二《疏》
子貢曰：貧而無諂，富而無驕，何如。子曰：可也，未若貧而樂，富而好禮者也。子貢曰：詩云：「如切如磋，如琢如磨。」其斯之謂與。子曰：賜也，始可與言詩已矣；告諸往而知來者。				
子曰：不患人之不己知，患不知人也。				《釋文》皇《疏》

〈為政第二〉

《論語》原文	《論語》本經	其他十三經	朱注	前人說法
子曰：為政以德，譬如北辰，居其所，而眾星共之。				古注或以北辰為星名，或謂非星，但表方位，即地球北極與天空相對之處。今採非星說。
子曰：詩三百，一言以蔽之，曰：「思無邪。」		《詩經》《毛詩》《詩經》〈魯頌〉〈駉篇〉《詩經》〈國風〉〈邶國〉〈北風篇〉	朱子說一言以盡之。	《史記》〈孔子世家〉《漢書》〈藝文志〉包說一言以當之。鄭說一言以塞之。韓、李《論語筆解》一言以斷之。程氏樹德《論語集釋》引項氏《家說》解釋又引鄭氏浩《論語集注述要》《詩傳》
子曰：道之以政，齊之以刑，民免而無恥；道之以德，齊之以禮，有恥且格。		劉氏《正義》依《禮記》〈緇衣篇〉		皇《疏》孔安國《注》《廣雅》〈釋詁〉《管子》〈牧民篇〉包《注》《釋文》引鄭《注》何晏〈注〉

子曰：吾，十有五，而志于學，三十而立，四十而不惑，五十而知天命，六十而耳順，七十而從心所欲，不踰矩。		《毛詩傳》 劉氏《正義》 又據《禮記》 〈大學篇〉		皇、邢二《疏》皆說，此章是孔子隱聖同凡，勸人勤學。 《史記》〈孔子世家〉 皇、邢二《疏》皆據《白虎通》〈辟雍篇〉 劉氏《正義》據《白虎通》 皇《疏》 劉氏《正義》 孔安國《注》 程氏樹德《論語集釋》引黃式三《論語後案》 劉氏《正義》引《漢書》〈董仲舒傳〉〈對策〉 鄭康成《注》 皇《疏》又引李充說《說文》 程氏樹德《論語集釋》引明儒顧憲成《講義》
孟懿子問孝。子曰：無違。樊遲御，子告之曰：孟孫問孝於我，我對曰無違。樊遲曰：何謂也。子曰：生，事之以禮。死，葬之以禮。祭之以禮。		《春秋》 左氏《傳》說 邢《疏》引《禮記》〈曲禮〉		孔安國《注》 《弟子傳》 劉氏《正義》 鄭康成《注》 邢《疏》 皇《疏》
孟武伯問孝。子曰：父母唯其疾之憂。				馬《注》
子游問孝。子曰：今之孝者，是謂能養。至於犬馬，皆能有養。不敬，何以別乎。		《孟子》〈盡心篇〉	朱子《集注》	孔安國《注》 王引之《經傳釋詞》 邢《疏》 劉淇《助字辨略》 包咸《注》 《集解》 劉氏《正義》

子夏問孝。子曰：色難。有事，弟子服其勞。有酒食，先生饌，曾是以為孝乎。		《禮記》〈檀弓篇〉《詩經》〈邶風〉〈凱風篇〉		馬融《注》包咸說孔穎達《正義》引《論語》此章鄭《注》程氏《集釋》
子曰：吾與回言終日，不違如愚。退而省其私，亦足以發。回也不愚。				孔安國《注》皇《疏》
子曰：視其所以；觀其所由；察其所安。人焉廋哉，人焉廋哉。	〈學而篇〉	《春秋》《穀梁傳》《爾雅》〈釋詁〉《穀梁傳》		劉氏《正義》何晏《集解》皇侃解釋《集解》皇《疏》劉氏《正義》潘維城《論語古注集箋》孔安國《注》
子曰：溫故而知新，可以為師矣。			朱子說	皇侃《疏》
子曰：君子不器。				包咸《注》皇《疏》
子貢問君子。子曰：先行其言，而後從之。		劉氏《正義》引《大戴禮》〈曾子制言篇〉、〈立事篇〉	朱子《集注》引周氏曰	程氏《集釋》引沈括《夢溪筆談》，以及郝敬《論語詳解》
子曰：君子周而不比，小人比而不周。				古注孔安國說皇《疏》皇《疏》又引孫綽說邢《疏》說孔注《國語》〈魯語〉劉氏《正義》引《呂氏春秋》〈達鬱篇〉
子曰：學而不思則罔，思而不學則殆。	《論語》〈為政篇〉	王念孫引《公羊傳》何休注	朱子《集注》	皇《疏》包《注》何晏〈注〉劉氏《正義》王念孫《讀書雜志》

				引《史記》〈扁鵲傳〉 王氏又引《公羊傳》、何休〈注〉 王引之《經義述聞》
子曰：攻乎異端，斯害也已。		〈中庸〉 《公羊傳》注 《禮記》〈大學〉注	朱子《集注》	何晏《集解》 皇侃 范曰 《集說》 《集解》 《論語後錄》 《戴東原集》 宋程子曰 《集釋》
子曰：由，誨女知之乎。知之爲知之，不知爲不知，是知也。				
子張學干祿。子曰：多聞闕疑，慎言其餘，則寡尤。多見闕殆，慎行其餘，則寡悔。言寡尤，行寡悔，祿在其中矣。		劉氏《正義》引《禮記》〈王制篇〉		鄭康成《注》 邢《疏》 劉氏《正義》 包咸《注》 王引之《經義述聞》 劉氏說
哀公問曰：何爲則民服。孔子對曰：舉直錯諸枉，則民服。舉枉錯諸直，則民不服。				包咸《注》 王應麟《困學紀聞》引孫季和說 劉氏《正義》
季康子問：使民敬忠以勸，如之何。子曰：臨之以莊則敬，孝慈則忠，舉善而教不能，則勸。		《孝經》 《孟子》〈離婁篇〉		邢《疏》 黃氏《後案》
或謂孔子曰：子奚不爲政。子曰：書云：「孝乎惟孝，友于兄弟。」施於有政，是亦爲政，奚其爲爲政。		《書經》 古文《尙書》〈君陳篇〉	朱子《集注》	包《注》 漢《石經》 惠棟《九經古義》 皇《疏》

《論語》原文	《論語》本經	其他十三經	朱注	前人說法
子曰：人而無信，不知其可也。大車無輗，小車無軏，其何以行之哉。				劉氏《正義》引鄭《注》 包《注》 《說文》 《說文》段〈注〉引戴東原說
子張問十世可知也。子曰：殷因於夏禮，所損益，可知也。周因於殷禮，所損益，可知也。其或繼周者，雖百世可知也。				
子曰：非其鬼而祭之，諂也。見義不為，無勇也。		《禮記》〈祭法〉 《禮記》〈禮器篇〉 邢《疏》引《春秋》僖公十年左氏《傳》 《禮記》〈曲禮〉		鄭《注》 孔安國《注》

〈八佾第三〉

《論語》原文	《論語》本經	其他十三經	朱注	前人說法
孔子謂季氏，八佾舞於庭。是可忍也，孰不可忍也。		《春秋》隱公五年左氏《傳》 《左傳》杜預〈注〉 《公羊傳》何休〈注〉 邢昺又引服虔《左傳解誼》 邢《疏》引《禮記》〈祭統〉、〈明堂位〉 《公羊傳》		馬融《注》 邢昺《疏》 劉氏《正義》 《漢書》〈劉向傳〉

三家者以雍徹。子曰：「相維辟公，天子穆穆。」奚取於三家之堂。		〈雍〉——《詩經》〈周頌〉〈臣工之什〉《左傳》三十二年杜預〈注〉		馬融《注》包咸《注》毛奇齡說劉寶楠說
子曰：人而不仁，如禮何。人而不仁，如樂何。		《禮記》〈儒行篇〉		包咸《注》皇侃《疏》
林放問禮之本。子曰：大哉問。禮，與其奢也，寧儉。喪，與其易也，寧戚。		〈檀弓〉〈禮器篇〉《孟子》〈郊特牲〉	朱子《集注》	鄭康成《注》程氏《集釋》引朱彝尊《經義考》，謂《蜀禮殿圖》**包咸《注》**俞琰〔註2〕《書齋夜話》《羣經平議》包曰《書齋夜話》《集注》
子曰：夷狄之有君，不如諸夏之亡也。				包咸《注》皇《疏》邢《疏》**陳天祥《四書辨疑》**程氏《集釋》
季氏旅於泰山。子謂冉有曰：女弗能救與。對曰：不能。子曰：嗚呼，曾謂泰山不如林放乎。		《禮記》〈王制〉劉氏《正義》據《周禮》〈春官〉大宗伯		馬融《注》
子曰：君子無所爭，必也射乎。揖讓	引經文所言「當仁不讓於	〈射義〉	《集注》	宋注「揖讓而升，下而飲」。

〔註 2〕 俞琰，生平年不詳。《四庫全書總目提要》謂其「生宋寶祐（1253～1258）初……至延祐（1314～1320）初始卒"。余嘉錫據《萬姓統譜》和納蘭成德容若《周易集說》序等分析，認爲「非生於寶祐初」，當生於宋端平（1234～1236）前後。其卒年，據《周易集說》干壽道序稱，俞琰在延祐二年（1314）尚在世，與《四庫全書總目提要》所謂「延祐始初卒」不符。明盧熊《蘇州府志》謂其「卒於元貞（1295～1297）間，年七十」，又與干壽道之說有出入，故現尚難考定。惟可確知的是其爲宋元之際的儒道學者。

而升下而飲。其爭也君子。	師」（《論語》〈衛靈公〉），「見義不為無勇也」（《論語》〈為政〉）			漢注「揖讓而升下，而飲」。皇、邢二《疏》七字作一句讀「揖讓而升下而飲」王肅〈注〉《集解》皇《疏》
子夏問曰：「巧笑倩兮，美目盼兮，素以為絢兮。」何謂也。子曰：繪事後素。曰：禮後乎。子曰：起予者商也，始可與言詩已矣。		《詩經》〈衛風〉〈碩人篇〉〈詩序〉《詩經》〈毛亨傳〉毛《詩》鄭〈箋〉全祖望《經史問答》據楊龜山所引《禮記》〈禮器篇〉全祖望氏《經史問答》問〈禮器〉	朱子《集注》《集注》引《考工記》	馬融〈注〉楊氏引〈禮器〉包咸〈注〉《集解》鄭曰
子曰：夏禮吾能言之，杞不足徵也；殷禮吾能言之，宋不足徵也。文獻不足故也。足，則吾能徵之矣。				包〈注〉朱子《集注》鄭〈注〉劉氏《正義》
子曰：禘，自既灌而往者，吾不欲觀之矣。		《禮記》〈大傳〉、〈喪服小記〉、〈祭統〉皇《疏》所引《禮記》〈郊特牲〉《尚書大傳》鄭氏〈注〉**劉氏《正義》引《禮經》**	朱子《集注》引趙伯循之說	**孔安國〈注〉**皇、邢二《疏》莊氏述祖《論語別記》
或問禘之說。子曰：不知也。知其說者之於天下也，其如非諸斯乎。指其掌。				孔安國〈注〉劉氏《正義》皇侃《疏》

祭如在，祭神如神在。子曰：吾不與祭，如不祭。			程氏《集釋》引陳善《捫蝨新語》 孔安國《注》 皇《疏》 包咸《注》
王孫賈問曰：與其媚於奧，寧媚於竈，何謂也。子曰：不然，獲罪於天，無所禱也。		《爾雅》〈釋宮〉 《禮記》〈祭法篇〉	孔安國《注》 皇《疏》 五祀鄭《注》 周柄中《四書典故辨正》 老子說
子曰：周監於二代，郁郁乎文哉。吾從周。			孔安國《注》 邢《疏》
子入太廟，每事問。或曰：孰謂鄹人之子知禮乎。入太廟，每事問。子聞之，曰：是禮也。		《左傳》襄公十年	包咸《注》 閻若璩《四書釋地》引顧瑞屏說，如《荀子》所載 邢《疏》， 孔安國《注》 劉氏《正義》 董子《春秋繁露》〈郊事對篇〉
子曰：射不主皮。為力不同科，古之道也。			
子貢欲去告朔之餼羊。子曰：賜也，爾愛其羊，我愛其禮。	《論語》	邢《疏》引《周禮》〈春官〉太史 《春秋》文公六年《公羊傳》何休〈注〉 《公羊傳》 孟子所說	皇《疏》 《史記》〈歷書〉 鄭《注》
子曰：事君盡禮，人以為諂也。			孔安國《注》
定公問：君使臣，臣事君，如之何。孔子對曰：君使臣以禮，臣事君以忠。			孔安國《注》 邢《疏》引《史記》〈魯世家〉

子曰：關雎樂而不淫，哀而不傷。		《詩經》〈國風〉〈周南〉〈關雎〉〈詩序〉毛〈傳〉〈關雎〉		《漢書》〈匡衡傳〉胡承珙《毛詩後箋》竹添光鴻《毛詩會箋》王禮卿教授《四家詩恉會歸》
哀公問社於宰我。宰我對曰：夏后氏以松，殷人以柏，周人以栗。曰：使民戰栗。子聞之，曰：成事不說，遂事不諫，既往不咎。	「臨事而懼，好謀而成」（《論語》〈述而〉）		《集注》	劉氏《正義》李氏惇《羣經識小》程氏《集釋》引蘇子由《古史》鄭氏云邢《疏》潘氏《集箋》《讀書證疑》引《墨子》《半農禮說》《拜經日記》蘇子由《古史》《容齋五筆》《韓非書》包曰
子曰：管仲之器小哉。或曰：管仲儉乎。曰：管氏有三歸，官事不攝，焉得儉。然則管仲知禮乎。曰：邦君樹塞門，管氏亦樹塞門；邦君為兩君之好，有反坫，管氏亦有反坫。管氏而知禮，孰不知禮。	微管仲，吾其被髮左衽矣。（《論語》〈憲問〉）		朱子據《說苑》	《管子》〈小匡篇〉惠棟《九經古義》包《注》《韓非子》〈外儲說〉《晏子春秋》武億《羣經義證》皇《疏》劉氏《正義》引董仲舒《春秋繁露》〈精華篇〉揚雄《法言》〈先知篇〉
子語魯大師樂曰：樂其可知也。始作，翕如也；從之，純如也，皦如也，繹如也，以成。				《釋文》《集注》引謝氏曰《集解》何晏〈注〉

《論語》原文	《論語》本經	其他十三經	朱注	前人說法
儀封人請見，曰：君子之至於斯也，吾未嘗不得見也。從者見之。出曰：二三子，何患於喪乎。天下之無道也久矣，天將以夫子爲木鐸。	「天之將喪斯文」《論語》〈子罕〉	《書經》〈胤征篇〉		鄭康成《注》 皇《疏》 劉氏《正義》 孔安國《注》
子謂韶，盡美矣，又盡善也。謂武，盡美矣，未盡善也。		《禮記》〈樂記〉 《周易》〈革卦象傳〉 《孟子》〈梁惠王篇〉		《漢書》〈禮樂志〉古注，「武王以征伐取天下，故未盡善。」
子曰：居上不寬，爲禮不敬，臨喪不哀，吾何以觀之哉。		〈曲禮〉		鄭《注》

〈里仁第四〉

《論語》原文	《論語》本經	其他十三經	朱注	前人說法
子曰：里仁爲美，擇不處仁，焉得知。				皇《疏》 皇《疏》引沈居士曰
子曰：不仁者，不可以久處約，不可以長處樂。仁者安仁，知者利仁。				皇《疏》 李二曲《四書反身錄》
子曰：唯仁者，能好人，能惡人。	〈公冶長篇〉，孔子答復子張說：「未知，焉得仁。」〈顏淵篇〉，孔子答復顏淵說：「克己復禮爲仁。」			
子曰：苟志於仁矣，無惡也。			朱子《集注》	《釋文》 劉氏《正義》 程氏《集釋》 孔安國《注》

				俞曲園《羣經平議》引賈子〈道術篇〉
子曰：富與貴，是人之所欲也。不以其道得之，不處也。貧與賤，是人之所惡也。不以其道得之，不去也。君子去仁，惡乎成名。君子無終食之間違仁，造次必於是，顛沛必於是。		《尚書》〈伊訓篇〉 《禮記》〈中庸〉		**孔安國《注》** **何晏〈注〉** 皇《疏》 **孫奇逢《四書近指》** 孔穎達〈疏〉 馬融說 鄭玄說 邢《疏》 馬融《注》 陳天祥《四書辨疑》 程氏樹德《論語集釋》
子曰：我未見好仁者，惡不仁者。好仁者無以尚之。惡不仁者，其為仁矣，不使不仁者加乎其身。有能一日用其力於仁矣乎，我未見力不足者。蓋有之矣，我未之見也。		〈中庸〉	朱子《集注》	孔安國《注》 皇《疏》 孔安國《注》 皇《疏》 陸隴其《松陽講義》，引慶源輔氏說
子曰：人之過也，各於其黨。觀過，斯知仁矣。	〈述而篇〉陳司敗說：「吾聞君子不黨，君子亦黨乎。」	孟子認為		皇本 **孔安國《注》** 孔《注》之意，依皇《疏》解說 皇《疏》又引殷仲堪之說 孔安國《注》 程氏《集釋》引劉開《論語補注》
子曰：朝聞道，夕死可矣。		《中庸》		
子曰：士志於道，而恥惡衣惡食者，未足與議也。				

子曰：君子之於天下也，無適也，無莫也，義之與比。		《爾雅》	《集注》	清儒俞曲園，在他的《春在堂隨筆》裏，引日本物茂卿所著《論語徵》 鄭讀爲「敵慕」 邢《疏》 釋氏《華嚴經》及《無量壽經》 《華嚴經》引《漢書》注 澄觀〈疏〉曰 《無量壽經》慧遠《義疏》 《論語稽求篇》
子曰：君子懷德，小人懷土；君子懷刑，小人懷惠。		《爾雅》〈釋詁〉 《書經》〈大禹謨〉 〈中庸〉		《說文》 段〈注〉 孔〈傳〉 程氏樹德《集釋》
子曰：放於利而行，多怨。				孔安國注 劉氏《正義》引《漢書》顏師古《注》
子曰：能以禮讓爲國乎，何有。不能以禮讓爲國，如禮何。		〈曲禮〉		
子曰：不患無位，患所以立。不患莫己知，求爲可知也。				
子曰：參乎，吾道一以貫之。曾子曰：唯。子出，門人問曰：何謂也。曾子曰：夫子之道，忠恕而已矣。		〈中庸〉引孔子曰		漢注
子曰：君子喻於義，小人喻於利。				孔安國注
子曰：見賢思齊焉，見不賢而內自省也。				

子曰：事父母幾諫。見志不從，又敬不違，勞而不怨。				
子曰：父母在，不遠遊，遊必有方。			朱注	鄭注〈曲禮〉《玉藻》
子曰：三年無改於父之道，可謂孝矣。	〈學而篇〉		《集注》胡氏謂為複出，而逸其半。	先儒考漢《石經》劉氏《正義》《春秋繁露》〈祭義篇〉鄭注曰
子曰：父母之年不可不知也。一則以喜；一則以懼。				
子曰：古者言之不出，恥躬之不逮也。				皇本作包咸注皇《疏》
子曰：以約失之者，鮮矣。		《禮記》〈表記〉		孔安國注程氏《集釋》引汪烜《四書詮義》
子曰：君子欲訥於言，而敏於行。	先行其言，而後從之。《論語》〈為政〉			《集解》包曰
子曰：德不孤，必有鄰。		《周易》〈繫辭上傳〉《周易》〈乾卦〉〈文言傳〉		《集解》何晏注邢《疏》
子游曰：事君數，斯辱矣。朋友數，斯疏矣。		《禮記》〈祭義〉《禮記》〈表記〉		《釋文》說，何氏讀色角反。鄭注，數讀世主反。邢《疏》吳氏嘉賓《論語說》

〈公冶長第五〉

《論語》原文	《論語》本經	其他十三經	朱注	前 人 說 法
子謂公冶長可妻也。雖在縲絏之中,非其罪也。以其子妻之。		程氏樹德《論語集釋》按《周禮》〈秋官〉		《史》遷謂爲齊人 孔安國謂爲魯人 皇《疏》引范甯云 又引《論釋》 先儒多以不經,往往避而不言 程氏樹德《論語集釋》按《周禮》〈秋官〉
子謂南容,邦有道不廢,邦無道免於刑戮。以其兄之子妻之。			古注以此爲一章,朱子與上章合一,今從古。	
子謂子賤,君子哉若人。魯無君子者,斯焉取斯。				《史記》〈弟子傳〉 包注 《呂氏春秋》〈察賢篇〉 《說苑》〈政理篇〉
子貢問曰:賜也何如。子曰:女器也。曰:何器也。曰:瑚璉也。	〈爲政篇〉:「子曰:君子不器。」			《說文》 翟氏《考異》
或曰:雍也,仁而不佞。子曰:焉用佞。禦人以口給,屢憎於人。不知其仁。焉用佞。				先儒或以爲冉伯牛之子,或以爲伯牛之宗族,難以考定。 《說文》
子使漆彫開仕。對曰:吾斯之未能信。子說。				**宋翔鳳《過庭錄》** 劉氏《正義》 《古今人表》 鄭注曰 皇《疏》引范甯曰
子曰:道不行,乘桴桴于海,從我者其由與。子路聞之喜。子曰:由也好勇過我,無所取材。				馬注 鄭注 皇《疏》

孟武伯問子路仁乎。子曰：不知也。又問。子曰：由也，千乘之國，可使治其賦也，不知其仁也。求也何如。子曰：求也，千室之邑，百乘之家，可使為之宰也，不知其仁也。赤也何如。子曰：赤也，束帶立於朝，可使與賓客言也，不知其仁也。				孔安國注 劉氏《正義》引程瑤田《論學小記》
子謂子貢曰：女與回也孰愈。對曰：賜也，何敢望回。回也，聞一以知十；賜也，聞一以知二。子曰：弗如也，吾與女弗如也。			《集注》	孔注 **漢儒** 梁氏章鉅《論語旁證》，引**輔氏廣**曰 程氏樹德《集釋》，引**何治運《雜著》** 《說文》 劉氏逢祿《論語述何》
宰予晝寢。子曰：朽木不可彫也；糞土之牆，不可杇也，於予與何誅。子曰：始吾於人也，聽其言而信其行；今吾於人也，聽其言而觀其行，於予與改是。				《論語》記者例當稱其字，……先儒考證當依古本作宰我。 《集注》胡氏 劉氏《正義》 孔安國注 皇《疏》 又引范甯云 **珊琳公（即釋慧琳）**曰
子曰：吾未見剛者。或對曰：申棖。子曰：棖也慾，焉得剛。				邢《疏》鄭云 王肅 清儒考證 鄭注 孔注 皇《疏》 李中孚《四書反身錄》
子貢曰：我不欲人之加諸我也，吾亦欲無加諸人。子曰：賜也，非爾所及也。				劉氏《正義》 程氏瑤田《論學小記》〈進德篇〉

子貢曰：夫子之文章，可得而聞也；夫子之言性與天道，不可得而聞也。		〈中庸〉《周易》		焦竑在其《筆乘》 唐疏宋注 張商英 揚子《法言》〈吾子篇〉 李軌注
子路有聞，未之能行，唯恐有聞。				**孔安國曰** 包慎言《溫故錄》 韓愈《名箴》 李二曲《四書反身錄》
子貢問曰：孔文子，何以謂之文也。子曰：敏而好學，不恥下問，是以謂之文也。				孔安國注 俞樾《羣經平議》
子謂子產，有君子之道四焉。其行己也恭，其事上也敬，其養民也惠，其使民也義。		《左傳》昭公二十年		孔安國注 邢《疏》 錢大昕《後漢書考異》 程氏《集釋》 蔡清《四書蒙引》
子曰：晏平仲，善與人交，久而敬之。		劉氏《正義》引《周禮》〈天官〉大宰		《集解》 皇本 皇《疏》 劉氏《正義》引《周禮》〈天官〉大宰 鄭康成注 《四書拾遺》引黃鶴谿《惠迪邇言》
子曰：臧文仲居蔡，山節藻梲，何如其知也。		《周禮》	宋儒張橫渠與朱子	《集解》包注
子張問曰：令尹子文，三仕為令尹，無喜色，三已之，無慍色；舊令尹之政，必以告新令尹，何如。子曰：忠矣。曰：仁矣乎。曰：未知，焉得仁。	《論語》《魯論》《古論》《論語》〈子罕篇〉	〈中庸〉《左》襄二十五年〈傳〉言《禮》〈大學篇〉		《集解》孔安國注 《集注》從之 鄭康成 皇《疏》引李充云 孔安國注 程氏《集釋》，引惠棟《九經古義》

崔子弒齊君，陳文子有馬十乘，棄而違之，至於他邦，則曰：猶君大夫崔子也。違之，之一邦，則又曰：猶吾大夫崔子也。違之，何如。子曰：清矣。曰：仁矣乎。曰：未知，焉得仁。			劉氏《正義》 何晏、孔安國、朱考亭 班固、王充、鄭康成、顏師古 顏曰 班氏 《論衡》云 班〔註3〕《漢書》〈古今人表〉
季文子三思而後行。子聞之曰：再，斯可矣。		〈中庸〉	《集注》 《集解》 鄭曰 程子曰 楊升庵說 管子 內典
子曰：甯武子，邦有道則知，邦無道則愚。其知可及也。其愚不可及也。			馬融注 孔安國注
子在陳，曰：歸與歸與，吾黨之小子狂簡〔註4〕，斐然成章，不知所以裁之。			孔注 《史記》〈孔子世家〉 〈世家〉
子曰：伯夷、叔齊，不念舊惡，怨是用希。		《孟子》〈萬章篇〉 《左傳》	《集解》 孔曰 皇《疏》 毛氏奇齡《四書改錯》 邢《疏》
子曰：孰謂微生高直，或乞醯焉，乞諸其鄰而與之。			《國策》 《莊子》 《漢書》〈古今人表〉
子曰：巧言、令色、足恭，左丘明恥之，丘〔註5〕亦恥之；匿			韓退之〈送李愿歸盤谷序〉 孔安國注

〔註3〕 班指班固。
〔註4〕 簡：《講要》選用古字，改「日」為「月」。
〔註5〕 丘，孔子自謙，《講要》為恭敬故，「丘」字少最後一筆，並讀作某。

《論語》原文	《論語》本經	其他十三經	朱注	前　人　說　法
怨而友其人，左丘明恥之，丘〔註6〕亦恥之。				
顏淵季路侍。子曰：盍各言爾志。子路曰：願車馬衣輕裘，與朋友共，敝之而無憾。顏淵曰：願無伐善，無施勞。子路曰：願聞子之志。子曰：老者安之，朋友信之，少者懷之。	〈雍也篇〉	《爾雅》〈釋詁〉〈釋言〉		阮元《校勘記》唐《石經》《管子》〈小匡〉〈齊語〉皇《疏》孔安國注劉氏《正義》
子曰：已矣乎。吾未見能見其過，而內自訟者也。			朱子《語類》	包咸注《松陽講義》
子曰：十室之邑，必有忠信如丘〔註7〕者焉，不如丘〔註8〕之好學也。	《論語》			邢《疏》尹會一《讀書筆記》

〈雍也第六〉

《論語》原文	《論語》本經	其他十三經	朱注	前　人　說　法
子曰：雍也可使南面。		《周易》〈說卦傳〉		包咸《注》
仲弓問子桑伯子。子曰：可也，簡。仲弓曰：居敬而行簡，以臨其民，不亦可乎。居簡而行簡，無乃大簡乎。子曰：雍之言然。				邢《疏》皇《疏》《釋文》引鄭注《皇疏》虞喜引《說苑》《翟氏考異》孔安國《注》鹿善繼《四書說約》

〔註6〕同上注。
〔註7〕同上注。
〔註8〕同上注。

哀公問弟子孰爲好學。孔子對曰：有顏回者好學，不遷怒，不貳過，不幸短命死矣；今也則亡，未聞好學者也。		《何晏》引《周易》〈繫辭下傳〉	朱子《集注》	何晏〈注〉 劉氏《正義》 《家語》 李氏鍇《尚史》
子華使於齊，冉子爲其母請粟。子曰：與之釜。請益。曰：與之庾。冉子與之粟五秉。子曰：赤之適齊也。乘肥馬，衣輕裘；吾聞之也，君子周急不繼富。				鄭康成《注》 馬融《注》 包咸《注》 戴震《論語補注》 劉氏《正義》 《皇疏》
原思爲之宰，與之粟九百，辭。子曰：毋，以與爾鄰里鄉黨乎。				包咸《注》 孔安國《注》 劉氏《正義》
子謂仲弓曰：犁牛之子，騂且角，雖欲勿用，山川其舍諸。				《集解》 《皇疏》 黃氏《後案》 《史記》 王肅《家語》 《淮南》〈說山訓〉
子曰：回也，其心，三月，不違仁，其餘，則日月至焉而已矣。		《中庸》		《集解》 《皇疏》 《四書辨疑》 《楞嚴經》
季康子問：仲由可使從政也與。子曰：由也果，於從政乎何有。曰：賜也可使從政也與。曰：賜也達，於從政乎何有。曰：求也可使從政也與。曰：求也藝，於從政乎何有。				包咸《注》 孔安國《注》 《皇疏》引衛瓘 《邢疏》
季氏使閔子騫爲費宰。閔子騫曰：善爲我辭焉。如有復我者，則吾必在汶上矣。				孔安國《注》

伯牛有疾，子問之，自牖執其手，曰：亡之命矣夫。斯人也而有斯疾也。斯人也而有斯疾也。		《禮記中庸》	《朱子集注》	《論語竢質》孔《注》
子曰：賢哉回也。一簞食，一瓢飲，在陋巷，人不堪其憂。回也不改其樂。賢哉回也。	〈學而篇〉子貢曰：「貧而無諂，富而無驕，何如。」子曰：「可也，未若貧而樂，富而好禮者也。」			《韓詩外傳》
冉求曰：非不說子之道，力不足也。子曰：力不足者，中道而廢，今女畫。				孔《注》
子謂子夏曰：女爲君子儒，無爲小人儒。				
子游爲武城宰。子曰：女得人焉耳乎。曰：有澹臺滅明者，行不由徑，非公事未嘗至於偃之室也。		《孟子》〈梁惠王〉		孔《注》 阮氏《校勘》 《太平御覽》 張栻《論語解》 呂祖謙《論語說》 劉氏《正義》 吳昌瑩《經詞衍釋》引《國語晉語》 《史記》〈仲尼弟子列傳〉
子曰：孟之反不伐，奔而殿，將入門，策其馬曰，非敢後也，馬不進也。		《左傳》〈哀公十一年〉		鄭《注》
子曰：不有祝鮀之佞，而有宋朝之美，難乎免於今之世矣。				皇《疏》引〈范甯說〉
子曰：誰能出不由戶，何莫由斯道也				《說文》
子曰：質勝文則野，文勝質則史，文質彬彬，然後君子。				包《注》 《說文》

子曰：人之生也直，罔之生也幸而免。		《尚書》		《皇疏》
子曰：知之者，不如好之者；好之者，不如樂之者。				包《注》 《皇疏》
子曰：中人以上，可以語上也；中人以下，不可以語上也。	〈陽貨篇〉子曰：「惟上智與下愚不移。」 〈公冶長篇〉，子貢曰：「夫子之言性與天道，不可得而聞也。」			皇邢二《疏》 劉氏《正義》
樊遲問知。子曰：務民之義，敬鬼神而遠之，可謂知矣。問仁。曰：仁者先難而後獲，可謂仁矣。	〈述而篇〉說，孔子疾病，子路請禱。孔子曰：「丘之禱久矣。」	〈禮運篇〉《禮記》〈表記篇〉《禮記》〈中庸篇〉		劉氏《正義》 孔安國《注》 皇《疏》
子曰：知者樂水，仁者樂山；知者動，仁者靜；知者樂，仁者壽				〈包曰〉 〈包曰〉 〈孔安國曰〉 〈鄭玄曰〉 《邢疏》 《皇疏》
子曰：齊一變至於魯，魯一變至於道。				《史記》〈魯周公世家〉
子曰：觚不觚，觚哉。觚哉。				
宰我問曰：仁者雖告之曰，井有仁焉，其從之也。子曰：何為其然也。君子可逝也，不可陷也。可欺也，不可罔也。		《孟子》趙岐〈注〉		〈馬融曰〉 孫奭〈疏〉 劉氏《正義》
子曰：君子博學於文，約之以禮，亦可以弗畔矣夫。		〈曲禮〉		《釋文》 馮登府《異文考證》引《後漢書》范升傳 韓、李《論語筆解》

子見南子，子路不說。夫子矢之曰：予所否者，天厭之。天厭之。			《集注》	《集解》 劉氏《正義》 邢《疏》 毛奇齡《四書改錯》
子曰：中庸之爲德也，其至矣乎。民鮮久矣。 孔子說，中庸之爲德也，至矣。	〈堯曰篇〉記載，堯命舜：「允執其中。」「舜亦以命禹。」	《禮記》〈喪服四制篇〉〈中庸〉		黃式三《論語後案》 何晏《集解》 鄭康成《注》 劉氏《正義》
子貢曰：如有博施於民，而能濟眾，何如。可謂仁乎。子曰：何事於仁，必也，聖乎堯舜其猶病諸。夫仁者，己欲立而立人，己欲達而達人，能近取譬，可謂仁之方也已。	〈述而篇〉：「子曰：志於道，據於德，依於仁，游於藝。」〈子罕篇〉顏淵喟歎：「夫子循循然善誘人。博我以文。約我以禮。」	《禮記》〈中庸〉《孟子》〈梁惠王篇〉		《白虎通》〈古聖人篇〉 「子貢曰如有博施於民章」講表

〈述而第七〉

原　文	《論語》本經	其他十三經	朱注	前人說法
子曰：述而不作，信而好古，竊比於我老彭。		《大戴禮》	朱子《集注》	包咸 楊慎《丹鉛總錄》所據《三教論》及《莊子》
子曰：默而識之，學而不厭，誨人不倦，何有於我哉。			《集注》	皇本《集解》 宧懋庸《論語稽》
子曰：德之不修，學之不講，聞義不能徙，不善不能改，是吾憂也。		《禮記》〈大學〉		
子之燕居，申申如也，夭夭如也。				《說文段注》 黃式三《論語後案》
子曰：甚矣吾衰也！久矣吾不復夢見周公。				孔安國《注》

子曰：志於道，據於德，依於仁，游於藝。	〈雍也篇〉：「夫仁者，己欲立而立人，己欲達而達人，能近取譬，可謂仁之方也已。」〈雍也篇〉：子曰：「君子博學於文，約之以禮。」	《禮記》〈中庸〉《孟子》〈盡心篇〉《禮記》〈大學〉《爾雅》〈釋訓〉《孟子》〈梁惠王篇〉《孟子》《爾雅》〈釋言〉《爾雅》〈釋水〉〈禮運篇〉		《廣韻》《起信論》《六書精蘊》《說文》《廣雅》《老子》
子曰：自行束修以上，吾未嘗無誨焉。				皇《疏》孔安國《注》《後漢書延篤傳》〈注〉引鄭玄〈論語注〉《束修異解》《四書賸言》《孔叢子》《北史》〈儒林傳〉《漢書》〈朱邑傳〉《論語筆解》《後漢書》〈延篤傳〉鄭《注》《後漢書》〈和帝紀〉〈鄭均傳〉〈馮衍傳〉〈劉般傳〉
子曰：不憤不啓，不悱不發，舉一隅不以三隅反，則不復也。				《集解》皇《疏》
子食於有喪者之側，未嘗飽也。				何晏《集解》皇《疏》
子於是日哭，則不歌。			朱子《集注》	

子謂顏淵曰：用之則行，舍之則藏，惟我與爾有是夫。子路曰：子行三軍則誰與。子曰：暴虎馮河，死而無悔者，吾不與也。必也臨事而懼，好謀而成者也。	《詩》〈小雅〉〈小旻〉		
子曰：富而可求也，雖執鞭之士，吾亦為之。如不可求，從吾所好。			焦循《論語補疏》 錢坫《論語後錄》 鄭康成《注》 《集解》
子之所慎：齊、戰、疾。	《禮記》〈祭統〉〈禮器〉〈曲禮〉		《集解》 皇《疏》 《說文》 劉氏《正義》
子在齊聞韶，三月不知肉味。曰：不圖為樂之至於斯也。		朱《注》	皇《疏》 邢《疏》 武億《經讀考異》 《漢書禮樂志》 竹氏《會箋》 《集解》 劉氏《正義》 韓愈《筆解》 蔡節《論語集說》
冉有曰：夫子為衛君乎。子貢曰：諾，吾將問之。入曰：伯夷、叔齊何人也。曰：古之賢人也。曰：怨乎。曰：求仁而得仁，又何怨。出曰：夫子不為也。			《集解》
子曰：飯疏食飲水，曲肱而枕之，樂亦在其中矣。不義而富且貴，於我如浮雲。	《中庸》	朱《注》	孔《注》 翟氏《四書考異》 鄭康成《注》
子曰：加我數年，五、十以學易，可以無大過矣。	《易》〈繫辭傳〉	朱子	《史記》孔子世家 皇《疏》 邢《疏》

				竹氏《會箋》 俞樾《羣經平議》 惠棟《論語古義》據 王肅《詩傳》 程樹德《論語集釋》 引龔元玠《十三經客 難》
子所雅言，詩書執禮 ，皆雅言也。		《爾雅》		《集解》 宋翔鳳《論語發微》 劉氏《正義》引《論 語駢枝》
葉公問孔子於子路。 子路不對。子曰：女 奚不曰，其為人也， 發憤忘食，樂以忘 憂，不知老之將至云 爾。				《集解》
子曰：我非生而知之 者，好古敏以求之者 也。	〈子罕篇〉太 宰問於子貢 曰：「夫子聖 者與，何其多 能也。」			《集解》 皇《疏》
子不語：怪、力、亂、 神。				集《解》 皇《疏》 劉氏《正義》
子曰：三人行，必有 我師焉。擇其善者而 從之，其不善者而改 之。				《集解》何晏注 皇《疏》 劉氏《正義》 陳天祥《四書辨疑》
子曰：天生德於予， 桓魋其如予何。		《孟子》〈萬 章篇〉		《史記》孔子世家 《集解》
子曰：二三子以我為 隱乎，吾無隱乎爾， 吾無行而不與二三 子者，是丘也。		〈大學〉		《集解》 《論語集釋》
子以四教：文、行、 忠、信。				皇《疏》 王伯厚《困學紀聞》 陳天祥《四書辨疑》

子曰：聖人吾不得而見之矣，得見君子者，斯可矣。子曰：善人吾不得而見之矣，得見有恒者斯可矣。亡而爲有，虛而爲盈，約而爲泰，難乎有恒矣。	〈公冶長〉篇：「子謂子賤，君子哉若人，魯無君子者，斯焉取斯。」		朱子《集注》	竹氏《會箋》 劉氏《正義》 程樹德氏《集釋》 何平叔《集解》 皇《疏》 邢《疏》
子釣而不綱，弋不射宿。				《集解》 皇《疏》 竹氏《會箋》 物茂卿《論語徵》
子曰：蓋有不知而作之者，我無是也；多聞，擇其善者而從之，多見而識之，知之次也。		《孟子〈滕文公篇〉》 《禮記》〈檀弓〉		《集解》 《家語》
互鄉難與言，童子見，門人惑。子曰：與其進也，不與其退也。唯、何甚。人潔己以進，與其潔也，不保其往也。				《集解》 劉氏《正義》
子曰：仁遠乎哉。我欲仁，斯仁至矣。		《中庸》引《詩》〈豳風〉〈伐柯篇〉		焦竑《筆乘》 《說文》 《集韻》 《唯識論》
陳司敗問：昭公知禮乎。孔子曰：知禮。孔子退。揖巫馬期而進之曰：吾聞君子不黨，君子亦黨乎。君取於吳，爲同姓，謂之吳孟子。君而知禮，孰不知禮。巫馬期以告。子曰：丘也幸，苟有過，人必知之。		《禮記》〈大傳〉 《禮記》〈坊記〉		《集解》孔安國引僖元年《左傳》 邢《疏》 皇《疏》
與人歌而善，必使反之，而後和之。				

原　文	《論語》本經	其他十三經	朱注	前　人　說　法
子曰：文，莫吾猶人也，躬行君子，則吾未之有得。				
子曰：若聖與仁，則吾豈敢，抑爲之不厭，誨人不倦，則可謂云爾已矣。公西華曰：正唯弟子不能學也。				程樹德《集釋》引湛淵《靜語》 程氏《集釋》引胡紹勳《四書拾義》 《說文》段〈注〉
子疾病，子路請禱。子曰：有諸。子路對曰：有之，誄曰「禱爾于上下神祇」。子曰：丘之禱久矣。				《集解》包咸《注》 《說文》
子曰：奢則不孫，儉則固；與其不孫也，寧固。				《集解》
子曰：君子坦蕩蕩，小人長戚戚。				鄭康成《注》 黃式三《論語後案》引《詩經》〈小雅〉節南山 程氏《集釋》引李二曲《四書反身錄》
子溫而厲，威而不猛，恭而安。				

〈泰伯第八〉

原　文	《論語》本經	其他十三經	朱注	前　人　說　法
子曰：泰伯其可謂至德也已矣，三以天下讓，民無得而稱焉。				邢昺《疏》引鄭玄〈注〉 王充《論衡》四諱篇
子曰：恭而無禮則勞，愼而無禮則蒽，勇而無禮則亂，直而無禮則絞。				馬《注》 劉氏《正義》
君子篤於親，則民興於仁。故舊不遺，則民不偷。		《禮記》〈檀弓〉		宋吳棫《論語續解》 陳天祥《四書辨疑》

曾子有疾，召門弟子曰：啓予足，啓予手。詩云：「戰戰兢兢，如臨深淵，如履薄冰。」而今而後，吾知免夫，小子。		毛《詩傳》		《集解》鄭玄
曾子有疾，孟敬子問之。曾子言曰：鳥之將死，其鳴也哀。人之將死，其言也善。君子所貴乎道者三：動容貌，斯遠暴慢矣；正顏色，斯近信矣；出辭氣，斯遠鄙倍矣。籩豆之事，則有司存。		《禮記》〈曲禮〉		《集解》邢《疏》鄭康成《注解》竹添光鴻
曾子曰：以能問於不能；以多問於寡；有若無，實若虛，犯而不校；昔者吾友，嘗從事於斯矣。		鄭注《檀弓》		皇《疏》包《注》馬融《注》劉寶楠《正義》《韓詩外傳》
曾子曰：可以託六尺之孤，可以寄百里之命，臨大節，而不可奪也；君子人與？君子人也。				邢《疏》引鄭康成《注》
曾子曰：士不可以不弘毅，任重而道遠，仁以為己任，不亦重乎。死而後已，不亦遠乎。		《易經》		包《注》
興於詩，立於禮，成於樂。		《尚書》〈舜典〉《毛詩序》《禮記》〈中庸〉《禮記》〈曲禮〉〈舜典〉《禮記》〈樂記〉		《集解》包《注》皇《疏》

子曰：民可使由之，不可使知之。	〈季氏篇〉：「孔子曰，天下有道，則禮樂征伐自天子出。」	《禮記》〈中庸〉程氏樹德《集釋》引《孟子》〈盡心篇〉		《集解》何晏〈注〉程氏樹德《集釋》引《孟子》〈盡心篇〉
子曰：好勇疾貧，亂也；人而不仁，疾之已甚，亂也。	〈里仁篇〉：「貧與賤，是人之所惡也。」			劉氏《正義》程氏《集釋》
子曰：如有周公之才之美，使驕且吝，其餘不足觀也已。				
子曰：三年學，不至於穀，不易得也。				
子曰：篤信好學，守死善道。危邦不入，亂邦不居。天下有道則見，無道則隱。邦有道，貧且賤焉，恥也。邦無道，富且貴焉，恥也。				
子曰：不在其位，不謀其政。				《集解》孔安國
子曰：師摯之始，關雎之亂，洋洋乎盈耳哉。				清儒劉台拱《論語駢枝》淩廷堪《禮經釋例》鄭《注》劉氏《正義》
子曰：狂而不直，侗而不愿，悾悾而不信，吾不知之矣。				孔安國
子曰：學如不及。猶恐失之。				劉氏《正義》
子曰：巍巍乎。舜禹之有天下也，而不與焉。	學而篇：「子禽問於子貢曰，夫子至於是邦也，必聞其政。求之與，抑與之與。」			《集解》何晏〈注〉劉氏《正義》

原　　文	《論語》本經	其他十三經	朱注	前　人　說　法
子曰：大哉堯之爲君也。巍巍乎。唯天爲大，唯堯則之；蕩蕩乎。民無能名焉；巍巍乎。其有成功也，煥乎其有文章。				孔《注》 皇《疏》引用王弼《注》解
舜有臣五人，而天下治。武王曰：予有亂臣十人。孔子曰：才難，不其然乎。唐虞之際，於斯爲盛，有婦人焉，九人而已；三分天下有其二，以服事殷，周之德，其可謂至德也已矣。		《尙書》〈泰誓〉 《孟子》〈梁惠王篇〉		《集解》馬融說 《集解》包咸 劉寶楠《正義》引《左傳》襄公四年
子曰：禹，吾無間然矣。菲飲食而致孝乎鬼神，惡衣服而致美乎黻冕，卑宮室而盡力乎溝洫；禹，吾無間然矣。		《尙書》〈益稷篇〉		皇《疏》引李充曰

〈子罕第九〉

原　　文	《論語》本經	其他十三經	朱注	前　人　說　法
子罕言利與命與仁	〈里仁篇〉「仁者安仁，知者利仁」，「放於利而行，多怨」。 〈堯曰篇〉「不知命，無以爲君子也」	《周禮》〈春官〉〈大司樂〉注		《說文》 《集解》
達巷黨人曰：大哉孔子。博學而無所成名。子聞之。謂門弟子曰：吾何執。執御乎。執射乎。吾執御矣。				《集解》 皇《疏》 劉氏《正義》
子曰：麻冕、禮也。今也純、儉、吾從眾。				王肅〈注〉

拜下、禮也。今拜乎上，泰也。雖違眾，吾從下。				
子絕四：毋意，毋必，毋固，毋我。	〈學而篇〉：「子曰，主忠信」。〈子路篇〉：「子曰，言必信，行必果，硜硜然，小人哉」。又，葉公語孔子：「吾黨有直躬者，其父攘羊，而子證之。孔子曰，吾黨之直者異於是，父為子隱，子為父隱，直在其中矣。」	《中庸》《易》〈繫辭傳〉		鄭汝諧《論語意原》程樹德《論語集釋》
子畏於匡，曰：文王既沒，文不在茲乎。天之將喪斯文也，後死者不得與於斯文也；天之未喪斯文也，匡人其如予何。		《禮記》〈檀弓〉《禮記》〈中庸篇〉		俞曲園《羣經平議》引《荀子》賦篇《集解》皇《疏》
大宰問於子貢曰：夫子聖者與。何其多能也。子貢曰：固天縱之將聖，又多能也。子聞之曰：大宰知我乎。吾少也賤，故多能鄙事。君子多乎哉。不多也。				《集解》劉氏《正義》程樹德《論語集釋》引李中孚《四書反身錄》
牢曰：子云，吾不試，故藝。			朱子《集注》採吳氏說	邢《疏》《集解》
子曰：吾有知乎哉？無知也。有鄙夫問於我，空空如也。我叩其兩端而竭焉。		《中庸》		明儒焦竑《焦氏筆乘》

子曰：鳳鳥不至，河不出圖，吾已矣夫。		《尚書》〈益稷篇〉 《周易》〈繫辭傳〉		《集解》孔安國《注》
子見齊衰者，冕衣裳者，與瞽者。見之，雖少必作，過之必趨。				皇《疏》 劉寶楠《論語正義》
顏淵喟然歎曰：仰之彌高，鑽之彌堅，瞻之在前，忽焉在後。夫子循循然善誘人。博我以文，約我以禮。欲罷不能，既竭吾才，如有所立，卓爾。雖欲從之，末由也已。	〈里仁篇〉：「子曰，朝聞道，夕死可矣。」	《中庸》		何晏〈注〉
子疾病，子路使門人為臣。病閒，曰：久矣哉，由之行詐也。無臣而為有臣。吾誰欺。欺天乎。且予與其死於臣之手也，無寧死於二三子之手乎。且予縱不得大葬，予死於道路乎。				《集解》
子貢曰：有美玉於斯，韞櫝而藏諸。求善賈而沽諸。子曰：沽之哉，沽之哉，我待賈者也。				馬融《注》
子欲居九夷。或曰：陋，如之何。子曰：君子居之，何陋之有。				
子曰：吾自衛反魯，然後樂正，雅頌各得其所。				鄭《注》 皇侃《疏》
子曰：出則事公卿，入則事父兄，喪事不敢不勉，不為酒困，何有於我哉。		《書經》	朱子《集注》	皇侃《疏》引用衛瓘
子在川上，曰：逝者如斯夫，不舍晝夜。				

子曰：吾未見好德如好色者也。			劉寶楠《正義》
子曰：譬如爲山，未成一簣，止、吾止也；譬如平地，雖覆一簣，進、吾往也。			竹添光鴻氏
子曰：語之而不惰者，其回也與。			《集解》
子謂顏淵曰：惜乎。吾見其進也，未見其止也。			
子曰：苗而不秀者有矣夫，秀而不實者有矣夫。			
子曰：後生可畏，焉知來者之不如今也；四十五十而無聞焉，斯亦不足畏也已。		朱子	皇《疏》 邢《疏》
子曰：法語之言，能無從乎，改之爲貴；巽與之言，能無說乎，繹之爲貴；說而不繹，從而不改，吾末如之何也已矣。			
子曰：主忠信，毋友不如己者，過則勿憚改。			鄭康成《注》 皇侃引范甯說 邢昺《疏》
子曰：三軍可奪帥也，匹夫不可奪志也。			孔安國《注》 劉寶楠《正義》引《尚書堯典疏》
子曰：衣敝縕袍，與衣狐貉者立，而不恥者，其由也與。			
「不忮不求，何用不臧。」子路終身誦之。子曰：是道也，何足以臧。			劉寶楠《正義》採孔廣森《經學卮言》 馬融《注》 鄭康成〈詩箋〉 劉寶楠引《韓詩外傳》

原文	《論語》本經	其他十三經	朱注	前人說法
子曰：歲寒，然後知松柏之後凋也。				何晏〈注〉 劉寶楠引翟灝《四書考異》 《莊子》〈讓王篇〉
子曰：知者不惑，仁者不憂，勇者不懼。		《禮記》〈中庸篇〉		
子曰：可與共學，未可與適道；可與適道，未可與立；可與立，未可與權。				
「唐棣之華，偏其反而。豈不爾思，室是遠而。」子曰：未之思也，夫何遠之有。				何晏《集解》

〈鄉黨第十〉

原　文	《論語》本經	其他十三經	朱注	前　人　說　法
孔子於鄉黨，恂恂如也，似不能言者。其在宗廟朝廷，便便言，唯謹爾。				皇《疏》和邢《疏》 王肅〈注〉 鄭康成《注》 《白虎通》
朝，與下大夫言，侃侃如也；與上大夫言，誾誾如也。君在，踧踖如也，與與如也。		《爾雅》〈釋詁〉		孔《注》 劉寶楠說 《說文》 馬融《注》
君召使擯，色、勃如也，足、躩如也；揖所與立，左右手，衣前後，襜如也；趨進，翼如也；賓退，必復命，曰：賓不顧矣。		《爾雅》〈釋詁〉		
入公門，鞠躬如也，如不容。立不中門，行不履閾。過位，色、勃如也，足、躩如也，其言似不足者。攝齊升堂，鞠躬如也，屏				皇《疏》

氣似不息者。出，降一等，逞顏色，怡怡如也。沒階，趨進，翼如也。復其位，踧踖如也。				
執圭，鞠躬如也，如不勝。上如揖，下如授，勃如戰色，足蹜蹜如有循。享禮，有容色。私覿，愉愉如也。				劉寶楠用鄭《注》 竹添光鴻 江永《鄉黨圖考》
君子不以紺緅飾，紅紫不以爲褻服。當暑，袗絺綌，必表而出之。緇衣羔裘，素衣麑裘，黃衣狐裘。褻裘長，短右袂。必有寢衣，長一身有半。狐貉之厚以居。去喪，無所不佩。非帷裳，必殺之。羔裘玄冠，不以弔。吉月，必朝服而朝。		〈禮運〉		王肅〈注〉 皇《疏》引穎子嚴 孔安國《注》 劉寶楠舉《御覽》引鄭《注》 皇《疏》 孔《注》 王肅〈注〉 皇侃《疏》 江永《鄉黨圖考》 程樹德《論語集釋》 採夏炘《學禮管釋》說
齊，必有明衣，布。齊必變食，居必遷坐。食不厭精，膾不厭細。食饐而餲，魚餒而肉敗不食，色惡不食，臭惡不食，失飪不食，不時不食。割不正不食，不得其醬不食。肉雖多，不使勝食氣。惟酒無量，不及亂。沽酒市脯不食。不撤薑食，不多食。祭於公，不宿肉，祭肉不出三日，出三日，不食之矣。食不語，寢不言。雖蔬食菜羹瓜，祭，必齊如也。席不正，不坐。				皇《疏》引范甯 皇《疏》引江熙 竹添光鴻 劉寶楠《正義》 鄭康成

鄉人飲酒，杖者出，斯出矣。鄉人儺，朝服而立於阼階。		《禮記》〈王制篇〉 《儀禮》〈鄉飲酒禮篇〉 《禮記》〈鄉飲酒義篇〉		皇侃《疏》
問人於他邦，再拜而送之。康子饋藥，拜而受之。曰：丘未達，不敢嘗。		《禮記》〈玉藻〉		
廄焚。子退朝，曰：傷人乎。不問馬。		《禮記》〈雜記篇〉		《鹽鐵論》〈刑德篇〉 《孔子家語》〈子貢篇〉
君賜食，必正席先嘗之。君賜腥，必熟而薦之。君賜生，必畜之。侍食於君，君祭，先飯。疾，君視之，東首，加朝服，拖紳。君命召，不俟駕行矣。		《禮記》〈玉藻〉 《禮記》〈曲禮〉		鄭康成《注》
入太廟，每事問				鄭康成《注》 皇《疏》
朋友死，無所歸，曰：於我殯。朋友之饋，雖車馬，非祭肉，不拜。				《集解》 孔安國《注》
寢不尸，居不容。見齊衰者，雖狎必變。見冕者與瞽者，雖褻必以貌。凶服者式之。式負版者。有盛饌，必變色而作。迅雷風烈，必變。		《禮記》〈玉藻〉		《經典釋文》 唐石經 孔《注》
升車，必正立，執綏。車中不內顧，不疾言，不親指。				

原　　文	《論語》本經	其他十三經	朱注	前 人 說 法
色斯舉矣，翔而後集。曰：山梁雌雉，時哉時哉。子路共之，三嗅而作。		《爾雅》〈釋獸〉郭璞〈注〉	《集注》引劉聘君	竹添光鴻《集解》 劉氏《正義》 唐石經 清儒江聲《論語竢質》 劉氏《正義》引劉氏逢祿《論語述何》

〈先進第十一〉

原　　文	《論語》本經	其他十三經	朱注	前 人 說 法
子曰：先進於禮樂，野人也。後進於禮樂，君子也。如用之，則吾從先進。				
子曰：從我於陳蔡者，皆不及門也。		《孟子》〈盡心篇〉	朱子《集注》	《經典釋文》 《史記》〈孔子世家〉 鄭康成《注》 <u>劉寶楠《正義》引《孟子》〈盡心篇〉</u> 《弟子列傳》 《呂氏春秋》〈慎人篇〉
德行，顏淵、閔子騫、冉伯牛、仲弓。言語，宰我、子貢。政事，冉有、季路。文學，子游、子夏。				皇《疏》
子曰：回也，非助我者也，於吾言無所不說。				
子曰：孝哉閔子騫，人不閒於其父母昆弟之言。		《毛詩》〈大雅〉〈抑篇〉		《韓詩外傳》 《藝文類聚》〈孝部〉引《說苑》
南容三復白圭。孔子以其兄之子妻之。		《大戴禮》〈衛將軍文子篇〉		

季康子問：弟子孰爲好學。孔子對曰：有顏回者好學，不幸短命死矣。今也則亡。	〈雍也篇〉「哀公問弟子孰爲好學？孔子對曰：有顏回者好學。不遷怒，不貳過，不幸短命死矣。今也則亡，未聞好學者也。」		
顏淵死，顏路請子之車以爲之椁。子曰：才不才，亦各言其子也。鯉也死，有棺而無椁。吾不徒行以爲之椁。以吾從大夫之後，不可徒行也。			
顏淵死，子曰：噫。天喪予。天喪予。			
顏淵死，子哭之慟。從者曰：子慟矣。曰：有慟乎。非夫人之爲慟，而誰爲。			《集解》馬融《注》
顏淵死，門人欲厚葬之。子曰：不可。門人厚葬之。子曰：回也，視予猶父也，予不得視猶子也，非我也，夫二三子也。	《禮記》〈檀弓上篇〉		
季路問事鬼神。子曰：未能事人，焉能事鬼。曰：敢問死。曰：未知生，焉知死。			程樹德《論語集釋》引康有爲《論語注》
閔子侍側，誾誾如也；子路，行行如也；冉有、子貢，侃侃如也，子樂。曰：若由也，不得其死然			鄭康成《注》 劉寶楠《正義》 皇侃《疏》 宋蔡節《論語集》 洪頤煊《讀書叢錄》

魯人爲長府。閔子騫曰：仍舊貫，如之何。何必改作。子曰：夫人不言，言必有中。	〈八佾篇〉「哀公問社於宰我，宰我對曰：夏后氏以松，殷人以柏，周人以栗，曰，使民戰栗。孔子聞之曰：成事不說，遂事不諫，既往不咎。」		《集解》鄭《注》劉氏《正義》
子曰：由之瑟，奚爲於丘之門。門人不敬子路。子曰：由也升堂矣，未入於室也。			《白虎通》〈禮樂篇〉《集解》馬《注》《說苑》〈修文篇〉《孔子家語》
子貢問：師與商也孰賢。子曰：師也過，商也不及。曰：然則師愈與。子曰：過猶不及。			
季氏富於周公，而求也爲之聚斂而附益之。子曰：非吾徒也。小子鳴鼓而攻之，可也。	《禮記》〈大學〉《左傳》		
柴也愚，參也魯，師也辟，由也喭。子曰：回也其庶乎，屢空。賜不受命，而貨殖焉，億則屢中。		《左傳》	朱子《集注》	《集解》朱子《集注》引《孔子家語》黃氏《論語後案》竹氏《會箋》
子張問善人之道。子曰：不踐跡，亦不入於室。			
子曰：論篤是與。君子者乎。色莊者乎。		朱子《集注》	《集解》何晏《注》皇《疏》陳天祥《四書辨疑》

子路問：聞斯行諸。子曰：有父兄在，如之何其聞斯行之。冉有問：聞斯行諸。子曰：聞斯行之。公西華曰：由也問聞斯行諸，子曰有父兄在。求也問聞斯行諸，子曰聞斯行之。赤也惑，敢問。子曰：求也退，故進之。由也兼人，故退之。			
子畏於匡，顏淵後。子曰：吾以女爲死矣。曰：子在，回何敢死。	〈子罕篇〉「子畏於匡，曰：文王既沒，文不在茲乎！天之將喪斯文也，後死者，不得與於斯文也。天之未喪斯文也，匡人其如予何？」		
季子然問：仲由、冉求，可謂大臣與。子曰：吾以子爲異之問，曾由與求之問。所謂大臣者，以道事君，不可則止。今由與求也，可謂具臣矣。曰：然則從之者與。子曰：弑父與君，亦不從也。			孔《注》
子路使子羔爲費宰。子曰：賊夫人之子。子路曰：有民人焉，有社稷焉，何必讀書，然後爲學。子曰：是故惡夫佞者。			
子路、曾晳、冉有、公西華侍坐。子曰：以吾一日長乎爾，毋		《孟子》〈梁惠王篇〉《禮記》〈儒行	胡紹勳《四書拾義》《經典釋文》鄭本

吾以也。居則曰：不吾知也。如或知爾，則何以哉。子路率爾而對曰：千乘之國，攝乎大國之間，加之以師旅，因之以饑饉。由也爲之，比及三年，可使有勇，且知方也。夫子哂之。求，爾何如。對曰：方六七十，如五六十。求也爲之，比及三年，可使足民。如其禮樂，以俟君子。赤，爾何如。對曰：非曰能之，願學焉。宗廟之事，如會同，端章甫，願爲小相焉。點，爾何如。鼓瑟希，鏗爾，舍瑟而作。對曰：異乎三子者之撰。子曰：何傷乎，亦各言其志也。曰：莫春者，春服既成，冠者五六人，童子六七人，浴乎沂，風乎舞雩，詠而歸。夫子喟然嘆曰：吾與點也。三子者出，曾皙後。曾皙曰：夫三子者之言何如。子曰：亦各言其志也已矣。曰：夫子何哂由也。曰：爲國以禮，其言不讓，是故哂之。唯，求則非邦也與。安見方六七十，如五六十，而非邦也者。唯，赤則非邦也與。宗廟會同，非諸侯而何。赤也爲之小，孰能爲之大。	篇〉 朱子《集注》 《周易》〈繫辭傳〉		《說文》 皇《疏》 邢《疏》 徐英《論語會箋》

〈顏淵第十二〉

原　文	《論語》本經	其他十三經	朱注	前 人 說 法
顏淵問仁。子曰：克己復禮爲仁。一日克己復禮，天下歸仁焉。爲仁由己，而由人乎哉。顏淵曰：請問其目。子曰：非禮勿視，非禮勿聽，非禮勿言，非禮勿動。顏淵曰：回雖不敏，請事斯語矣。		《左傳》《禮記》〈中庸〉		俞曲園《羣經平議》孔《注》馬融《注》皇侃《疏》
仲弓問仁。子曰：出門如見大賓，使民如承大祭。己所不欲，勿施於人。在邦無怨，在家無怨。仲弓曰：雍雖不敏，請事斯語矣。		《左傳》		阮元《揅經室集》《管子》〈小問篇〉引語
司馬牛問仁。子曰：仁者，其言也訒。曰：其言也訒，斯謂之仁已乎。子曰：爲之難，言之得無訒乎。				
司馬牛問君子。子曰：君子不憂不懼。曰：不憂不懼，斯謂之君子已乎。子曰：內省不疚，夫何憂何懼。				
司馬牛憂曰：人皆有兄弟，我獨亡。子夏曰：商聞之矣，死生有命，富貴在天。君子敬而無失，與人恭而有禮。四海之內，皆兄弟也。君子何患乎無兄弟也。		《左傳》		鄭康成《注》
子張問明。子曰：浸潤之譖，膚受之愬，不行焉，可謂明也已矣。浸潤之譖，膚受之愬，不行焉，可謂遠也已矣。				鄭《注》馬《注》皇《疏》
子貢問政。子曰：足食，足兵，民信之矣。子貢曰：必不得已而去，於斯三者何先。曰：去兵。子貢曰：必不得已而去，於斯二者何先。曰：去食。自古皆有死，民無信不立。				

棘子成曰：君子質而已矣，何以文為。子貢曰：惜乎，夫子之說君子也，駟不及舌。文猶質也，質猶文也，虎豹之鞹，猶犬羊之鞹。			《集解》孔安國《注》
哀公問於有若曰：年饑、用不足，如之何。有若對曰：盍徹乎。曰：二，吾猶不足，如之何其徹也？對曰：百姓足，君孰與不足。百姓不足，君孰與足。		《孟子》〈滕文公篇〉	鄭康成《注》皇《疏》引《孟子》〈滕文公篇〉皇《疏》引江熙姚氏鼐《惜抱軒經》
子張問崇德辨惑。子曰：主忠信，徙義，崇德也。愛之欲其生，惡之欲其死，既欲其生，又欲其死，是惑也。「誠不以富，亦祇以異」。		《詩經》〈小雅〉〈我行其野篇〉	朱子《集注》引程子	劉氏《正義》引吳氏《嘉賓》《集解》鄭康成《注》
齊景公問政於孔子。孔子對曰：君君，臣臣，父父，子子。公曰：善哉。信如君不君，臣不臣，父不父，子不子。雖有粟，吾得而食諸。			
子曰：片言可以折獄者，其由也與。子路無宿諾。			
子曰：聽訟，吾猶人也。必也，使無訟乎。			
子張問政。子曰：居之無倦，行之以忠。			
子曰：博學於文，約之以禮，亦可以弗畔矣夫。	〈雍也篇〉「子曰：君子博學於文，約之以禮，亦可以弗畔矣夫。」		鄭康成《注》
子曰：君子成人之美，不成人之惡。小人反是。		《春秋》〈穀梁〉隱公元年傳《大戴禮》〈曾子立事篇〉	古注引《春秋》〈穀梁〉隱公元年傳劉氏《正義》引《大戴禮》〈曾子立事篇〉
季康子問政於孔子。孔子對曰：政者正也。子帥以正，孰敢不正。			

季康子患盜，問於孔子。孔子對曰：苟子之不欲，雖賞之不竊。				《說文》
季康子問政於孔子曰：如殺無道，以就有道，何如。孔子對曰：子為政，焉用殺。子欲善，而民善矣。君子之德風，小人之德草。草上之風，必偃。				
子張問：士，何如斯可謂之達矣。子曰：何哉，爾所謂達者。子張對曰：在邦必聞，在家必聞。子曰：是聞也，非達也。夫達也者，質直而好義，察言而觀色，慮以下人，在邦必達，在家必達。夫聞也者，色取仁而行違，居之不疑，在邦必聞，在家必聞。				鄭康成《注》馬融《注》俞曲園《羣經平議》
樊遲從遊於舞雩之下。曰：敢問崇德，脩慝，辨惑。子曰：善哉問。先事後得，非崇德與。攻其惡，無攻人之惡，非脩慝與。一朝之忿，忘其身，以及其親，非惑與。	〈學而篇〉曾子曰：「吾日三省吾身」			劉氏《正義》皇《疏》皇《疏》引〈季氏篇〉
樊遲問仁。子曰：愛人。問知。子曰：知人。樊遲未達。子曰：舉直錯諸枉，能使枉者直。樊遲退。見子夏曰：鄉也，吾見於夫子而問知。子曰：「舉直錯諸枉，能使枉者直。」何謂也？子夏曰：富哉言乎。舜有天下，選於眾，舉皋陶，不仁者遠矣。湯有天下，選於眾，舉伊尹，不仁者遠矣。				皇《疏》引蔡謨《注》劉氏《正義》引宋翔鳳《論語發微》
子貢問友。子曰：忠告而善道之，不可則止，毋自辱焉。				皇《疏》《集解》包《注》
曾子曰：君子以文會友，以友輔仁。				

〈子路第十三〉

原　文	《論語》本經	其他十三經	朱注	古　注
子路問政。子曰：先之勞之。請益。曰：無倦。	〈顏淵篇〉「顏淵問仁。子曰：克己復禮爲仁，一日克己復禮，天下歸仁焉。爲仁由己，而由人乎哉。顏淵曰：請問其目。曰：非禮勿視，非禮勿聽，非禮勿言，非禮勿動。顏淵曰：回雖不敏，請事斯語矣。」	《禮記》〈禮運篇〉		
仲弓爲季氏宰，問政。子曰：先有司，赦小過，舉賢才。曰：焉知賢才而舉之。曰：舉爾所知。爾所不知，人其舍諸。				
子路曰：衛君待子而爲政，子將奚先。子曰：必也正名乎。子路曰：有是哉。子之迂也。奚其正。子曰：野哉。由也。君子於其所不知，蓋闕如也。名不正，則言不順。言不順，則事不成。事不成，則禮樂不興。禮樂不興，則刑罰不中。刑罰不中，則民無所措手足。故君子名之必可言也，言之必可行也。君子於其言，無所苟而已矣。		《左傳》		《史記》〈孔子世家〉 馬融《注》 鄭康成《注》
樊遲請學稼。子曰：吾不如老農。請學爲圃。曰：吾不如老圃。樊遲出。子曰：小人哉。樊須也。上好禮，則民莫敢不敬。上好義，則民莫敢不服。上好信，則民莫敢不用情。		《孟子》〈滕文公篇〉		

夫如是,則四方之民,襁負其子而至矣,焉用稼。				
子曰:誦詩三百,授之以政,不達。使於四方,不能專對。雖多,亦奚以為。	〈季氏篇〉「陳亢問於伯魚曰:子亦有異聞乎?對曰:未也,嘗獨立,鯉趨而過庭,曰:學詩乎?對曰:未也。不學詩無以言。鯉退而學詩。他日又獨立,鯉趨而過庭,曰:學禮乎?對曰:未也。不學禮無以立,鯉退而學禮。陳亢退而喜曰:問一得三,聞詩聞禮,又聞君子之遠其子也。」	《毛詩》〈序〉《公羊傳》		《漢書》〈藝文志〉古注舉《公羊傳》
子曰:其身正,不令而行;其身不正,雖令不從。	〈顏淵篇〉「季康子問政於孔子。孔子對曰:政者正也,子帥以正,孰敢不正?」			皇《疏》
子曰:魯衛之政兄弟也。		《左傳》	朱子《集注》	《集解》包《注》皇《疏》
子謂衛公子荊善居室。始有,曰:苟合矣。少有,曰:苟完矣。富有,曰:苟美矣。		《周易》〈繫辭傳〉《左傳》		皇《疏》王引之《經傳釋詞》俞氏《羣經平議》
子適衛,冉有僕。子曰:庶矣哉。冉有曰:既庶矣,又何加焉。曰:富之。曰:既富矣,又何加焉。曰:教之。		《禮記》〈大學〉《禮記》〈檀弓〉		
子曰:苟有用我者,期月而已可也,三年有成。				《史記》〈孔子世家〉
子曰:「善人為邦百年,亦可以勝殘去殺矣。」誠哉,是言也。				《集解》王《注》

子曰：如有王者，必世而後仁。			《集解》孔安國《注》
子曰：苟正其身矣，於從政乎何有。不能正其身，如正人何。			皇《疏》
冉子退朝。子曰：何晏也。對曰：有政。子曰：其事也。如有政，雖不吾以，吾其與聞之。			劉氏《正義》引鄭康成《注》 竹氏《會箋》
定公問：一言而可以興邦，有諸。孔子對曰：言不可以若是，其幾也。人之言曰：「爲君難，爲臣不易。」如知爲君之難也，不幾乎一言而興邦乎。曰：一言而喪邦，有諸。孔子對曰：言不可以若是，其幾也。人之言曰：「予無樂乎爲君，唯其言而莫予違也。」如其善而莫之違也，不亦善乎。如不善而莫之違也，不幾乎一言而喪邦乎。			
葉公問政。子曰：近者說，遠者來。			梁章鉅《論語旁證》引徐氏《續高》 竹氏《會箋》
子夏爲莒父宰，問政。子曰：無欲速，無見小利。欲速則不達，見小利則大事不成。			鄭康成《注》
葉公語孔子曰：吾黨有直躬者，其父攘羊，而子證之。孔子曰：吾黨之直者異於是。父爲子隱，子爲父隱，直在其中矣。		《曲禮》鄭《注》	《經典釋文》引鄭康成《注》 淮南子《氾論訓高》誘《注》 《說文》 段《注》引《曲禮》鄭《注》 邢昺《疏》 皇侃《疏》

樊遲問仁。子曰：居處恭，執事敬，與人忠；雖之夷狄，不可棄也。		《尚書》〈無逸篇〉疏引鄭《注》		《說文》 竹氏《會箋》引《尚書》〈無逸篇〉疏引鄭《注》
子貢問曰：何如斯可謂之士矣。子曰：行己有恥，使於四方，不辱君命，可謂士矣。曰：敢問其次。曰：宗族稱孝焉，鄉黨稱弟焉。曰：敢問其次。曰：言必信，行必果，硜硜然小人哉，抑亦可以為次矣。曰：今之從政者何如。子曰：噫！斗筲之人，何足算也。				鄭《注》
子曰：不得中行而與之，必也狂狷乎。狂者進取，狷者有所不為也。		《孟子》〈盡心篇〉		竹氏《會箋》 邢《疏》 包《注》
子曰：南人有言曰：「人而無恒，不可以作巫醫。」善夫，「不恒其德，或承之羞。」子曰：不占而已矣。		《禮記》〈緇衣篇〉		皇《疏》 毛西河、俞曲園據《禮記》〈緇衣篇〉 《集解》鄭《注》 皇《疏》引衛瓘 《集解》孔安國《注》 《周易集解》引荀爽 皇《疏》引《毛詩》及《老子》古注
子曰：君子和而不同，小人同而不和。		《左傳》		
子貢問曰：鄉人皆好之，何如。子曰：未可也。鄉人皆惡之，何如。子曰：未可也。不如鄉人之善者好之，其不善者惡之。				

原　　文	《論語》本經	其他十三經	朱注	古注
子曰：君子易事而難說也，說之不以道，不說也。及其使人也，器之。小人難事而易說也，說之雖不以道，說也。及其使人也，求備焉。				毛西河《論語稽求篇》引《先聽齋講錄》 程氏樹德《論語集釋案語》 皇《疏》 翟灝《四書考異》
子曰：君子泰而不驕，小人驕而不泰。	〈堯曰篇〉「君子無眾寡，無小大，無敢慢，斯不亦泰而不驕乎。」			程氏《集釋》取李塨《論語傳注》
子曰：剛、毅、木、訥近仁。	〈學而篇〉「子曰：巧言令色，鮮矣仁。」	《中庸》		鄭《注》 《集解》王肅《注》 劉氏《正義》 洪邁《容齋隨筆》
子路問曰：何如斯可謂之士矣。子曰：切切偲偲，怡怡如也，可謂士矣。朋友切切偲偲，兄弟怡怡。		《毛詩小雅》〈常棣傳〉		劉氏《正義》 《集解》馬融《注》 孔穎達《疏》
子曰：善人教民七年，亦可以即戎矣。			朱子《集注》	吳氏《嘉賓論語》 《集解》包《注》
子曰：以不教民戰，是謂棄之。				《集解》馬《注》

〈憲問第十四〉

原　　文	《論語》本經	其他十三經	朱注	古注
憲問恥。子曰：邦有道，穀。邦無道，穀，恥也。克、伐、怨、欲不行焉，可以為仁矣。子曰：可以為難矣，仁則吾不知也。	〈泰伯篇〉「邦有道，貧且賤焉，恥也。」			《史記》〈仲尼弟子列傳〉 《集解》孔安國《注》 朱子《集注》 《集解》馬融《注》 程氏《集釋》舉阮元《論仁篇》
子曰：士而懷居，不足以為士矣。				

子曰：邦有道，危言，危行。邦無道，危行，言孫。			《廣雅》 何氏《集解》
子曰：有德者必有言，有言者不必有德。仁者必有勇，勇者不必有仁。			竹氏《會箋》
南宮适問於孔子曰：羿善射，奡盪舟，俱不得其死然。禹稷躬稼而有天下。夫子不答。南宮适出。子曰：君子哉！若人。尚德哉！若人。	《左氏》襄公四年傳、哀公元年傳		《釋文》 《集解》孔《注》 邢<u>《疏》引《左氏》襄公四年傳、哀公元年傳</u> 劉氏《正義》引梁玉繩《漢書古今人表》、周柄中《典故辨正》
子曰：君子而不仁者有矣夫，未有小人而仁者也。	《孟子》〈告子篇〉		
子曰：愛之能勿勞乎。忠焉能勿誨乎。			
子曰：為命，裨諶草創之，世叔討論之，行人子羽修飾之，東里子產潤色之。	《左傳》		《集解》孔《注》 皇《疏》 馬《注》 邢<u>《疏》引左傳</u>
或問子產。子曰：惠人也。問子西。曰：彼哉彼哉。問管仲。曰：人也。奪伯氏駢邑三百，飯疏食，沒齒無怨言。	《春秋》		孔安國《注》 邢《疏》 馬《注》 毛奇齡《論語稽求篇》 皇《疏》 劉氏<u>《正義》引《春秋》</u> 杜《注》
子曰：貧而無怨難，富而無驕易。			《說文》 《廣韻》
子曰：孟公綽為趙魏老則優，不可以為滕薛大夫。			《集解》孔安國《注》 劉氏《正義》 皇《疏》

子路問成人。子曰：若臧武仲之知，公綽之欲，卞莊子之勇，冉求之藝，文之以禮樂，亦可以爲成人矣。曰：今之成人者。何必然。見利思義，見危授命，久要不忘平生之言，亦可以爲成人矣。			朱子《集注》	《集解》 皇《疏》 《韓詩外傳》卷十 劉氏《正義》引 劉向《說苑》〈辨物篇〉 邢《疏》 鄭浩《論語集注述要》
子問公叔文子於公明賈曰：信乎，夫子不言不笑不取乎。公明賈對曰：以告者過也。夫子時然後言，人不厭其言；樂然後笑，人不厭其笑；義然後取，人不厭其取。子曰：其然，豈其然乎。		《禮記》〈檀弓〉鄭康成《注》		《集解》孔《注》 皇《疏》
子曰：臧武仲以防求爲後於魯，雖曰不要君，吾不信也。				皇《疏》 孔《注》
子曰：晉文公譎而不正，齊桓公正而不譎。		《春秋》僖公九年 《左氏傳》 《穀梁傳》		《集解》鄭《注》 《說文》
子路曰：桓公殺公子糾，召忽死之，管仲不死。曰：未仁乎。子曰：桓公九合諸侯，不以兵車，管仲之力也。如其仁，如其仁。		《左傳》莊公八年至九年記事	朱子	《管子》〈大匡篇〉 《史記》〈齊世家〉
子貢曰：管仲非仁者與。桓公殺公子糾，不能死，又相之。子曰：管仲相桓公，霸諸侯，一匡天下，民到於今受其賜。微管仲，吾其被髮左衽矣。豈若匹夫匹婦之爲諒也。自經於溝瀆，而莫之知也。				馬融《注》 劉氏《正義》
子曰：臧武仲以防求爲後於魯，雖曰不要君，吾不信也。				皇《疏》 孔《注》

子曰：晉文公譎而不正，齊桓公正而不譎。		《春秋》僖公九年 《左氏傳》 《穀梁傳》		《集解》鄭《注》 《說文》
公叔文子之臣大夫僎，與文子同升諸公。子聞之曰：可以爲文矣。		《禮記》〈檀弓〉		《漢書古今人表》 《釋文》 鄭康成《注》 劉氏《正義》引錢氏坫《論語後錄》說
子言衛靈公之無道也。康子曰：夫如是，奚而不喪。孔子曰：仲叔圉治賓客，祝鮀治宗廟，王孫賈治軍旅，夫如是，奚其喪。		《孟子》〈滕文公篇〉	朱子《集注》	<u>俞曲園《羣經平議》引證《孟子》〈滕文公篇〉</u> <u>潘氏《維城論語古注集箋》引《論語述何》</u>
子曰：其言之不怍，則爲之也難。				《集解》馬融《注》
陳成子弒簡公。孔子沐浴而朝，告於哀公曰：陳恒弒其君，請討之。公曰：告夫三子。孔子曰：以吾從大夫之後，不敢不告也。君曰：告夫三子者。之三子告，不可。孔子曰：以吾從大夫之後，不敢不告也。		《左傳》		《集解》馬《注》 皇《疏》 <u>古注引《左傳》</u> 劉氏《正義》
子路問事君。子曰：勿欺也，而犯之。				《集解》孔《注》
子曰：君子上達，小人下達。				何晏《注》 邢《疏》
子曰：古之學者爲己，今之學者爲人。				《集解》孔安國《注》
蘧伯玉使人於孔子，孔子與之坐而問焉，曰：夫子何爲。對曰：夫子欲寡其過而未能也。使者出。子曰：使乎。使乎。				何晏《注》 《集解》陳曰 《淮南子》〈原道篇〉 《莊子》〈則陽篇〉

子曰：不在其位，不謀其政。曾子曰：君子思不出其位。	〈泰伯篇〉「子曰：不在其位，不謀其政。」		朱《注》	毛奇齡《論語稽求篇》
子曰：君子恥其言而過其行。				皇《疏》
子曰：君子道者三，我無能焉。仁者不憂，知者不惑，勇者不懼。子貢曰：夫子自道也。		《孟子》〈盡心章句下〉		程氏《集釋》引《論語筆解》 皇侃《疏》 潘維城《論語古注集箋說》 趙岐《注》引《論語》
子貢方人。子曰：賜也賢乎哉。夫我則不暇。		《禮記》〈大學〉	朱子《集注》	鄭康成《注》 皇《疏》 邢《疏》 孔安國《注》 陸德明《經典釋文》 劉氏《正義》引盧文弨《考證》
子曰：不患人之不己知，患其不能也	〈學而篇〉「人不知而不慍，不亦君子乎。」〈衛靈公篇〉「君子病無能焉，不病人之不己知也。」			皇《疏》
子曰：不逆詐，不億不信，抑亦先覺者，是賢乎。				《集解》孔安國《注》 劉氏《正義》
微生畝謂孔子曰：丘，何為是栖栖者與。無乃為佞乎。孔子曰：非敢為佞也，疾固也。				《說文》 竹氏《會箋》 《文選》〈班固答賓戲〉 李善《注》 包咸《注》
子曰：驥不稱其力，稱其德也。				《說文》 《集解》鄭康成《注》

				劉氏《正義》引《太平御覽》四百三所引鄭《注》 劉氏引《周官》司徒保氏職五馭，鄭司農《注》
或曰：以德報怨，何如。子曰：何以報德。以直報怨，以德報德。				
子曰：莫我知也夫。子貢曰：何爲其莫知子也。子曰：不怨天，不尤人，下學而上達，知我者其天乎。		《史記》〈孔子世家〉		皇侃《疏》 何晏《注》
公伯寮愬子路於季孫。子服景伯以告，曰：夫子固有惑志於公伯寮，吾力猶能肆諸市朝。子曰：道之將行也與，命也。道之將廢也與，命也。公伯寮其如命何。		《史記》〈仲尼弟子列傳〉 《左傳》	朱子	馬融《注》 《孔子家語》 孔安國《注》 邢《疏》引《左傳》 劉寶楠氏《正義》 鄭康成《注》
子曰：賢者辟世，其次辟地，其次辟色，其次辟言。子曰：作者七人矣。				皇《疏》引〈坤〉文 包《注》
子路宿於石門。晨門曰：奚自。子路曰：自孔氏。曰：是知其不可而爲之者與。				劉氏《正義》引鄭《注》 皇《疏》 黃式三《論語後案》
子擊磬於衛。有荷蕢而過孔氏之門者，曰：有心哉，擊磬乎。既而曰：鄙哉，硜硜乎，莫己知也，斯己而已矣。「深則厲，淺則揭。」子曰：果哉。末之難矣。		《毛傳》及各注據《爾雅》〈釋水〉		《說文》 劉氏《正義》 《毛傳》及各注據《爾雅》〈釋水〉
子張曰：書云：「高宗諒陰，三年不言。」何謂也。子曰：何必高宗，古之人皆然。君薨，百官總己以聽於冢宰三年。				皇侃《疏》 諸注採鄭康成說

原　文			
子曰：上好禮，則民易使也。			
子路問君子。子曰：修己以敬。曰：如斯而已乎。曰：修己以安人。曰：如斯而已乎。曰：修己以安百姓。修己以安百姓，堯舜其猶病諸。			劉氏《正義》孔《注》
原壤夷俟。子曰：幼而不孫弟，長而無述焉，老而不死，是爲賊。以杖叩其脛。		《禮記》〈檀弓篇〉	馬融《注》何晏《注》
闕黨童子將命。或問之曰：益者與。子曰：吾見其居於位也，見其與先生並行也。非求益者也，欲速成者也。		《禮記》〈王制篇〉	馬融《注》俞氏《羣經平議》邢《疏》

〈衛靈公第十五〉

原　文	《論語》本經	其他十三經	朱注	古　注
衛靈公問陳於孔子。孔子對曰：俎豆之事，則嘗聞之矣，軍旅之事，未之學也。明日遂行。				《釋文》鄭《注》邢《疏》竹氏《會箋》
在陳絕糧，從者病，莫能興。子路慍見曰：君子亦有窮乎。子曰：君子固窮，小人窮斯濫矣。				何晏《注》
子曰：賜也，女以予爲多學而識之者與。對曰：然。非與。曰：非也，予一以貫之。	〈述而篇〉「子曰：默而識之，學而不厭，誨人不倦，何有於我哉。」〈里仁篇〉「子曰：參乎，吾道一以貫之。曾子曰：唯。子出，門人問曰：何謂也。			

	曾子曰：夫子之道，忠恕而已矣。」			
子曰：由，知德者鮮矣。				皇侃《疏》
子曰：無爲而治者，其舜也與。夫何爲哉。恭己正南面而已矣。		《尚書》〈舜典〉		何晏《解》
子張問行。子曰：言忠信，行篤敬，雖蠻貊之邦行矣。言不忠信，行不篤敬，雖州里行乎哉。立，則見其參於前也，在輿，則見其倚於衡也，夫然後行。子張書諸紳。				阮氏《校勘記》引《釋文》
子曰：直哉，史魚。邦有道如矢，邦無道如矢。君子哉，蘧伯玉。邦有道則仕，邦無道則可卷而懷之。				孔《注》 包《注》 《韓詩外傳》 《新序》 《孔子家語》 《列女傳》
子曰：可與言而不與之言，失人。不可與言而與之言，失言。知者不失人，亦不失言。				
子曰：志士仁人，無求生以害仁，有殺身以成仁。		《禮記》〈緇衣篇〉		俞氏《羣經平議》引《禮記》〈緇衣篇〉、《列子》〈湯問篇〉
子貢問爲仁。子曰：工欲善其事，必先利其器。居是邦也，事其大夫之賢者，友其士之仁者。				劉氏《正義》 皇《疏》
顏淵問爲邦。子曰：行夏之時，乘殷之輅，服周之冕，樂則韶舞。放鄭聲，遠佞人。鄭聲淫，佞人殆。		《尚書》〈大傳〉 《禮記》〈明堂位〉 鄭《注》 《左傳》〈樂記〉		《白虎通》 《經典釋文》 包《注》 俞樾《羣經平議》

子曰：人無遠慮，必有近憂。				
子曰：已矣乎。吾未見好德如好色者也。	〈子罕篇〉「子曰：吾未見好德如好色者也。」			
子曰：臧文仲，其竊位者與。知柳下惠之賢，而不與立也。	〈憲問篇〉「公叔文子之臣大夫僎，與文子同升諸公。子聞之曰：可以為文矣。」			孔《注》《微子篇》皇《疏》李惇《群經識小》劉氏《正義》
子曰：躬自厚而薄責於人，則遠怨矣。				王引之《經義述聞》
子曰：不曰如之何如之何者，吾末如之何也已矣。				孔《注》陸賈《新語辨惑篇》
子曰：群居終日，言不及義，好行小慧，難矣哉。				鄭康成《注》
子曰：君子義以為質，禮以行之，孫以出之，信以成之，君子哉。				鄭康成《注》
子曰：君子病無能焉，不病人之不己知也。				包《注》
子曰：君子疾沒世而名不稱焉。				俞曲園《羣經平議》《周書》〈諡法篇〉
子曰：君子求諸己，小人求諸人。		《孟子》〈離婁篇〉		何氏《集解》
子曰：君子矜而不爭，群而不黨。		《尚書》〈洪範〉		包《注》皇《疏》引江熙
子曰：君子不以言舉人，不以人廢言。	〈憲問篇〉「有言者不必有德。」			
子貢問曰：有一言而可以終身行之者乎。子曰：其恕乎。己所不欲，勿施於人。				

子曰：吾之於人也，誰毀誰譽。如有所譽者，其有所試矣。斯民也，三代之所以直道而行也。				皇《疏》 包慎言《溫故錄》
子曰：吾猶及史之闕文也。有馬者，借人乘之。今亡矣夫。				包咸《注》 皇《疏》
子曰：巧言亂德，小不忍，則亂大謀。		《孟子》〈公孫丑篇〉		
子曰：眾惡之，必察焉。眾好之，必察焉。				王肅《注》
子曰：人能弘道，非道弘人。				皇《疏》引蔡謨
子曰：過而不改，是謂過矣。				
子曰：吾嘗終日不食，終夜不寢，以思，無益，不如學也。	〈爲政篇〉「學而不思則罔，思而不學則殆。」 〈述而篇〉「我非生而知之者，好古敏以求之者也。」			
子曰：君子謀道不謀食。耕也，餒在其中矣，學也，祿在其中矣。君子憂道不憂貧。				
子曰：知及之，仁不能守之，雖得之，必失之。知及之，仁能守之，不莊以涖之，則民不敬。知及之，仁能守之，莊以涖之，動之不以禮，未善也。				《集解》包《注》 毛氏《論語》〈稽求篇〉引盧東元
子曰：君子不可小知，而可大受也。小人不可大受，而可小知也。				何晏《集解》 淮南子《主術訓》
子曰：民之於仁也，甚於水火。水火，吾見蹈而死者矣，未見蹈仁而死者也。		《中庸》 《孟子》〈盡心篇〉		竹添光鴻《論語會箋》 邢《疏》

原　文	《論語》本經	其他十三經	朱注	前人說法
子曰：當仁不讓於師。				《集解》孔《注》 竹氏《會箋》
子曰：君子貞而不諒。		《孟子》〈告子篇〉		孔安國《注》
子曰：事君，敬其事而後其食。				
子曰：有教無類。	〈述而篇〉「子曰：自行束脩以上，吾未嘗無誨焉。」			馬融《注》
子曰：道不同，不相為謀。				皇《疏》 竹氏《會箋》
子曰：辭，達而已矣。				《集解》孔安國《注》
師冕見。及階。子曰：階也。及席。子曰：席也。皆坐。子告之曰，某在斯，某在斯。師冕出。子張問曰，與師言之道與。子曰：然，固相師之道也。				《集解》孔安國《注》 皇《疏》 潘維城《論語古注集箋》 馬融《注》

〈季氏第十六〉

原　文	《論語》本經	其他十三經	朱注	前人說法
季氏將伐顓臾。冉有、季路見於孔子曰：季氏將有事於顓臾。孔子曰：求，無乃爾是過與。夫顓臾，昔者先王以為東蒙主，且在邦域之中矣，是社稷之臣也，何以伐為。冉有曰：夫子欲之，吾二臣者，皆不欲也。孔子曰：求，周任有言曰：「陳力就列，不能者止。」危而不持，顛而不扶，則將焉用彼相矣。且爾言過矣，虎兕出於柙，龜玉毀於櫝中，是誰之過與。冉有曰：今夫顓臾，固而近於				劉氏《正義》 《集解》孔安國《注》 董子《春秋繁露》〈度制篇〉 俞曲園《古書疑義舉例》 鄭康成《注》 皇《疏》 方觀旭《論語偶記》 皇《疏》引蔡謨說 潘氏維城《論語古注集箋》

費。今不取，後世必爲子孫憂。孔子曰：求，君子疾夫，舍曰欲之，而必爲之辭。丘也聞，有國有家者，不患寡而患不均，不患貧而患不安。蓋均無貧，和無寡，安無傾。夫如是，故遠人不服，則修文德以來之。既來之，則安之。今由與求也，相夫子。遠人不服，而不能來也。邦分崩離析，而不能守也。而謀動干戈於邦內。吾恐季孫之憂，不在顓臾，而在蕭牆之內也。			
孔子曰：天下有道，則禮樂征伐自天子出。天下無道，則禮樂征伐自諸侯出。自諸侯出，蓋十世希不失矣。自大夫出，五世希不失矣。陪臣執國命，三世希不失矣。天下有道，則政不在大夫。天下有道，則庶人不議。	《禮記》〈中庸篇〉 《孟子》〈盡心下篇〉		劉氏《正義》引《禮記》〈中庸篇〉、引《孟子》〈盡心下篇〉 《集解》孔安國《注》 劉逢祿《論語述何》 劉寶楠《論語正義》
孔子曰：祿之去公室，五世矣。政逮於大夫，四世矣。故夫三桓之子孫微矣。			鄭康成《注》 孔安國《注》 江永《群經補義》
孔子曰：益者三友，損者三友。友直，友諒，友多聞，益矣。友便辟，友善柔，友便佞，損矣。			
孔子曰：益者三樂，損者三樂。樂節禮樂，樂道人之善，樂多賢友，益矣。樂驕樂，樂佚遊，樂宴樂，損矣。			王肅《注》
孔子曰：侍於君子有三愆。言未及之而言謂之躁，言及之而不言謂之隱，未見顏色而言謂之瞽。			鄭康成《注》 孔安國《注》 《集解》周先烈《注》

孔子曰：君子有三戒。少之時，血氣未定，戒之在色。及其壯也，血氣方剛，戒之在鬥。及其老也，血氣既衰，戒之在得。		《禮記》〈曲禮〉		翟灝《四書考異》引《淮南》〈詮言訓〉
孔子曰：君子有三畏。畏天命，畏大人，畏聖人之言。小人不知天命而不畏也。狎大人，侮聖人之言。				何晏《集解》 皇《疏》 劉氏《正義》舉《周易》〈坤文言〉 董仲舒《春秋繁露》〈郊語篇〉 劉氏《正義》引鄭《注》 何晏《集解》依老子《道德經》
孔子曰：生而知之者，上也。學而知之者，次也。困而學之，又其次也。困而不學，民斯為下矣。		《中庸》		孔安國《注》
孔子曰：君子有九思，視思明，聽思聰，色思溫，貌思恭，言思忠，事思敬，疑思問，忿思難，見得思義。		《尚書》〈洪範〉 《禮記》〈中庸篇〉 《中庸》引《毛詩》〈大雅〉〈皇矣篇〉		內典《百法明門論》 《六書總要》
孔子曰：見善如不及，見不善如探湯。吾見其人矣，吾聞其語矣。隱居以求其志，行義以達其道。吾聞其語矣，未見其人也。				
齊景公有馬千駟，死之日，民無德而稱焉。伯夷、叔齊餓于首陽之下，民到于今稱之。其斯之謂與。				王肅《注》 劉氏《正義》 《史記》〈伯夷傳〉 皇侃《疏》 馬融《注》

原　　文	《論語》本經	其他十三經	朱注	古　注
陳亢問於伯魚曰：子亦有異聞乎。對曰：未也。嘗獨立，鯉趨而過庭。曰：學詩乎。對曰：未也。不學詩，無以言。鯉退而學詩。他日又獨立，鯉趨而過庭。曰：學禮乎。對曰：未也。不學禮，無以立。鯉退而學禮。聞斯二者。陳亢退而喜曰：問一得三，聞詩，聞禮，又聞君子之遠其子也。	〈述而篇〉「吾無隱乎爾。」			馬融《注》 劉氏《正義》 皇《疏》
邦君之妻，君稱之曰夫人，夫人自稱曰小童。邦人稱之曰君夫人。稱諸異邦，曰寡小君。異邦人稱之，亦曰君夫人。				孔安國《注》 程氏樹德《集釋》按語 皇侃《疏》

〈陽貨第十七〉

原　　文	《論語》本經	其他十三經	朱注	古　注
陽貨欲見孔子，孔子不見，歸孔子豚。孔子時其亡也，而往拜之，遇諸塗。謂孔子曰：來，予與爾言。曰：懷其寶而迷其邦，可謂仁乎。曰：不可。好從事而亟失時，可謂知乎。曰：不可。日月逝矣，歲不我與。孔子曰：諾，吾將仕矣。		《孟子》〈滕文公篇〉		孔安國《注》 皇《疏》 毛奇齡《論語稽求篇》引明儒郝敬
子曰：性相近也，習相遠也。		《孟子》〈告子篇〉 《周易》〈繫辭傳〉		《荀子》〈性惡篇〉 揚雄《法言》〈修身篇〉 皇侃《疏》 韓康伯之注 虞翻說 孔穎達《正義》
子曰：惟上知與下愚不移。				《集解》

子之武城，聞弦歌之聲。夫子莞爾而笑曰：割雞焉用牛刀。子游對曰：昔者偃也聞諸夫子曰：君子學道則愛人，小人學道則易使也。子曰：二三子，偃之言是也，前言戲之耳。	《禮記》〈學記篇〉 《周禮》〈春官〉小師「弦歌」《鄭注》		孔安國《注》 劉氏《正義》引《周禮》〈春官〉小師「弦歌」鄭《注》 《賈公彥疏》
公山弗擾以費畔。召，子欲往。子路不說，曰：末之也已，何必公山氏之之也。子曰：夫召我者，而豈徒哉。如有用我者，吾其爲東周乎。			邢《疏》 孔安國《注》 《史記》〈孔子世家〉 崔述洙《泗考信錄》 趙翼《陔餘叢考》
子張問仁於孔子。孔子曰：能行五者於天下，爲仁矣。請問之。曰：恭、寬、信、敏、惠。恭則不侮，寬則得眾，信則人任焉，敏則有功，惠則足以使人。			孔安國《注》
佛肸召，子欲往。子路曰：昔者，由也聞諸夫子曰：親於其身爲不善者，君子不入也。佛肸以中牟畔，子之往也，如之何。子曰：然，有是言也。不曰堅乎，磨而不磷。不曰白乎，涅而不緇。吾豈匏瓜也哉，焉能繫而不食。		《史記》〈晉世家〉	孔安國《注》 劉恭冕氏引《史記》〈孔子世家〉 翟灝《四書考異》 淮南子《俶眞訓》 潘氏《集箋》舉《周禮》〈考工記〉輪人 皇《疏》
子曰：由也，女聞六言六蔽矣乎。對曰：未也。居，吾語女。好仁不好學，其蔽也愚。好知不好學，其蔽也蕩。好信不好學，其蔽也賊。好直不好學，其蔽也絞。好勇不好學，其蔽也亂。好剛不好學，其蔽也狂。	〈泰伯篇〉「直而無禮則絞。」〈子路篇〉「葉公語孔子曰：吾黨有直躬者，其父攘羊，而子證之。」〈公冶長篇〉「吾未見剛者。」	《中庸》	何晏《注》 劉氏《正義》 荀子《解蔽篇》注 孔安國《注》 邢昺《疏》 皇《疏》 皇《疏》並引江熙說 劉氏《正義》引管同《四書紀聞》

子曰：小子何莫學夫詩。詩，可以興，可以觀，可以群，可以怨。邇之事父，遠之事君。多識於鳥獸草木之名。		《周禮》〈春官〉 《毛詩序》		《毛詩序》孔穎達《正義》 孔氏依《周禮》鄭康成《注》及鄭司農《注》 孔安國《注》 邢昺《疏》 劉寶楠《正義》 劉氏引焦循《毛詩補疏序》 焦循《論語補疏》 鄭康成《注》 皇《疏》引江熙
子謂伯魚曰：女為周南、召南矣乎。人而不為周南、召南，其猶正牆面而立也與。		《周易》〈序卦傳〉		皇侃《疏》 《毛詩序》 《注疏》 馬融《注》
子曰：禮云禮云，玉帛云乎哉。樂云樂云，鐘鼓云乎哉。		《周禮》〈春官〉大宗伯		鄭康成《注》 馬融《注》 皇《疏》 皇《疏》又引王弼注 賈公彥《疏》
子曰：色厲而內荏，譬諸小人，其猶穿窬之盜也與。				孔安國《注》
子曰：鄉原，德之賊也。		《孟子》〈盡心篇〉 《孟子注疏》 《孟子》趙岐〈注〉		
子曰：道聽而塗說，德之棄也。				
子曰：鄙夫可與事君也與哉。其未得之也，患得之，既得之，患失之。苟患失之，無所不至矣。				皇《疏》 王引之《經傳釋詞》 顏師古《匡謬正俗》 李善注《文選東京賦》

			何晏《注》 鄭康成《注》
子曰：古者民有三疾，今也或是之亡也。古之狂也肆，今之狂也蕩。古之矜也廉，今之矜也忿戾。古之愚也直，今之愚也詐而已矣。			包咸《注》 孔安國《注》 馬融《注》
子曰：巧言令色，鮮矣仁。			《集解》王肅〈注〉 邢昺《疏》
子曰：惡紫之奪朱也，惡鄭聲之亂雅樂也，惡利口之覆邦家者。	〈鄉黨篇〉「紅紫不以為褻服。」	《周禮》〈冬官〉考工記	包《注》 孔安國《注》 邢昺《疏》 皇《疏》 穎子嚴云 <u>劉氏《正義》引《周禮》〈冬官〉考工記</u>
子曰：予欲無言。子貢曰：子如不言，則小子何述焉。子曰：天何言哉。四時行焉，百物生焉。天何言哉。			何晏《注》 李中孚《四書反身錄》
孺悲欲見孔子，孔子辭以疾。將命者出戶，取瑟而歌，使之聞之。		《禮記》〈雜記下篇〉	朱子《集注》 何晏《注》 劉恭冕《正義》 潘維城《論語古注集箋》
宰我問三年之喪，期已久矣。君子三年不為禮，禮必壞；三年不為樂，樂必崩。舊穀既沒，新穀既升。鑽燧改火，期可已矣。子曰：食夫稻，衣夫錦，於女安乎。曰：安。女安，則為之。夫君子之居喪，食旨不甘，聞樂不樂，居處不安，故不為也。今女安則為之。宰我出。子曰：予之不仁也。子生三年，然後免於父母之懷。		《周禮》〈夏官〉司爟	梁玉繩《瞥記》 劉氏《正義》 邢昺《疏》 馬融《注》 鄭司農《注》引鄶子之說 鄭康成《注》《儀禮》〈士虞禮〉中月而禫之文 皇侃《疏》引繆播曰

夫三年之喪，天下之通喪也。予也，有三年之愛於其父母乎。				又引李充曰
子曰：飽食終日，無所用心，難矣哉。不有博弈者乎，為之猶賢乎已。		《禮記》〈大學〉 《孟子》〈滕文公上〉		馬融《注》 《說文》 段玉裁注
子路曰：君子尚勇乎。子曰：君子義以為上。君子有勇而無義為亂，小人有勇而無義為盜。				邢昺《疏》
子貢曰：君子亦有惡乎？子曰：有惡。惡稱人之惡者，惡居下流而訕上者，惡勇而無禮者，惡果敢而窒者。曰：賜也，亦有惡乎。惡徼以為知者，惡不孫以為勇者，惡訐以為直者。				皇《疏》引江熙說 阮元《校勘記》 阮氏引皇邢二疏 皇《疏》 馬融《注》 孔安國《注》 劉氏《正義》 《中論》〈覈辨篇〉 包咸《注》
子曰：唯女子與小人為難養也。近之則不孫，遠之則怨。				邢昺《疏》
邢昺《疏》				鄭康成《注》

〈微子第十八〉

原　文	《論語》本經	其他十三經	朱注	古　注
微子去之，箕子為之奴，比干諫而死。孔子曰：殷有三仁焉。		《尚書》〈微子之命篇〉		馬融《注》 《孔疏》引《呂氏春秋》〈仲冬紀說〉 邢昺《疏》 司馬彪注《莊子》〈大宗師〉 《史記》〈殷本紀〉 《宋微子》〈世家〉

柳下惠為士師，三黜。人曰：子未可以去乎。曰：直道而事人，焉往而不三黜。枉道而事人，何必去父母之邦。			《說文》 《列女傳》〈柳下惠妻篇〉
齊景公待孔子曰：若季氏，則吾不能，以季孟之間待之。曰：吾老矣，不能用也。孔子行。			《史記》孔子世家 劉氏《正義》 邢昺《疏》 周炳中《四書典故辨正》 劉寶楠《正義》
齊人歸女樂。季桓子受之，三日不朝。孔子行。			孔安國《注》 《史記》〈孔子世家〉 江永《鄉黨圖考》 《史記》〈十二諸侯年表〉 《史記》〈衛世家〉
楚狂接輿歌而過孔子曰：鳳兮鳳兮，何德之衰。往者不可諫，來者猶可追。已而已而，今之從政者殆而。孔子下，欲與之言。趨而辟之，不得與之言。			孔安國《注》 邢昺《疏》 《史記》〈孔子世家〉
長沮桀溺耦而耕。孔子過之，使子路問津焉。長沮曰：夫執輿者為誰。子路曰：為孔丘。曰：是魯孔丘與。曰：是也。曰：是知津矣。問於桀溺。桀溺曰：子為誰。曰：為仲由。曰：是魯孔丘之徒與。對曰：然。曰：滔滔者，天下皆是也，而誰以易之。且而與其從辟人之士也，豈若從辟世之士哉。耰而不輟。子路行，以告。夫子憮然曰：鳥獸不可與同群，吾非斯人之徒與而誰與。天下有道，丘不與易也。		朱子《注》	《史記》〈孔子世家〉 鄭康成《注》 《周禮》〈冬官〉〈考工記〉 皇《疏》 邢《疏》 孔安國《注》 阮氏《校勘記》 皇《疏》引江熙

子路從而後，遇丈人，以杖荷蓧。子路問曰：子見夫子乎。丈人曰：四體不勤，五穀不分，孰爲夫子。植其杖而芸。子路拱而立。止子路宿，殺雞爲黍而食之，見其二子焉。明日，子路行，以告。子曰：隱者也。使子路反見之，至則行矣。子路曰：不仕無義。長幼之節，不可廢也，君臣之義，如之何其廢之。欲潔其身，而亂大倫。君子之仕也，行其義也。道之不行，已知之矣。			包咸《注》 皇《疏》 邢《疏》 宋翔鳳《論語發微》 俞樾《羣經平議》 劉氏《正義》
逸民：伯夷、叔齊、虞仲、夷逸、朱張、柳下惠、少連。子曰：不降其志，不辱其身，伯夷、叔齊與。謂柳下惠、少連，降志辱身矣，言中倫，行中慮，其斯而已矣。謂虞仲、夷逸，隱居放言，身中清，廢中權。我則異於是，無可無不可。			包咸說 劉氏《正義》 鄭《注》 皇《疏》 《經典釋文》 竹氏《會箋》 皇《疏》依馬《注》廢棄義解釋，又引江熙曰 馬融《注》
大師摯適齊，亞飯干適楚，三飯繚適蔡，四飯缺適秦，鼓方叔入於河，播鼗武入於漢，少師陽、擊磬襄，入於海。			孔安國《注》 《白虎通》〈禮樂篇〉 《漢書》〈禮樂志〉 《漢書古今人表注》 《白虎通疏證》
周公謂魯公曰：君子不施其親，不使大臣怨乎不以。故舊無大故，則不棄也。無求備於一人。		〈坊記〉	孔安國《注》 陸氏《釋文》 劉氏《正義》 鄭《注》 皇《疏》

| 周有八士：伯達，伯适，仲突，仲忽，叔夜，叔夏，季隨，季騧。 | | | | 包《注》
皇《疏》
楊慎《丹鉛錄》
趙佑《四書溫故錄》
王應麟《困學紀聞》考據董仲舒《春秋繁露》、《逸周書》、《國語》〈晉語〉
潘維誠《論語古注集箋》 |

〈子張第十九〉

原　　文	《論語》本經	其他十三經	朱注	古　　注
子張曰：士見危致命，見得思義，祭思敬，喪思哀，其可已矣。	〈憲問篇〉「見危授命。」〈季氏篇〉「君子有九思。」〈八佾篇〉「祭如在，祭神如神在。」			皇侃《疏》
子張曰：執德不弘，信道不篤，焉能為有。焉能為亡。				孔安國《注》 皇《疏》 皇又引江熙曰 竹添光鴻《會箋》
子夏之門人，問交於子張。子張曰：子夏云何。對曰：子夏曰：可者與之，其不可者拒之。子張曰：異乎吾所聞。君子尊賢而容眾，嘉善而矜不能。我之大賢與，於人何所不容。我之不賢與，人將拒我，如之何其拒人也。				《集解》包《注》 皇《疏》 皇《疏》引鄭玄曰
子夏曰：雖小道，必有可觀者焉。致遠恐泥，是以君子不為也。				《後漢書》〈蔡邕傳〉

子夏曰：日知其所亡，月無忘其所能，可謂好學也已矣。				孔安國《注》 皇《疏》
子夏曰：博學而篤志，切問而近思，仁在其中矣。		《爾雅》〈釋詁〉 《中庸》		孔安國《注》 皇《疏》
子夏曰：百工居肆以成其事，君子學以致其道。		《周易》〈說卦傳〉		皇《疏》 <u>俞曲園《羣經平議》引《周易》〈說卦傳〉</u> <u>虞翻注</u>
子夏曰：小人之過也必文。				
子夏曰：君子有三變，望之儼然，即之也溫，聽其言也厲。				鄭康成《注》 皇《疏》引李充
子夏曰：君子信而後勞其民，未信則以為厲己也。信而後諫，未信則以為謗己也。				
子夏曰：大德不踰閑，小德出入可也。				《韓詩外傳》、《晏子春秋》〈內篇雜上〉、《荀子》〈王制篇〉
子游曰：子夏之門人小子，當洒掃應對進退則可矣，抑末也。本之則無，如之何。子夏聞之曰：噫。言游過矣。君子之道，孰先傳焉，孰後倦焉，譬諸草木，區以別矣。君子之道，焉可誣也。有始有卒者，其惟聖人乎。				皇《疏》 劉氏恭冕《正義》 孔安國《注》
子夏曰：仕而優則學，學而優則仕。				馬融《注》 皇《疏》
子游曰：喪致乎哀而止。				孔安國《注》 邢昺《疏》 邢《疏》引《孝經》〈喪親章〉

子游曰：吾友張也，爲難能也，然而未仁。				《論語集釋》引王闓運氏《論語訓》程氏樹德案語
曾子曰：堂堂乎張也，難與並爲仁矣。				王氏《論語訓》皇侃《疏》引江熙 皇侃《疏》
曾子曰：吾聞諸夫子，人未有自致者也，必也親喪乎。				馬《注》 皇《疏》 竹氏《會箋》
曾子曰：吾聞諸夫子，孟莊子之孝也，其他可能也，其不改父之臣與父之政，是難能也。	《左傳》			馬融《注》 潘氏《論語古注集箋說》
孟氏使陽膚爲士師，問於曾子。曾子曰：上失其道，民散久矣，如得其情，則哀矜而勿喜。				包《注》 皇《疏》
子貢曰：紂之不善，不如是之甚也。是以君子惡居下流，天下之惡皆歸焉。				孔安國《注》 皇《疏》 邢《疏》
子貢曰：君子之過也，如日月之食焉。過也，人皆見之。更也，人皆仰之。				凌曙《四書典故覈》
衛公孫朝問於子貢曰：仲尼焉學。子貢曰：文武之道，未墜於地，在人。賢者識其大者，不賢者識其小者，莫不有文武之道焉。夫子焉不學。而亦何常師之有。				馬融《注》 翟灝《四書考異》 皇《疏》 劉氏《正義》
叔孫武叔語大夫於朝曰：子貢賢於仲尼。子服景伯以告子貢。子貢曰：譬之宮牆，賜之牆也及肩，窺見室家之好。夫子之牆數仞，不得其門而入，不見宗廟之美，百官之富。得其門者，或寡矣。夫子之云，不亦宜乎。				馬融《注》

原　　文	《論語》本經	其他十三經	朱注	古　注
叔孫武叔毀仲尼。子貢曰：無以爲也。仲尼不可毀也。他人之賢者，丘陵也，猶可踰也。仲尼，日月也，無得而踰焉。人雖欲自絕，其何傷於日月乎。多見其不知量也。				皇《疏》 《集解》 邢昺《疏》
陳子禽謂子貢曰：子爲恭也，仲尼豈賢於子乎。子貢曰：君子一言以爲知，一言以爲不知，言不可不愼也。夫子之不可及也，猶天之不可階而升也。夫子之得邦家者，所謂立之斯立，道之斯行，綏之斯來，動之斯和，其生也榮，其死也哀。如之何其可及也。		《爾雅》〈釋詁〉		竹氏《會箋》

〈堯曰第二十〉

原　　文	《論語》本經	其他十三經	朱注	古　注
堯曰：咨，爾舜。天之歷數在爾躬，允執其中。四海困窮，天祿永終。舜亦以命禹。曰：予小子履，敢用玄牡，敢昭告于皇皇后帝。有罪不敢赦，帝臣不蔽，簡在帝心。朕躬有罪，無以萬方。萬方有罪，罪在朕躬。周有大賚，善人是富。雖有周親，不如仁人。百姓有過，在予一人。謹權量，審法度，修廢官，四方之政行焉。興滅國，繼絕世，舉逸民，天下之民歸心焉。所重，民、食、喪、祭。寬則得眾，信則民任焉，敏則有功，公則說。		《孟子》〈滕文公篇〉 《爾雅》〈釋詁〉 《尚書》〈泰誓篇〉 《尚書》〈舜典〉 《公羊傳》 《尚書》〈洪範〉	朱子《集注》	《虞書》〈大禹謨〉 孔《傳》 孔穎達《疏》 <u>劉氏《正義》引《孟子》〈滕文公篇〉</u> 焦循《論語補疏》引閻若璩《尚書古文疏證》 毛奇齡《論語稽求篇》 《集解》包咸曰 劉氏《正義》 《說文》 皇《疏》 邢《疏》 他注引《墨子》〈兼愛篇〉

				郭璞《注》
				孔安國《注》
				何氏《集解》
				竹氏《會箋》
				《漢書》〈律歷志〉
				許氏《五經異義》
子張問於孔子曰：何如斯可以從政矣。子曰：尊五美，屏四惡，斯可以從政矣。子張曰：何謂五美。子曰：君子惠而不費，勞而不怨，欲而不貪，泰而不驕，威而不猛。子張曰：何謂惠而不費。子曰：因民之所利而利之，斯不亦惠而不費乎。擇可勞而勞之，又誰怨。欲仁而得仁，又焉貪。君子無眾寡，無小大，無敢慢，斯不亦泰而不驕乎。君子正其衣冠，尊其瞻視，儼然人望而畏之，斯不亦威而不猛乎。子張曰：何謂四惡。子曰：不教而殺謂之虐。不戒視成謂之暴。慢令致期謂之賊。猶之與人也，出納之吝，謂之有司。	《學而篇》「子曰：道千乘之國，敬事而信，節用而愛人，使民以時。」		°	王肅《注》 邢《疏》 <u>邢《疏》引《學而篇》孔子的話</u> <u>皇《疏》</u> 皇《疏》引江熙曰 孔安國《注》 馬融《注》 劉淇《助字辨略》
孔子曰：不知命，無以為君子也。不知禮，無以立也。不知言，無以知人也。		《禮記》〈禮運篇〉 《周易》〈繫辭傳〉 《孟子》〈公孫丑篇〉	°	孔安國《注》 皇《疏》 <u>皇《疏》引《禮記》〈禮運篇〉</u> 劉氏恭冕

附錄二　雪廬老人法相

雪廬老人九十歲著海青、戒衣之法相。

左爲雪廬老人、右爲筆者父親謝嘉峰先生，時爲民國 59（1970）年 8 月。

雪廬老人（中）與弟子同遊臺灣廬山、梨山，左爲王志賢（步先）先
生、右爲謝嘉峰先生，時爲民國 59（1970）年 8 月。

謝嘉峰先生大學畢業著學士服與雪廬老人合影，時為民國 61（1972）
年 6 月。

附錄三　雪廬老人墨寶

題醫王學社〔註1〕學刊之四

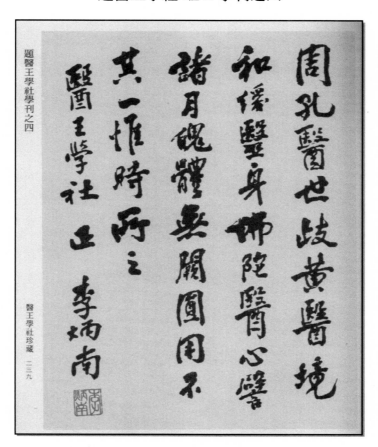

周孔醫世，歧黃醫境。和緩醫身，佛陀醫心。
譬諸月魄，體無闕圓，用不其一，惟時所之。

〔註1〕 醫王學社，爲中國醫藥學院（今中國醫藥大學）佛學社。

題智海學社〔註2〕圖書室成立

題智海學社圖書室成立

（一〇〇公分×三三公分）　智海學社珍藏

天下治亂，即蒼生之安危，
為之者政，發之者心。
而心習聖則聖，習狂則狂。
此治亂之分野，語言文字其心之化機乎。
思無正之書不入此室，善矣。

〔註2〕　智海學社，為中興大學佛學社。

作銘，紀潔芳居士珍藏

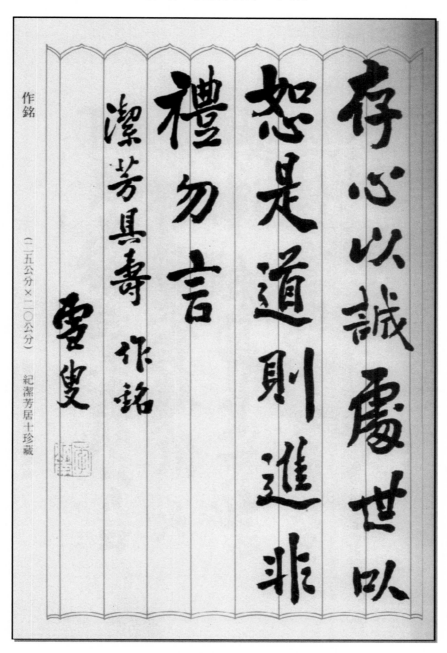

存心以誠，處世以恕，是道則進，非禮勿言

贈謝潤德居士〔註3〕（筆者祖父），謝潤德居士珍藏

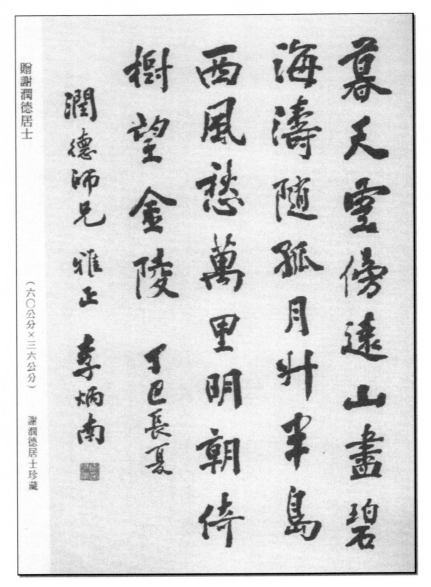

暮天雲傍遠山盡
碧海濤隨孤月升
半島西風愁萬里
明朝倚樹望金陵

題離苦得樂

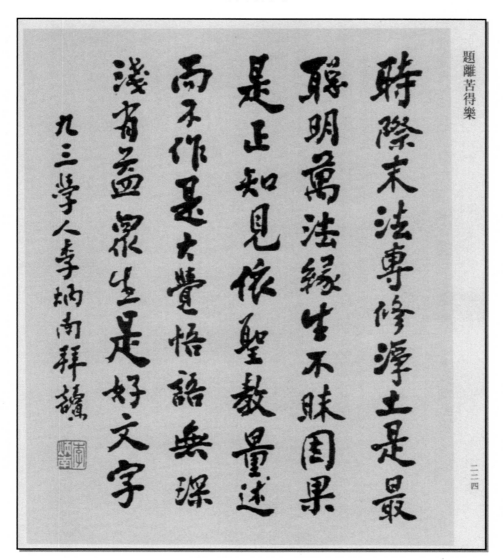

時際末法，專修淨土是最聰明
萬法緣生，不昧因果是正知見
依聖教量，述而不作是大覺悟
語無深淺，省益眾生是好文字
　　九三學人李炳南拜讀

附錄四　雪廬老人信函 [註1]

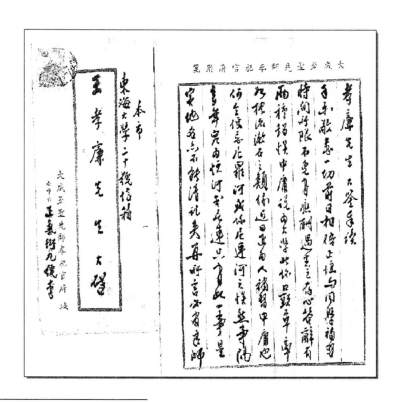

〔註 1〕　此乃老人回覆時為青年的王孝廉先生信函，筆者碩士班修課時，王先生曾返
母校客座，得知筆者以老人《論語講要》為題，王先生返日後則郵寄贈此信
函原稿予筆者。王孝廉，山東昌邑縣人，1942 年生，東海大學中文系畢業，
日本國立廣島大學文學研究科中國哲學博士；現任日本福岡市西南學院大學
文學部國際文化學科教授。王孝廉筆名王璇，出版有《春帆依舊在》、《船過
水無痕》、《彼岸》、《神話與小說》、《中國的神話世界》等書。

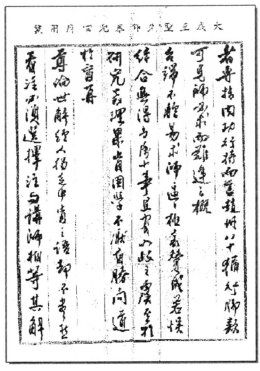

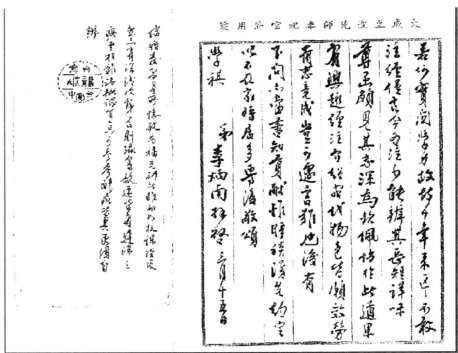

信一

孝廉先生　大鑒拜讀

手示敬悉一切。前日相晤，正值與同學補習，時間所限，不免有應酬過去之存心，答辭有兩種錯誤，《中庸》說爲《大學》，此係口頭草率如枕流漱石之類。緣近日正爲人補習《中庸》也，何至便忘尼羅河或係尼連河之悞，然事隔多年究爲恒河或尼連，只有此一事是實地名，亦不能記清矣。再所言必有良師者，專指內功行持而言，趙州八十猶行腳類，可見師必求而難逢之概。

台端不輕易求師，區區極表贊成，若悞結合，無得當屬小事，且有入歧之虞；至於研究教理，果肯困學不厭，自勝問道於盲。再

尊論世解經人，獨乏中肯之語，卻不盡然；看注必須選擇，注與講師相等，其解若何，實關學力。故數十年來區區不敢注經，僅古今各注，稍能辨其長短。詳味

尊函，頗見其志，深爲欽佩，倘於此道，果有興趣，經注介紹或代物色，皆願效勞。有志竟成，豈可遽言難也。後有

下問，亦當盡知貢獻，惟晤談須先約定，以不在家時居多。專復敬頌

學祺

　　　　　　　　　　　　　　弟李炳南拜啓　三月十五日

信將發，忽有所憶，敬爲補充。研此，雖非如校課階級，然亦有深淺次第，否則躐等，欲速皆有遲滯之病；至於雜誌概論等，只可參考，醇疵皆具，更須自辨。

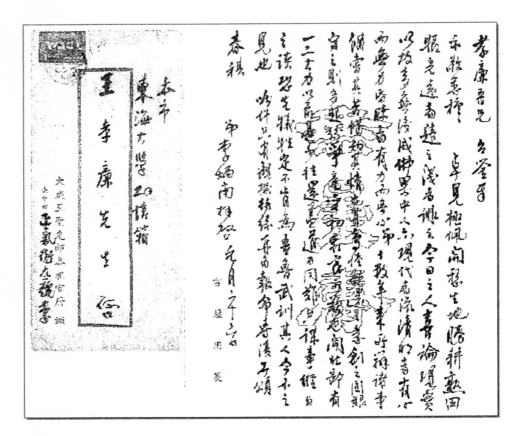

信二

孝廉吾兄　台鑒手

示敬悉種種　　卓見極佩，開墾（懇）生地，勝耕熟田。眼光遠者趨之，淺者誹之；今日之人喜論現實，以故多無後成。佛界中人亦現代者流，清明者有心而無力；昏昧者有力而無心。弟十數年來所辦諸事，備嘗其苦，備知其情，亦有勞倦欲還之意；創之固艱，守之則多起紛爭，竟變初衷，良可歎也。聞北部有一二大力，以前甚少往還，蓋道不同難共謀事，縱與之談，恐先犧牲，定不肯為。吾魯武訓其人，今不之見也。囑付只有觀機待緣，再為報命。

專復並頌

春祺

弟李炳南拜啓　元月二十六日

附錄五　《論語講要》書影

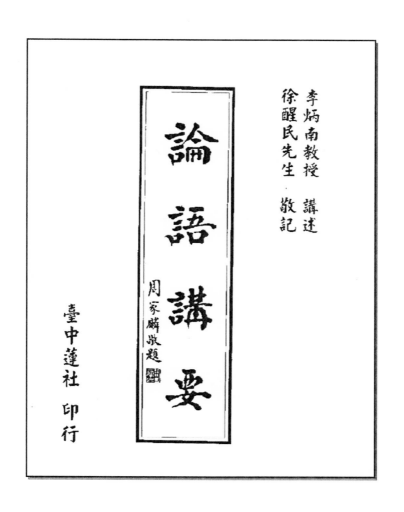

民，一綱有四目，即修身、齊家、治國、平天下。自天子至庶人，皆以修身爲本，由此推展齊家治國平天下。此是仁之事業，必須力行。

游於藝者。韻會：「藝，才能也。」又「術也。」禮樂射御書數六藝，以及百工技能，皆藝術也。孟子曰：「是乃仁術也。」矢人惟恐不傷人，函人惟恐傷人，故術不可不慎也。故一切藝術不離乎仁。爾雅釋言：「泳，游也。」「潛行爲泳。游水底也。按「水底」即深入沉潛之義。藝是行仁之工具。一切藝術技能，至爲繁多。已成聖人者，是不惑者，無所不知。學者未成聖人，必須博學，以資推行仁之事業。古語：「二事不知，儒者所恥。」以有惑而不知，故以爲恥。知恥則必勇於學習一切藝能。

中庸云：「好學近乎智，力行近乎仁，知恥近乎勇。」此爲知行三要。治國平天下，即是行道，須憑智仁勇。無智仁勇，不能治國平天下。

雍也篇：子曰：「君子博學於文，約之以禮。」上四所列曰博，而須約之以禮者，禮爲道德仁義之後，又爲六藝之首，道德仁義暨諸藝術，待禮而成。倫常、政治、軍備、祭祀、婚喪、教法，非禮皆亂。禮運篇云：「故聖人之所以治人七情，脩十義，講信脩睦，尚辭讓，去爭奪，舍禮何以治之。」故學道德仁藝，必自學禮始。學禮必以學習致倫脩睦辭讓爲根基。

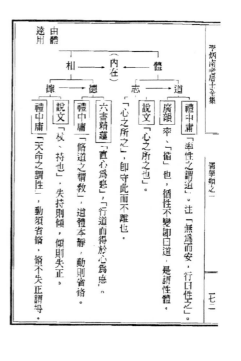

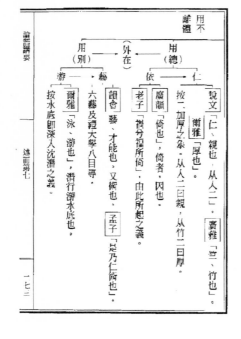

○子曰：自行束脩以上，吾未嘗無誨焉。

◎束脩異解

【雪公講義】

孔子曰：有來求教者，自行束脩之禮，或高於束脩以上之禮者，吾未嘗不教誨之也。束脩之解不一，皇疏中孔安國注，謂束脩為十束脯，是贄禮之物之至輕者，以此明孔子教化有感必應者也。後漢書延篤傳注引鄭玄論語注，謂年十五以上，能行束帶脩飾之禮者也。其他諸注不必悉舉。實則此兩義可以並存。凡師之禮固須贄物，然出以恭敬之心，亦未嘗不可。人潔己以進，孔子即與其潔也。

四書辨言－「束脩是贄見薄物。」

孔叢子：「子思居貧，或致糟酒束脩。」

北史－儒林傳：「馮偉門徒束脩，毫不受。」

漢書－朱邑傳，束脩之饋。論衡筆解引說者謂束為束帛，脩為脩脯。

以上皆謂贄物。

後漢書延篤傳，吾曰束脩以來。鄭注，謂年十五以上。能行束帶脩飾之禮。

後漢書－和帝紀－詔曰，束脩良吏。

鄭均傳，均束脩其心。

馮衍傳，圭璧其行，束脩其心。

劉殷傳，束脩至行，為諸侯師。

以上皆謂修身。

以上均不言物質。

○子曰：不憤不啟，不悱不發，舉一隅不以三隅反，則不復也。

集解：「鄭玄：孔子與人言，必待其人心憤憤，口悱悱，乃後啟發為之說也，如此則識思之深，說則舉一隅以語之，其人不思其類，則不復重教之也。」

此為聖人教學方法。憤是學者潛心求之而未悟，孔子乃為啟示之。悱是學者研究有得而未能說明，孔子則不為啟發，以其無助於學者也。舉一隅以侯，反者，乃教學者比類而推知其餘也。

○子食於有喪者之側，未嘗飽也。

何晏集解：喪者哀戚，飽食於其側，是無惻隱之心也。

皇疏：「孔子助葬時也，為應執事，故必食也。必有哀色，故不飽也。」

孔子助喪家執事，或鄰家有喪事，皆食之不飽，此孔子同情哀家之哀戚也。

○子於是日哭，則不歌。

○子謂顏淵曰：用之則行，舍之則藏，惟我與爾有是夫。子路曰：子行三軍則誰與。子曰：暴虎馮河，死而無悔者，吾不與也。必也臨事而懼，好謀而成者也。

朱子課註：「哭，謂哭死哀。一日之內，餘哀未忘，自不能歌也。」孔子是日蓋有親友之喪，或為其他疾病之事而哭者，是日則不歌。孔子好歌，歌足樂調，逝門不但不泰機，亦不哭歌。餘哀未忘，是誠心、是直心。

「用之」，謂有用我者則有用我也。「行」者，行其道也。「舍之」者，舍足擱棄，不必其用，道不行也，用之則行，遁行也……

〔右欄版心〕蕅益的禪學士集　　論語點睛之一　　二八○

○子曰：富而可求也，雖執鞭之士，吾亦為之。如不可求，從吾所好。

子路好勇，且長於軍事，故問孔子：若行三軍，則與誰。孔子即示以臨事之道，謂言必定馮河，雖死而無悔者，「暴虎馮河」是成語，馮音憑。詩小雅小旻：「不敢暴虎，不敢馮河」，暴虎是徒手搏虎，馮河是徒步渡河。次言足徒千搏虎，馮河是徒步渡河，是故不敢暴虎，不敢馮河，謀則不輕啟，好謀而成，儻則不輕啟，謀則擇勝算，是故能戰戰則克也。

退則行。舍之則藏，遁行不輕則者。行藏無求為用。此惟孔子顏淵千能然。

〔左欄版心〕論語講要　　述而第七　　二八

附錄六　論語講習班師生合影

論語講習班　第二屆　結業典禮師生合影
1985 年 6 月 21 日

論語講習班　第三屆　拜師暨開學典禮師生合影
1985 年 10 月 11 日

論語講習班　第十三屆　開學典禮師生合影
2007 年 9 月

（第二排右數第五位坐者為《論語講要》筆記者徐醒民居士，第一排
右一半跪者為筆者）

論語講習班　第十三屆　結業典禮師生合影
2009 年 6 月

（第二排右數第五位坐者為《論語講要》筆記者徐醒民居士，第一排
右一半跪者為筆者）

附錄七　雪廬老人後人
——李珊〔註1〕贈言

李珊

　　智光妹妹就要碩士畢業了，邀我談談對儒學的認知和經驗。這讓我感到既欣喜又窘澀。對於儒學，我並沒有做過系統的學習，所以，在這裡只能拋磚引玉，結合自己的生活談一點經歷和感受。

　　十幾年前，我曾經隨父母到達臺灣，第一次直面感受祖父——雪廬老人近四十年旅台生涯所宣導的儒佛精神。坦率的說，由於當時年紀和閱歷的緣故，我對儒學和佛學的思想精髓還不夠瞭解。但只是這麼浮光掠影的一次接觸，就足以讓我領略到它的博大與精深。由於歷史的原因，中國傳統文化在大陸經歷了幾多磨難與轉折，在寶島臺灣卻開放得如此瑰麗，讓我有一種驚豔的感覺。同時，我也為臺灣有這麼多大德、同修，為弘揚儒佛文化而做出的不懈努力而由衷敬佩。

　　多年來，台中蓮社和其他社團的師長們以各種形式將這些珍貴文化財富回饋大陸。他們不辭勞苦，到大陸講學、交流，讓爺爺畢生提倡的儒佛文化在各地生根、發芽。與此同時，他們還多次親臨濟南給予我細緻的指引，讓我能在爺爺的家鄉為儒佛文化的弘揚盡微薄之力。

〔註1〕　李珊（1972～），雪廬老人長孫女。1994 年第一次隨其父母及妹妹李彤來臺灣，即與筆者（1983～）及筆者兩位姊姊相識，並通信往返至今。2008 年 8 月筆者赴南京大學交流，9 月至濟南探望李珊、李彤及其令堂，筆者並與家母至老人墳冢祭拜。有關於李珊懷念其祖父雪廬老人之思情，可參考李珊：〈我的佛緣——爺爺往生二十一周年紀念追思〉，《明倫月刊》，374 期，民國 96（2007）年 5 月，頁 28～30。

隨著改革開放的不斷深入，大陸的經濟得到了快速發展，對文化思想方面的需求也逐步恢復與提升，人們不再盲從於西方的潮流與文化，傳統的中國文化得到了充分的認可。讀經熱、中醫熱都無處不在地彰顯著這種文化潮流的回歸，「以儒治國」、「和諧社會」等理念得到了政府的提倡和發揚，官方的祭孔大典每年都在孔子的故鄉曲阜隆重舉行。在我們周圍，社區兒童讀經班、儒學高級講習班開展得如火如荼，我也積極地參與其中。我深切感受到，人們不僅從形式上，更是從思想上、行為上，對儒家文化有了深層的認知與訴求。

近幾年來，佛教文化在大陸也得到了逐步的恢復。2006 年，在杭州舉辦了世界佛教論壇，在陝西還舉行了隆重的佛指舍利赴韓國供奉交接儀式，並由中央電視臺全程直播。這在以前是不可想像的。在全國各地，許多已經成為景觀的寺院重新成為名副其實的佛教聖地，居士們自發組織起來交流、研修佛教經典的氛圍也日漸濃厚。

這些文化成果的取得，與海峽兩岸有識之士的殷殷推動以及臺灣大德們的文化反哺密不可分。而日後的傳承與發揚，更離不開像智光妹妹這樣的優秀青年的不懈耕耘。相信不久的將來，在大家的共同努力下，儒佛文化必然能重新融入每一個炎黃子孫的血脈，成為我們民族的光輝印記與圖騰。

李珊

2010 年 11 月於泉城濟南

2008 年 9 月雪廬老人孫女李珊與筆者於祭拜後於老人墳冢前

附錄八　雪廬老人信徒後人
——楊士英教授訪談錄

謝智光

前　言

　　2008 年 9 月至 2009 年 1 月，筆者赴南京大學文學院交流。2009 年 1 月，筆者雙親來寧，共同尋找雪廬老人在南京弘法時的遺跡、護法者。據陳師雍澤《雪廬老人儒佛融會思想研究》〔註1〕載，附錄 21、22、23 爲南京正因蓮社弟子來函請老人返社，其中附錄 21、22 署名同爲「陳法青」，附錄 23 署名爲「李岫青」。附錄 22 亦附上信封，寄件人地址爲「南京成賢街八十號陳緘」，應爲陳法青居士之地址。（本文末亦附錄此三封信之圖檔、文字。）

　　在筆者準備訪視的前三天，《明倫月刊》總主筆鍾師清泉來信，亦請筆者過去查看故居，可謂與我們的計畫不謀而合。據鍾師所查，「成賢街八十號」爲近代建築大師楊廷寶〔註2〕故居之舊址，今已改爲「成賢街 104 號」，楊廷寶夫人即是陳法青居士，然陳氏已往生，他們的女兒楊士英女史爲南京大學

〔註1〕參見陳師雍澤：《雪廬老人儒佛融會思想研究》，附錄 21、22、23，頁 646～648。

〔註2〕楊廷寶（1901～1982），字仁輝，河南南陽人，建築學家。1921 年畢業於北京清華大學，曾任南京工學院副校長、教授。中國近代建築設計科學重要創始人之一。50 多年來，完成了 100 多項各種類型的建築工程設計。在設計工作中，主張博采各家之長，兼容並蓄，勇於創新，注重因地制宜，強調符合國情。與劉敦楨（1897～1968）、童寯（1900～1993）、梁思成（1901～1972）三人合稱「中國建築四傑」。

化學系教授。〔註3〕故居今不對外開放，門口有一「楊廷寶故居」之標示。經母親詢問附近水果攤，老闆娘找來故居的保姆後，由保姆開放故居，讓我們進入，並告知陳法青居士之千金、即楊士英教授的電話。我們與楊教授聯繫上後，得知楊教授任教於南京大學、並已退休，與其夫婿林俊藩先生住在南大退休教授宿舍。我們告知來意，並說明筆者為南京大學交換學生，楊教授才首肯接受訪談。以下是訪談全部內容。最後則是訪談結語。〔註4〕

時間：2009 年 1 月 18 日

地址：南京大學退休教授宿舍

人員：楊士英教授（簡稱楊）

　　　楊士英教授夫婿，林俊藩教授（簡稱林）

　　　謝嘉峰先生（簡稱謝）

　　　何美雪女士（簡稱何）

　　　謝智光（簡稱光）

光：（這封信是從《雪廬老人儒佛融會思想研究》一書中）複印過來的。

何：（令堂的名字是）陳法青（居士）是嗎？

林：對、對。

謝：（陳法青居士當時）寄件人地址是「南京成賢街八十號」，是嗎？

林：八十？

謝：以前（信封地址）上是寫八十（號），（信裡）這邊署名就是寫「法青」。

光：然後這封信（1949 年 3 月 29 日再函）裡有提到（楊士英教授）老師您的名字。這邊中間有提到。

楊：這是哪一個？

光：這是寫到老師您的名字。信上說：「……**仁輝說吾　師如歸來，可以下榻舍下，因士英不久亦許可以去美，學校辦妥，惟護照少難，士英的房間**

〔註3〕是以筆者與雙親才能順利找到楊廷寶故居，在此向鍾老師致謝。

〔註4〕筆者按：此次非正式訪談，因為楊教授與我們素昧平生，我們又是雪廬老人的弟子、再傳弟子，是以彼此都在互相熟悉、了解情況。為真實展現訪談原貌，仍將訪談內容全部列出。

可以讓吾師之用。……」。

楊：那是哪一年？

光：信上寫是 1949 年 3 月 29 日。

楊：是 1949 年啊！

謝：這應該是六十年前。

楊：這信是我媽媽的字，沒有錯。

謝：對嗎？

楊：對、對、對。那個時候，後來（中共當局）不是解放了嗎？解放了以後
　　我沒有去（美國）了。

何：對的，那個時候護照很難辦。

楊：因為那個時候，大概 4 月份的時候南京就解放了。

何：所以後來您沒去美國。

林：解放後我們就在這裡上學了、我們就不走的。中國解放是大事情、是好
　　事情。

謝：我們都是在臺灣、臺中，跟著李老師（雪廬老人）學儒學、學佛法。是
　　這樣子的情形。

楊：那（雪廬老人）他後來不在孔先生、孔德成先生家裡工作了？

何：有，（雪廬老人）一直在孔先生（奉祀官府）家工作。

謝：一直做到他九十多歲。

楊：喔，那他就是一邊在（孔先生）家裡頭工作，一邊也弘揚佛法。

何：對的。

**楊：跟在這邊抗戰時期、在重慶時候也是一樣的。那個時候（雪廬老人）也
　　是在孔先生家裡工作，（也在講佛法），那個時候我媽媽（陳法青居士）
　　就去聽他講。**

林：你們剛才進來有看見吧？那就是她（陳法青居士）的相片。

光：我們剛剛有進去（楊廷寶）故居裡面看，有照幾張相。

門牌：成賢街 104 號

林：那就對了，反正它（楊廷寶故居）正廳裡頭兩個大相，就是（楊廷寶、陳法青）他們兩個人。

楊：那李先生（雪廬老人）把我媽媽寄給他的信、還收著啊。

何：對的。

謝：對，這就是我們老師（雪廬老人）他留著，後來（雪廬老人往生後）我們才看到這一張。才會一直想找（寄信者等護法）。（寄件者）他的地方在何處。

何、謝：（第三封信件，署名者為李岫青）裡面有提到「正因蓮社」。〔註5〕

楊：啊？

謝：「正因蓮社」不知道現在還在不在？

何：（信上）它說是楊（廷寶）先生的故居，有提供出來，不知道是不是？當作一個蓮社（意指道場）。

楊、林：不知道，這個我們都不曉得。

謝：對，那個時候（楊士英教授）老師可能還年輕。

楊、林：是的，我們當時都才十幾歲。可能是十八歲，那個時候我們根本不太懂這些東西。我們也還在念書，我們都不知道。

楊：這事已六十年了嘛！

謝：對的。

〔註5〕陳法青居士之信件提到老人弘傳佛法的道場簡稱為「蓮社」或「佛社」，而另一封從南京寄來署名李岫青居士的信件中，提及「此刻楊太太為維持蓮社不墮，到（倒）頗為出力。」其中的「楊太太」應該就是指陳法青居士。

光：這是（楊士英教授）您母親（陳法青居士）的照片嘛？

楊：對，是我媽媽的照片。

謝：（楊士英教授）老師您要不要看一下您媽媽（陳法青居士）寫（給雪廬老人）的信、內容？

楊：好的，可以的。看一下，大概看一下。

林：也老了，也看不懂了，眼睛也不好了。

謝：（楊、林）兩位老師都退休了？

林：對，都在南大（南京大學）化學系〔註6〕，退休了。

謝：是我的前輩呢。

林：你說你現在（歲數）是六十初頭嗎？（意指謝）

謝：對，剛剛六十。1950年出生的。

林：噢！（1950年）我們已經進大學了。

謝：喔！那個時候老師也是讀南大嗎？

林：對，我們都讀南大。你出生時我們都讀南大了，這是老資格。

謝：我們就是看到信，想說會來南京，就來找找看會是在什麼地方。

林：你沒有回過我們大陸嗎？沒有來過我們大陸嗎？

謝：我的老家在廣東梅縣、我是客家人，在臺灣是在苗栗。我在苗栗算第十九世了。

林：按照我們的想法，臺灣大部分（的人民）是福建（人民）移過去的，對不對？

光：對的。

林：因為一個是廈門話、一個是漳州話、一個是泉州話是吧。那你講的是什

〔註6〕錢錦繡撰：〈建築大師楊廷寶工資全交給夫人〉《金陵晚報》2005年11月24日載，楊士英教授是南京大學物理教授、楊教授大學讀的是物理專業，應是誤植。下文楊教授明確說明自己研究的領域是「有機化學」、林教授研究的領域是「物理化學」。《金陵晚報》此篇報導可參考新浪網網站：http://news.sina.com.cn/o/2005-11-24/08047527684s.shtml。

麼話？

何：漳州話。

林：漳州話，抗日戰爭的時候我住在漳州，住了三年以上。（所以會說一些，接下說話用閩南語、普通話夾雜）

何：（以閩南語）我說漳州話啦。

林：（以閩南語）漳州話我也可以知道。漳州人說「說話」的「說」念成「ㄙㄟ」（台音第四音），與廈門人說「說話」的「說」不同，廈門人念成「貢」（「講」之意）。

何：雖然我們是漳州人，但我們還是念成「貢」，是「海口音」才會念成「ㄙㄟ」（像漳州人一樣）。

林：如「改變」的改是念成「歸」（ㄍㄨㄟ台音第二音）。

何：是的，音有一些改變。

林：福建話的（種類）比廣東話還要多得多。廣東話就是一種話，大概分成廣東話、廣西話。廣東（這個地方）基本上是交通方便（所以經濟發達），我們福建很窮。你在福建住過沒有？

何：沒有。因為我們來臺已是二十幾世了。鄭成功那時就來了。

謝：就是明代末年、明末清初的時候。

何：我們（閩南人）還要再更早幾世是住在安徽、後來就遷移至漳州、最後再來到臺灣。

楊（看完信後）：信上說什麼……我對這個事一點都沒有印象。（陳法青女士）她也沒有跟我們講起過。我們中學在重慶南開中學，我媽媽他們住在山上，李先生（雪廬老人）也是住在山上，孔德成先生他們都是住在山上〔註7〕。我們那個時候住在山下，就是禮拜六、禮拜天回去一下。然後滿忙的、沒東西吃了（才回家），（平時）就是一個禮拜都不回去。所以媽媽有些什麼活動我們也就不知道。那麼到了（南京）這邊來呢，後來我就上了大學了，上了大學就住在學校裡面，住校不住家，也是禮拜六、禮拜天有空就回家，有的時候禮拜六、禮拜天跟同學玩，也不回家。所

〔註7〕 查楊廷寶的事蹟，抗戰時期楊廷寶與陳法青曾居住在四川重慶的歌樂山。而老人也與孔奉祀官一起住在重慶。據陳師雍澤《雪廬老人儒佛融會思想研究》之附錄20，有振濟委員會寄給老人的信封，老人地址為「歌樂山蝦蟆石八號」。見該書，頁645。老人並有多首關於歌樂山的詩作。

以家裡有什麼事媽媽也不跟我們講。

林：（陳法青女士）她也不跟我們講的。

楊：然後那個時候（政局）也比較亂，1949 年末，（政局）很亂，我們也都不
　　大出來，我們在學校也不大出來了。若出來也就趕快回家一下再回學校，
　　又怕亂了以後走在街上不安全。

林：你們大概不能理解那個時候，因為（謝）你是 1950 年生的嘛。你們那個
　　時候國民黨嘛，蔣介石是要反攻大陸。他那個時候講的口號是兇得很。
　　我記得很清楚，我跟你講，1959 年啊，我們有砲擊臺灣。

謝、何：對，那時是 823 砲戰。

楊：對，那個時候很不安全，我們在學校就在學校，就不大動的。不清楚媽
　　媽的很多情況。但是我知道李先生（雪廬老人）的。重慶的時候還見過，
　　到（南京）這兒來我就比較沒有印象了。

林：時代一代一代就過去了。

謝：六十年了。

楊：六十年也滿遠的了呢。現在我們都老了呢。

何：那楊（廷寶）老先生是多久以前過世的呢？

林、楊：是 82 年，1982 年。

楊：1982 年他正好是 82 歲，我媽媽（陳法青居士）呢，她是 2003 年過世的，

林：103 歲（高壽）。她是 1900 年生的。

楊：不是，她是 1901 年生的。

何：那真的是高壽。

光：那還滿接近的。

謝：如果能早一點來，問媽媽（指陳法青居士）就會知道一些事了。

林：不過當時她比較不清楚了。九十幾歲的時候比較清楚。

楊：九十幾歲的時候比較清楚。

林：一百多歲後就比較不大動了。

陳法青居士百歲玉照（翻拍）

謝：因為 1989 年我到山東濟南去過，

楊：喔！那個時候若到南京來（訪問）就好啦！

林：她那個時候就很清楚啦！

謝：從上海坐火車經過南京，沒有下來。那個時候還不太清楚，因為想說要
　　到（濟南）那邊去。

何：送一些李老師（雪廬老人）的遺產回去。

謝：還有骨灰。

楊：喔！那（雪廬老人）他最後是葬在他家鄉了？

謝、何：對的。

謝：1997 年也去過山東一次。我總共去山東濟南兩次。也都是為了我們老師
　　去的。

楊：喔！那你回國來好幾次了。

謝：南京也算來過兩次。

何：我來過四次吧！喔！不止不止，我 1992 年來過一次、99 年又來一次。最
　　近因為我的老大和她先生來南京中醫藥大學讀書，所以我最近這一年多
　　來了四次了。

謝：（指光）這是我的老么。她剛好就是因為臺灣的東海大學跟南京大學有交
　　流，過來交換。

光：是來南京大學中文系（文學院）。

楊：很不錯，文章肯定寫得很好。

光：沒有沒有。現在是研究生。

謝：那老師兩位在南大教很久了？

林：四十幾年了！

光：家父也是化學系的。

楊：在哪兒呢？（指林教授）他是搞物理化學，我是（研究）有機化學，

謝：我是（研究）分析化學。

楊：那我們就都全了！

謝：我後來是（研究）微量分析。

楊：我也搞過有機的微量分析。

謝：這個不容易喔！

謝：兩位老師教了四十幾年。

楊：你也教了四十幾年？

何：不，（指謝）他是教了三十年。

楊：現在你還在教嗎？

何：退休了。

謝：我提早退休。

何：臺灣剛好有一個「五五專案」，滿五十五歲可以退休了。

謝：政府鼓勵我們退休啦。

林：我們國家好吧！

光：（笑）

林：很穩定、大家都生活得很開心。

謝：平安就是好啦。

何：臺灣是滿民主的啦。臺灣就是比較民主。

楊：臺灣就是民主。

林：很亂啦，我不喜歡那種民主。民主要有盡忠。我們中國有中國的方法，
　　不能像美國一樣。民主是（適合）美國，我們不能上它的當。

何：對，其實中國文化很重要。雖然民主，但是要有中國文化的維繫。這樣
　　就不會亂。

林：話就是不要亂講。不是人家在台上講，你在底下亂講，那到底是什麼民
　　主？概念要清楚。

楊：那你們這次來，是來看看她（指光）？
光：就一起回去。
林：是飛回去過年，再飛回來繼續讀嗎？
光：不，我就只交換一個學期。（到現在）已經結束了。
楊：所以爸爸媽媽就帶她（指光）一起回去了。

謝：**我們老師（雪廬老人）他就是一直在臺灣鼓勵我們讀（中國文化）。像我
　　讀化學的，我內人（指何）是讀商學，我們很多人本身不是讀中文的，
　　但是呢，都很喜歡中國文化。他老人家一直提倡中國文化。說明中國文
　　化的好。這是他一直鼓勵我們的。**
林：對，應該要這樣。
謝：有一篇文章叫作：〈經──中國人的身份證〉〔註8〕，
楊：對的、對的。
何：比如說《十三經》啊！
謝：一直鼓勵我們，叫我們要讀這一些。
何：所以我們在學時都有一直跟著李老師（雪廬老人），聽他講的課。如《禮
　　記》、《大學》、《中庸》、佛學、唐詩。
謝：他不是只有教佛法。
楊：也教文學嘛？
何：對的，像《論語》也是。

林：那將來你們可以好好看看我們中國的這些廟宇啊。南京有名的有很多。
謝：今天早上就是去「雞鳴寺」。去完「雞鳴寺」再走過來「成賢街」。
楊：「毘盧寺」你們去了嗎？
何：沒有，「毘盧寺」我們還沒去。有聽朱斐居士、朱老師說過。
楊：「毘盧寺」大概也很久了。毘盧寺也比較大。

〔註8〕參見高大鵬：《經──中國人的身份證》（臺中市：青蓮出版社，2001 年 11 月）。
　　　　此文係轉載 1983 年 7 月 23 日之《聯合報副刊》，再重印發行成單行本流通。

林：南京就是很可惜，

楊：「雞鳴寺」裡面是尼姑的、拜觀音的。「毘盧寺」裡面則是和尚。

光：對的。

何：「毘盧寺」在哪邊呢？

楊：就在總統府，那裡有國民黨的一些遺跡。可以了解國民黨的一些事情。

何：昨天我們就去總統府了。

楊：「毘盧寺」就在總統府的邊上。

何：那時我們不知道。

林：南京還有中山陵，中國人對孫中山非常信崇，中山陵的邊上那個叫什麼？

光：是靈谷寺嗎？

楊：對，那個好像沒有廟（指已沒有出家人在寺修行）。

林、楊：「毘盧寺」是比較有名的。

楊：總統府旁邊叫做「梅園新村」，「梅園新村」再往裡頭走一點就到了。

何：難怪，總統府的票有加賣梅園的票。

謝：以後有機會再來。

謝：這邊有一本，臺中蓮社〔註9〕有出一本《雪廬風誼》〔註10〕，李老師的號
　　叫做雪廬，這本是介紹李老師一生的風誼。這個（照片）應該是孔德成
　　先生。孔先生也過世了。

光：是前幾個月過世的，應該是年底。

謝：上一次我有參加（孔先生的）告別式。

楊：好像（孔先生）他的後人在美國吧？

光：聽說有一些（子孫）在臺灣。

謝：孔先生他的（孩子）老大很早就過世了。孔先生算是七十七代。七十八

〔註9〕　即雪廬老人來臺後創辦的臺中佛教蓮社。蓮社網站簡介其創設緣起是：「業師
　　　　東魯李雪廬老教授，民國卅八年二月隨孔奉祀官德成來台，定居台中，是歲
　　　　適公六十初度。公之大願，在度眾生，故甫安頓公務，即覓弘法之所。初假
　　　　各處佛寺，方便演說，並在寺內設施醫所，方便接眾，導引初機，學者日眾。
　　　　翌年，遂發倡建蓮社之宏願。民國四十年於今社址創立蓮社淨業道場，其後
　　　　陸續創辦慈光圖書館、慈光育幼院、菩提仁愛之家及般若精舍等聯體機構。」
　　　　參考臺中蓮社全球資訊網：http://www.tcbl.org.tw/。

〔註10〕《雪廬風誼》，收於《李炳南老居士全集總目錄》（臺中市：青蓮出版社，2006
　　　　年4月），頁197～260。有單行本，出版項同前。

代已經過世了。現在是七十九那一代,已經有八十代的(子孫)了。

楊:在臺灣嗎?

謝:對的。都在臺灣。

楊:喔,我們看到報紙說,好像是孔先生他的女兒在美國。

謝:(指《雪廬風誼》上雪廬老人的相片)這是我們老師年輕的時候。

楊:喔,好像有一點印象。

謝:老師在重慶有見過他吧?

楊:我們小的時候好像有見過。他住在山上,有見過他。

謝:(指《雪廬風誼》上雪廬老人的相片)這是已經來臺灣了。來臺灣第一個居住的地方。(雪廬老人)他在大陸的情形很少說,所以我們都不知道。

贈楊士英教授《雪廬風誼》等書

謝:這些照片全部都是在臺灣。這些是早期的情形。

林:那他是 49 年什麼時候過去的?當時解放了沒?

謝:他是 1949 年(農曆)1 月過來的,那個時候還沒解放。所以後來才說(楊士英)老師的媽媽(陳法青居士)寫信給老師,要他回來。我們後來才看到,是這樣子的。後來大陸這邊 4 月就解放了。

林:兩種想法不一樣,一種是「趕快跑」,當時我們的長輩(指楊廷寶)就是想說我們一定要留下來。

楊:應該不是的,李先生他是跟孔德成先生一起的。

謝:對的,他是奉孔先生之命的。

楊:他們是要一起走的。

謝：孔先生那個時候人在美國。（雪廬老人）他是收到孔先生他的指示說要押（孔奉祀官府之卷宗行李）東西運到臺灣，所以才來的。不過我們也不清楚啦。

何：也是因為李老師的關係，把中國文化的種子、把佛法的種子帶到臺灣來。現在其實臺灣是回饋到大陸去，把佛法回饋到大陸去。因為文革以後就沒（文化）了嘛。

楊：也應該的。

謝：這一本《雪廬風誼》就送給（楊士英教授）老師，也沒有什麼東西可以送老師。

楊：謝謝、謝謝！這封信也是很寶貴的，我媽媽一定沒想到。我會把這封信**供在我媽媽的牌位前**。

光：老師我們可以拍照嗎？

林：（笑）拍呀、拍呀，我們也不是什麼很保密的。

謝：因為我們一直在找，我們老師在南京的情形。我們都不知道。提到時都說「都過去了」，也都不大提。故鄉、山東的事也一樣。老師都說「**把握現在，現在最重要！好好學**」。

楊：不過，過去有很多事情真的也不清楚了，因為時間太久了，已經六十年了嘛。

謝：一甲子。

楊：你想想看，再怎麼記性好的，也不容易記得的。而且人是慢慢老了，就記不清楚了。

謝：這邊有幾本書，跟老師結緣。這一本《佛學概要十四講表淺說》〔註11〕，李老師我們都稱他雪廬老人，（弘超）是老師幫我取的字，老師他有講佛學概要十四講、八大人覺經等等，

〔註11〕弘超居士講述：《佛學概要十四講表淺說、八大人覺經淺說、般若波羅蜜多心經淺說合刊》（臺中市：今成出版社，2008 年 7 月）。按：弘超居士即筆者父親謝嘉峰。

楊：那這個是你主編的嘍？

謝：沒有，那是講的。

何：那是根據老師講過的，再把它整理講述出來

楊：那這個也是很重要的、很寶貝的，那真好。

謝：這本書可以配合（講課的）mp3 來看。

謝：另外這本《亦蓮訊息》，我自己在臺灣有個小地方，我們稱之為「亦蓮山莊」，這是它的訊息。這個是我們製作的一個動畫叫做《效孝》〔註12〕，講的是《地藏經》〔註13〕的故事。還有介紹一些臺中（佛教）蓮社，我們都稱之為臺中蓮社。

何：這是李老師創辦的道場。

謝：他在臺灣創辦四個機構，一個叫臺中佛教蓮社，我們稱蓮社，那邊有講國學、佛學。慈光圖書館〔註14〕，那邊都講佛學。還有一個小朋友的，慈光育幼院〔註15〕，救濟孤兒的。另一個是菩提仁愛之家〔註16〕，那是

〔註12〕十方大德贊助製作：《效孝（DVD）祭祖篇、婆羅門女的故事》。

〔註13〕即唐朝實叉難陀所譯的《地藏菩薩本願經》，又稱《地藏本願經》、《地藏本行經》、《地藏本誓力經》，簡稱《地藏經》，是釋迦牟尼佛稱揚贊嘆地藏菩薩「地獄未空誓不成佛，眾生度盡方證菩提」之宏大願望的經典。

〔註14〕慈光圖書館，1956 年由許克綏、朱炎煌、許炎墩、陳進德、莊郭花、董正之等居士建請雪廬老人儘速籌設佛教圖書館及講堂，俾供長期講經及蓮友研學佛法之多功能場所。1957 年購置座落在臺中市中區柳川西路與民族路口，原是一所佔地將近 500 坪的汽水工廠，有現成廠房及辦公室，經整修，包括書庫、辦公室、閱覽室、講堂、庭院、放生池等設備俱全，成為「財團法人台中市私立慈光圖書館」，並於同年 9 月 6 日奉教育部核准成立。隨即組成董事會，向臺中地方法院登記，同年 10 月 5 日奉准登記，獲頒法人登記證。於是購書、徵書、捐書活動及各項籌備工作熱烈推展，迄次年 1958 年 5 月 25 日（農曆四月七日）正式開幕。見財團法人慈光圖書館暨慈光淨宗學會服務網站：http://web.amtbtc.org.tw/。

〔註15〕慈光育幼院，附設慈德幼稚園。創辦緣起是「民國 48 年『八七水災』，造成眾多孤兒流離失所，李教授與台中蓮社蓮友秉持慈悲濟眾之精神與幼人之幼的心懷發起創辦，49 年正式立案，訂名：台中市私立慈光育幼院。」見慈馨兒少之家網站：http://www.tkcy.org.tw/index02.html。

〔註16〕菩提仁愛之家，附設菩提醫院。菩提仁愛之家沿革：「本家三位創辦人李雪廬老居士、朱斐、黃雪銀，與于凌波、林進蘭、張慶祝等十數位居士及佛教四眾弟子的共同支持下，於民國 52 年 4 月 8 日，先於台中市台中路 26 號開設

老人院。我也在那邊（菩提仁愛之家）當過家主任。（仁愛之家）還附設有醫院，叫做菩提醫院。主要創辦就是這四個大機構。

楊：那現在這四個大機講都在運作嘍？

謝：對，都是老師的學生在管理。

楊：那太好了。

謝：真的很高興能夠看到兩位老師，好像看到（雪廬老人）老師那種影子，那樣過來。

楊：那真的太好了、太好了。那我們也沒什麼東西可以給你們。

謝：看到就最高興了！而且兩位都是我化學的前輩呢！我本身是讀臺中中興大學化學系，後來再去讀中原大學應用化學研究所碩士班，

林：到國外讀過沒有？

謝：我都在國內讀。再去臺灣新竹的清華大學讀化學博士班。後來再回中興大學任教，我是副教授退休，我也想要早點退休，因為喜歡

楊：弘揚佛法？

謝：不是弘揚啦，是學習啦，早一點退下來，我五十五就退了。我都是受我們老師的影響。

何：就是報師恩、報佛恩啦。

謝：我很晚才去讀博士班。

何：（指楊、林教授家中的牆壁、四周多有格言佳句）那個這都是誰寫的呢？

楊：那個都是我們報紙上有一些這個東西，（指林教授）他就把它抄下來，貼上來。

謝：不知道我們這邊有沒有貼春聯？

一小型門診部，為佛教界及台中市民服務，後應各方之希望與樂捐，在台中縣大里市現址購地一公頃餘，於民國 53 年 5 月 19 日立案為菩提救濟院，同年 6 月 13 日召開第一屆董事會第一次會議，擬定發展之業務有醫院、安老所、施醫所、保嬰所及佛教善果林等事業，計劃逐步完成，此是佛教在台灣對社會大眾慈善事業之開端。民國 55 年醫療大樓及太虛紀念館先後竣工落成，太虛館落成，印順老法師親臨剪綵，創辦人雪公李老恩師啟鑰，演培法師為大殿釋迦佛像開光、報告捐建因緣並主持典禮，樂觀、默如二位法師開示。」見菩提仁愛之家網站：http://www.bodhi.org.tw/index.php。

楊：有的。

謝、何（贈送臺中蓮社的春聯結緣品）：這是我們蓮社出版的，由（雪廬老人）
　　李老師寫的辭句，周（聖遊）老師寫的書法。

楊：那謝謝了！這些都很寶貝的。

林：這不像基督教，基督教都不知道在講什麼。

謝：我們老師常講，我們中國的佛法其實跟我們中國文化很接近。

林：很接近的。這裡（南京）還有一個棲霞山、有棲霞寺。還有很多其他的
　　（名山古刹）。

楊：那個廟很大。

林：佛像有很多！在洞窟裡頭。有一點像千佛山、千佛洞。他就是自己挖一
　　個洞，有的大、有的小。挺好的。都要去看、都要去看。

光：楊老師，我給你們看一下。我之前九月來南京時有到山東去，這是（雪
　　廬老人）李老師的墓塚，這位是（雪廬老人）李老師的孫女（李珊）。

楊：李老師的孫女也來了啊？

光：她們就一直住在山東、濟南那邊。

楊：她沒有跟李老師一起來（臺灣）？

何：沒有、都沒有。因為李老師是一個人來臺灣的。他的家人都全部留在山
　　東。

楊：那師母他們都還在這邊？

何：對的。

謝：所以我們就是在 89 年過去，骨灰是前一年送過去的。

光：他的家人們有在哪一年過來臺灣……

何：是 1992 年左右過來臺灣的。有來過臺灣兩次。

光：所以這次我們就去拜訪。

光：我們可以跟老師拍張照嗎？

林：我們這個光線可以嗎？

光：可以。

謝：那就請兩位老師坐著、我們站著。老師都是我們的前輩。

林：你們現在住在哪裡？

光：我姊姊住在（南京）烏龍潭那邊、人民醫院那邊。

謝：老師們生活都沒有問題，我們就很放心了。謝謝老師們接受我們的訪問。

林俊藩教授、楊士英教授與謝嘉峰、何美雪合影

林俊藩教授、楊士英教授與謝嘉峰、謝智光合影

結　語

　　1949 年左右，中國大陸戰火頻仍，即便是抗日戰爭成功，政局一樣不穩定。雪廬老人隨孔奉祀官德成先生，從山東濟南、到四川重慶、再到江蘇南京。流離十年，只回濟南老家一次。陳師雍澤〈雪廬老人大事年表〉〔註 17〕載：

　　1937 年，七月，日本侵華，蘆橋變起，隨孔奉祀官德成避居重慶。

　　1939 年，爲避日機轟炸，隨奉祀官遷入西郊歌樂山，結廬林間，命

─────────────
〔註 17〕　參見陳師雍澤《雪廬老人儒佛融會思想研究》，附錄 24，〈雪廬老人大事年表〉，
　　　　　頁 659～666。

曰「猗蘭別墅」；賦〈孔上公歌樂山猗蘭別墅寄興〉詩。

1941 於雲頂寺設歌樂山蓮社，弘法二年來信眾日增，遂重修大殿及佛像。賦〈歌樂山蓮社〉詩述懷。

1945 年，以內亂阻歸，次年始還金陵，從奉祀官住南京三載。

1946，年秋返濟南。戰後，曾陪孔奉祀官三返曲阜，皆因歸路險阻，致流亡十年，僅此一趟返鄉。

1946 年，於南京普照寺、正因蓮社等處講經說法。

1949 年，二月，奉命押運孔府卷宗行李，隻身浮海來臺，仍任奉祀官府祕書，寓台中。

據楊士英教授的回憶，在重慶見過老人，也知道其母親——陳法青居士會去聽老人講法。然而楊家故居是否就是「正因蓮社」？楊氏則不清楚，亦不清楚其母親參與的其他活動。本次訪問，雖然沒辦法知曉「正因蓮社」之舊址，但卻可確知老人在重慶、南京，即使是戰爭的情況下，一樣是：於公，在孔奉祀官府擔任主任祕書；於私，弘揚佛法、儒學。到了臺灣還收到陳法青、李岫青居士勸返的信件。

訪談過程中，楊、林二教授對於雪廬老人的事情不是很明瞭，也與我們對於這六十年兩岸的政局做了部分的溝通和理解。我們最後都同意，希望老人弘傳儒學、佛學的成就能繼續弘揚，如此一來，才真正做到文化的傳承。

後 記

在整理訪問稿的過程中，筆者再三反覆閱讀陳法青居士寫給雪廬老人的信件。發現文末皆交代一位「仁輝」問候，第一封信文末云「仁輝囑筆致候」；第二封信除了前引文中云：「仁輝說吾師如歸來……」文末也說：「仁輝附候華師信代轉伊云每日照念地藏經。」心裡浮現一個想法：不知道這位「仁輝」是誰？與另一位南京來函的李岫青也不是同一人。直到查閱建築大師楊廷寶的資料時，才知道「仁輝」就是楊先生的字！可見楊廷寶先生與陳法青居士在重慶、南京時，已與老人相識。即便是楊士英教授已不大清楚，能確定這一點筆者也甚為歡喜。

〈甚望早日回京──「正因蓮社」弟子函請返社（之一）〉〔註18〕

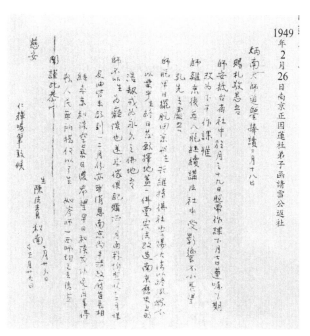

炳南大師道鑒：捧讀二月十八日
　　賜札，敬悉吾
　　師安抵台省。社中於月之十九日照常作課，下月七日遵囑下期
　　　改爲下午作課。惟
　　師離京後，無人能繼續講法，社中受影響不小，甚望
　　　孔先生處吾
　　師能早日擺脫回京，與生共維持佛社，宏揚大法，以終夙願，不
　　　以樂乎！生終日發願，擇地蓋一佛堂宏法，改造南京歷史上的
　　　浩劫，成爲永久之佛地。吾
　　師不以生爲癡談也。送來像俱配購證一月麵粉均照收，十二月煤
　　　及油皆未領到，一二月份亦無消息。南京尚平靖，政府首長相
　　　繼來京，和談空氣日濃，希望早日和談成功，免百事停
　　　頓，人民無所措，何以了生。如岑師、一西師，均已去信，並
　　聞，謹此恭叩
　　慈安
　　　　　　　　　　　　　生陳法青和南二月廿六日
　　　　　　　　　　　　　　　　古正月廿九日
　　　　　仁輝囑筆致候

〔註18〕此信後刊登於《明倫月刊》。參見陳法青：〈甚望早日回京──「正因蓮社」
　　弟子函請返社（之一）〉，《明倫月刊》第 397 期，2009 年 9 月，頁 36。

〈日夜頷望聽宏音——「正因蓮社」弟子函請返社（之二）〉〔註19〕

炳南大師尊鑒：二月廿六日，曾去臺中一函，請楊誠樸先生轉，三月
　　廿一日　賜示未曾提到，抑未收到耶？蓮社自吾
師離去，減色不少，人人心中都在惦念吾
師，如能早日回社，功德無量。諸多眾生都日夜頷望，聽吾
師宏音，藉作精進文章可以傳後世，宏法能多度眾生，在近代社
　　會中，惟一能使大眾增佛緣者，惟有吾
師宏法可以負大眾之望。仁輝說吾
師如歸來，可以下榻舍下，因士英不久亦許可以去美，學校辦妥，惟護照
　　少難，士英的房間可以讓吾
師之用。孔先生處在臺灣亦無多事代辦，到京後一樣可以寫文章，生
　　活費用生都可負擔，望吾
師勿卻生意為感。二分係配米，梅先生亦未送來，生亦不好索要。吾
師在臺中生活氣候都適意否？臺中佛教盛行否？南京尚平靖，
　　氣候上尚暖和，三月廿二日還落了半天大雪，午後即溶化，自昨日
　　起才暖和起來。僅此恭叩
慈安
　　　　　　　　　　　　　　　　　　　生法青和南三月廿九日
　　仁輝附候
　　華師信代轉，伊云每日照念《地藏經》

〔註19〕此信後刊登於《明倫月刊》。參見陳法青：〈日夜頷望聽宏音——「正因蓮社」
　　弟子函請返社（之二）〉，《明倫月刊》第397期，2009年9月，頁37。

〈無日不在思慕中──「正因蓮社」弟子函請返社（之三）〉〔註20〕

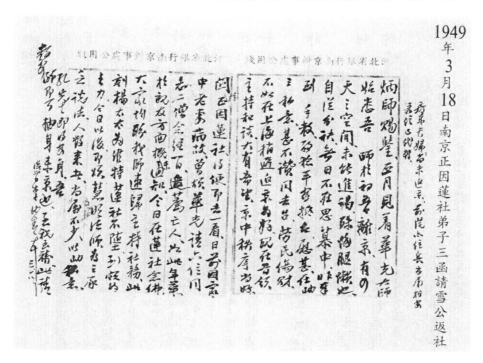

炳師賜鑒：正月見著華光大師，始悉吾　師於初五日離京。有四天之空
閒，未能晉謁，殊悔腿懶也。自從分袂，無日不在思慕中。昨奉到　手
教，敬稔平安抵臺，慰甚！在岫之私意，甚不讚同去臺，勞民傷財。不
如上海稍避，返京為好。現在首領主持和談，大有希望，京中秩序尚好。
關於正因蓮社，得便即去一看。日前因家中老妻病故，曾煩華光請六位
同志、二僧，念經一日追薦亡人。如此年華，於親友方面概未通知。今
日在蓮社念佛，大家均盼我師速歸，主持社務。此刻楊太太為維持蓮社
不墮，到（倒）頗為出力。今日以後，即煩慧明法師，為之承乏說法，
人數來者，尚屬不少。以岫私意，孔先生即得安身，吾
師即可抽身來京也。至祝！至禱！此請
教安！

後學李岫青頓首　三月十八日

　　附記：房東夫婦尚未返京，前院亦住兵，尚屬相安。來信已代轉。

〔註20〕此信後刊登於《明倫月刊》。參見李岫青：〈無日不在思慕中──「正因蓮社」
　　　弟子函請返社（之三）〉，《明倫月刊》第397期，2009年9月，頁38。

附錄九 《論語講要》筆記者徐醒民先生訪談錄

《論語講要》的成書因緣──自公徐醒民老師訪問記

時間：民國 100 年 1 月 17 日

地點：台中太平　老師府邸

訪者：

　　首先感謝老師撥冗接受學生的訪談。我因為（讀研究所）研究《論語講要》的關係，口試的委員也建議我說，有許多問題要請教老師。希望可以把《論語講要》的成書過程及意義完整的呈現給後人看。（請問老師）可不可以幫老師錄影？

徐師：可以錄影。

訪者：

　　是，好。謝謝老師。從《明倫月刊》裏面可以看到，單篇的〈論語講要〉是從民國 67（1978）年開始連載，想請問老師，為什麼要寫〈論語講要〉？或者是不是經由雪公太老師的指示才開始撰寫的？

徐師：

　　寫〈論語講要〉的動機，那個時候《明倫月刊》發行以後，一開始雪公就叫我每一期寫一篇「社論」。開始寫的時候，都是每一期想一個題目。後來日子久了，每一期想個題目比較感覺不那麼容易，因此在老師辦「論語講習班」的時候，一開始我就聽老師講《論語》，我就隨著聽、隨著作筆記；因為這個關係，我就是把我的筆記寫成一篇一篇的文章，當作社論。開始是這個意思。但是這個雪廬老人沒有指示。沒有指示叫我特別寫《論語講要》，《論語講要》這個名詞，寫到相當到什麼時候開始，才定了《論語講要》。是這個意思。

訪者：

　　我們可以看到，「論語講習班」是民國 69（1980）年才開始的，老師好像是在民國 67（1978）年就開始寫〈論語講要〉，是不是老師是聽聞雪公太老師在之前講述《論語》的時候的筆記，就記錄起來了？

徐師：

　　〈講要〉是後來的，以前那個《論語》我記的筆記，是在「論語班」以前講的《論語》。因為雪廬老人講《論語》不只一次，講了好幾次。在「論語班」之前的筆記我是在〈論語講要〉之前的。所以你說的是不錯。「論語班」開班以後，正式根據「論語講習班」，老師講的，我就根據那個來記載的。但是這個以前記的，後來我又把他根據老師在「論語講習班」講的，我稍微修正了一下。

訪者：

想請問老師，在《明倫月刊》刊登之前，每一篇雪公太老師有沒有看過？或者是我之前聽家父家母說過，太老師曾經指示老師，盡量不要寫入太多佛法來詮釋《論語》。不知道有沒有這件事情？

徐師：

有的。一開始寫這個《論語》，老師就都看過。我那時候每一篇寫的社論，就是《明倫月刊》的社論，在寫好之後，就送給雪公去看。他老人家看過之後，沒有問題了，才可以刊登在月刊上。每一篇都經過他老人家看過的。但是你說的，你的老太爺、令堂大人講的這個是不錯的，老師是告訴我。他老人家為什麼這樣說呢？是因為《論語》將來要刊在月刊上的，要顧慮到讀者，不只是學佛教的，學術界的人很多，其他各教，尤其是我們固有文化學習儒家的這些學者們，考慮他們的閱讀，假如說這裏面有很多佛學名詞，也許他們看了對佛法名詞也許不那麼完全熟悉。還有有些中國的讀書人，過去有成見，受了韓愈、歐陽修、程子、朱子，受他們的影響。他們的影響是反對佛法的，所謂闢佛的。後來在學術上治理韓、歐、程、朱學術的人也不少。所以在這方面，把佛法的名詞不要用。是能夠顧慮到他們的閱讀，是這個意思。

圓融儒佛

訪者：

但是學生看《論語講要》，還是有部分有運用佛理來解釋《論語》。比如說，最重要的〈述而〉篇「志於道」章，我們看圖表也有舉《大乘起信論》來說明；在其他章也常常運用體、相、用來解釋儒學。以佛理解釋經典，宋儒以後的儒者也有很多這樣子使用。所以老師您在撰寫的時候，是不是無法完全的避免？

徐師：

這個《論語》裏面有孔子講的那一章，「志於道」這一章。這一章經我們老師在「論語班」講解的時候，特別製作了兩張表。第一張表純粹是用儒家的名詞來解釋，第二張表再加入佛法在裏面。用的《大乘起信論》、還有《大學》，《中庸》好像也有吧！就加進去。這個就是做一個比較的研究。用傳統的解釋，加上佛家的學術來解釋，用比較的研究辦法。這個與那個原來講，不用佛家的名詞，這是可以這麼做的。

徐師：

　　你這個問題前面那個，我再補充一下。你提到體、相、用，體、相、用，像程、朱他們那些理學家們，他們認為這是佛家的講法。佛家解釋「本性」的這個意思，是用體、相、用來解釋。所以在解釋《論語》的時候，也用體、相、用來解釋的話，他們會不認同的。但是這一點，特別是我們老師的一個他的這個治學是很徹底的，他老人家就是在《周易》〈繫辭傳〉裏面找出根據，《周易》〈繫辭傳〉是孔夫子自己寫的，在那裏面，就有明確的證據，就是有體、有相、有用。所以這是有根據的。

訪者：

　　太老師在上《論語》課的目的是「著重求道」，提示學生們要「保住人格來學佛」，所以他在講課的時候並不一定會把所有的注解都講出來，想請教老師您在撰寫的時候，有沒有再參考其他的注解？

徐師：

　　這個是我們老師特別是在「論語班」講授的時候，他老人家把從漢儒的注解，一直到後來的漢學家的注解，到唐、宋、元、明、清，歷代的注解，老人家盡量的搜集，他老人家都看過。最後是用的那個清朝程樹德的《論語集釋》，《論語集釋》搜集的也很多，我們老師都看了。看過之後，再講解的時候就有選擇。如果是把所有的都講出來，那一章經要費很多時間，何況這一部《論語》。所以在講的時候，就擇其重要的、扼要的講解。**扼要的講解這就是他老人家講《論語》一個很大的特色**，在這裏。自己看了、把所有的看過之後，再加以選擇，選擇最符合孔夫子講的《論語》，符合他的本意，他再解釋出來。其餘的注解那麼多，那就不用講了，講了費時間。

　　還有古人注解也有好處，有一些是符合經義的，那就採用。有很多不符合經義的，不符合孔夫子講的原來的意思，雪公就自己研究。他研究什麼呢？《論語》是孔夫子講的是不錯，還有孔夫子的學生講的；《論語》以外的，有《易經》、《書經》、《詩經》、《禮記》，《禮記》不只一個還有《周禮》、《儀禮》，還有《春秋》，這都是儒家的經典，他在這些經典之中，來找出跟《論語》這裏講的，古人沒有注解到的，他老人家在這些經典之中找出來，把他補充。這個費的功夫很大的！所以我在寫《論語講要》，這《論語講要》雖**是我寫的，實際上是完全我聽老師在講的時候我作的筆記。我照我的筆記來**

寫的，我不需要另外再參考其他的書籍。再參考書籍我沒有那個能力。是這樣的。

而且我這個《講要》當時是根據我自己作的筆記，後來要準備出書了，我再寫成。寫成之後，我還把我寫的這個《講要》分送給那個時候在「論語班」都聽過的嘛，「論語班」的我們這些跟老師學得很久的，包括你的老太爺、你的令堂大人，我們都請他們來看看。就是這《論語講要》，寫了以後，還請很多，我們那時候同時跟老師學的同修，在一起，大家來審查、來鑑定。經過審查以後，他們有很多意見的，那麼根據他們的意見，有的要補充、有的要刪除的，這樣最後才完成《論語講要》，才能出版的。是這一回事情的。我也給那個翁義綱，他的意見很多啊，我都是根據他的意見，要刪的我就刪，要補充的就補充。

悲智雙運普潤群生

訪者：

這個問題延續剛剛的問題，想請問老師，要把講述來筆記成書，一定非常不容易。請問老師您在潤飾的時候，有遇到什麼困難嗎？那又是怎麼解決的？

徐師：

這個沒有什麼困難。就是把我做的筆記，文字把他寫成順暢一點就好了。開始的時候我是用文言文來寫的，文言文寫的話，後來老師告訴我，你這個將來要適合大眾閱讀的，因為現代人習慣都是看語體文，你要用文言文寫出來的話，閱讀的人受了限制了，不那麼廣泛了。為了這部書將來出來是普及到一般學術界都能夠看得懂，甚至學術界以外的人，他有一些研究孔夫子的學術、中國文化，寫成語體文是比較好。

另外一個我只是題外的話，我是聽說的，好像是……我不敢確定。是追隨老師很久的，老師的學生，他說老師以前作過夢，作過夢什麼呢？有個人拿一本《論語》呈給老師，老師一看、裏面沒有文字，完全是白紙！後來老師一想，哦！《論語》的文字都是文言文嘛，白紙應該是白話文了，所以他叫我寫成白話文。有這一個小插曲。

訪者：

想請問老師，雪公太老師開辦「論語講習班」，最後只講到〈陽貨〉篇第

二十章爲止。那麼〈陽貨〉篇之後的《論語講要》，老師您是如何完成的？是根據太老師在「論語班」之前講述《論語》時的筆記嗎？

徐師：

是的，〈陽貨〉篇以後，（雪公在）「論語班」沒有講的，那就是在以前老師講過的。那時我記得他老人家，在中興新村也講過，在興大好像也講過吧？不是興大，就在蓮社裏邊，（小講堂），蓮社講堂也講過。蓮社講堂和中興新村兩處都講過。那個筆記我記得很完整，一開始到最後，我都記的，有的。所以那個時候，〈陽貨〉篇以後，我就根據老師在「論語班」之前講的筆記。

訪者：

想請教老師，雪公太老師一直弘揚佛法，對儒學也盡力的闡揚。常常聽到老師們說雪公太老師是「內佛外儒」，但是我們發現他在講述《論語》的時候一直強調要「儒佛並重」。想請問老師您跟隨太老師的時間很久，可不可以爲我們解釋這個義涵？

徐師：

就《論語》來講，就老師講其他的儒家經典來說，對學術界的人講，可以說是「內佛外儒」，但是就一般來說，兩者都是，內外都是佛都是儒啊！他老人家在奉祀官府裏面擔任主任祕書，那當然是奉祀官府是儒學。另外他這個從過去抗戰之前，他老人家在家鄉那時就開始學佛，開始學佛。最顯著的就是跟梅大士，梅擷芸（梅光羲）大士，梅大士那時在大明湖畔講授唯識學，那我們老師那時候在司法界工作，就學了唯識。學唯識之前在北京有跟幾位老法師學過禪的、學過教的。後來呢，抗戰發生以後，我們老師跟著這個孔子奉祀官府到了四川去了。到四川去時又遇到梅大士，以及太虛大師，那麼在太虛大師那裏，由太虛大師請我們老師在四川各大寺廟裏面講佛法。到抗日戰爭勝利之後，回到南京的時候，他老人家在南京又講佛法。到了台灣來，他老人家也是，一直是儒學、佛法同時在宣揚。

敦倫盡分——從相對貫通到絕對

訪者：

想請教老師，對於《論語講要》的成書過程，還有解經方法，還有他的思想特色，老師有沒有什麼可以跟我們補充的？

徐師：

　　老師的佛法，他是根據淨土宗第十三代祖師——印光祖師，直接從他那裡承受過來的。印光祖師在出家之前他是學儒的，他儒家的經典學得非常深入。出家之後，印祖下的功夫很深，各宗各派的經典都看過，最後決定弘揚淨土宗。

　　他這個最重要的一部著作就是《印光法師文鈔》，那一部《文鈔》，裏面所講的，我們看的文字，雖然看起來很平平淡淡的，但是每一句這個文，都是有根據。根據各大經大論裏面的，所以要讀《文鈔》不容易的。我在沒有來台中之前，我就看過《印光法師文鈔》，我看《印光法師文鈔》，看一句用紅筆圈一句，一直看完了。後來我到台中來拜老師的時候，老師就問我，你看過哪些經典哪？我首先就講我看過印光祖師《文鈔》。老師問，「你看得怎麼樣呢？」我說：「很好啊！祖師的文章很容易看得懂。」老師就說：「哦，不容易懂的！」老師告訴我，「你慢慢研究。」後來慢慢研究，就是發現他裏面的文字都是來自像《華嚴經》、《法華經》、《楞嚴經》、《圓覺經》，那些大經大論裏面，都出在那裏。後來我看看，會性老法師寫過《讀印光祖師文鈔記》寫了也不少篇數，我看看會老法師，現在我才知道這個不簡單。能夠把祖師《文鈔》裏面他的出處都找出來了。後來我自己看，的確是的。他所以常常講，他寫文章就是這樣，勸人家學淨土法門也是這樣講：千經萬論處處指歸（彌陀淨土）。這一切的法門都是指歸到一句阿彌陀佛、這個佛號上面去。一句阿彌陀佛是萬德總持的，總持，一句佛號就是總持法門。是一個總持的。把一切佛法總持在這一句佛號裏面。所以他這句話是這樣子來歷的。

　　另外他老人家有一句更重要的話，就是我們學佛學儒，要知道「敦倫盡分」。「敦倫盡分」這一句話，他就把儒家的經典、經典所講的道理，佛法、佛經裏面所講的道理，就是非常圓融能夠含在這一句話裏邊。「敦倫」就是把倫常敦厚，這是儒家的。「盡分」，盡分這兩個字，就盡字，儒家的學問，就由印光祖師這句話，把這個世間的學術思想，一直貫通到佛法的出世法。這個法門，一直貫通。孔夫子自己對曾子講過：「吾道一以貫之」。一以貫之，那曾子說：「唯」。他知道了，知道。後來門人，別的跟孔夫子學的別的同學就問曾子：「何謂也？」曾子說：「夫子之道，忠恕而已矣！」，忠恕之道。忠恕之道特別是恕道，恕道開始做的時候是「相對」的，五倫都是「相對」的，做到最圓滿的時候，就是「絕對」了，不是「相對」了。「相對」的我

們好了解，父慈子孝、夫婦之間互相尊重。「絕對」的是怎麼樣呢？「絕對」的舉個例子。就是像古時候堯舜的舜帝，他就憑一個孝字，憑一個孝字就能夠成就聖人。他的家庭那幾個家庭的人員，父親是那樣迷迷糊糊的一個人，父親的前妻不在了，（娶了一個後）續弦了，續弦養的兒子是舜帝的弟弟。舜帝在家裏，一個是自己的生父，第二呢就是後母，第三就是後母生的兒子──是他的弟弟。這三個人時時刻刻都想殺害他！處在這個家庭裏面，那怎麼辦呢？他不管對方，不管他的父親、他的後母、他的後母養的兒子，他以他自己的本分，對父親、對後母也盡到孝道，對他同父異母的弟弟又盡到友愛。他以這顆心在家庭裏面相處，以這個孝道成就他的這個聖人。

這就是「絕對」的了，不是「相對」的了。「相對」的話，後母你對我不慈愛的話，我有什麼理由對你孝順哪！現代人都是這個心理啊！他不是這樣。連同生父都那樣要想陷害他，這在《史記》裏面記載很多啊！他就是一概不管對方如何，自己「絕對」（盡到孝道）的。就是印光祖師所講的「盡分」，盡到自己孝順父母的這個本分。**這個盡分就是把儒家的這個學術從世間的、相對的道理，貫通到出世法的這個道理。這個出世法，不是指的佛家才有啊，儒家本身就有。**所以這樣的話，我們老師就是跟印光祖師直接承受這個學術思想。後來再加我們老師自己，自己加以研究，因為印光祖師講的很簡單，但是我們老師就根據印光祖師提示的、簡單扼要的這個說法，他老人家，我們老師他老人家自己再長時期的研究，再用佛法跟儒家的經典，互相比較的研究。所以才確定我們老師不但在儒學上面，在佛法上面兩者都有特殊的一種、弘揚儒佛兩家學術方面，都有他的特殊一種講解。這個特殊講解，就是能夠前人、前代的人注解儒經，講解的儒經，都把他講成世間法，**認為儒家沒有出世間法**，所謂出世間法就是能夠指導人解決生老病死的問題，再進一步就能成就聖人。**儒家成聖人就是佛法講成就佛，證到佛果。**這個以前講儒經的人，他都沒有提到過的。我們老師把這個很明確的講出來，這是他的特點。

千經萬論處處指歸彌陀淨土

徐師：

講到佛法上面，我們老師他老人家把佛法研究很多。除了承受印祖的淨土法門，那個唯識學是跟梅大士學的，在北京有兩位禪宗的，我們老師跟他學了八年。

　　西藏密宗有紅派，還有白派吧？紅白兩派有一位叫做貢噶活佛，老師那是跟他學的。學的時候不是普通學，那個活佛是傳授給我們老師，他認定我們老師就是「金剛上師」。我們老師後來他是以金剛上師可以傳密法給人家啦！但是他老人家不傳。他不只一次的講。他說是密宗也好、禪宗也好、其他學教門的也好，你不指歸到淨土法門，不能當生成就的。其他那些法門都是釋迦牟尼佛說的嘛，不能說不對啊，也都能成佛，但是成佛的時間遙遠哪。從發心學佛，學大乘菩薩法，要經過三大阿僧祇劫啦。我們要想學佛，解決無始劫以來的生死問題，那等不得啦。尤其到現在的末法時代，你學佛、你學儒，那個環境把你往後拉，要你退轉，那怎麼得了啊？所以在這一層，他老人家非常慈悲的，一定要發心、發願往生到極樂世界，這是他老人家一個很重要的一個說佛法、說儒家學說的一個特點、一個特色。

善巧方便廣度眾生

徐師：

　　這個最重要的一點我們要認識。雪廬老人雖然在儒學、佛法上面都有一個很深入的研究，都有成就的。但是他老人家著作的不多。在佛經方面，有的是就有一個《阿彌陀經義蘊》，那文字不多。還有一部《阿彌陀經摘注接蒙》，這兩本都是在四川著作的，帶到台灣來，後來出版了。

　　因為我感覺到，我在到台中來拜老師之前，我在台北住了很多時候。那個時候我在台北有些道場我也聽過經啊，但後來一聽老師這個講解，一比較之下，在今日之下哪個道場都找不出來。

　　我們老師在佛法上面著作不多，有一部叫做《阿彌陀經義蘊》，再一部就是《阿彌陀經摘注接蒙》。這兩本書文字都不多，都是在抗日戰爭的時候他老人家在四川寫的。後來帶到台灣來，出版了，現在收在雪廬老人的《全集》裏面。在儒家這一方面，好像他老人家沒有著作，那就是一本《論語講要》。《講要》裏面，他最特別顯示出來的話，就是《論語》裏「志於道」那一章兩張講表。還有一章孔子講「性相近也，習相遠也」，他老人家寫了短短一篇〈講義〉。**就憑這兩章，兩張講表，一張講義，足以代表他老人家一個重要的一個著作。**這個你可以在有時間的話把這一個是兩張講表，一個是「性相近也」短短的一篇《講義》好好研究。就中國學術思想、儒家學術思想來講，這一篇《講義》從孔子的孫子，子思子作《中庸》以後，這一篇文字沒有人寫得出來！他的重要在這裏。「志於道」那一章，兩張講表，也是沒有人能夠

製作出來。這是他老人家親自親手寫的。這個以外呢，就是講啊！老人家講授的啦！儒家的經典完整的就是一部《論語》，再來就是《禮記》裏面的，《禮記》裏面選了很多篇數，〈曲禮〉、〈禮運〉、〈月令〉、還有〈樂記〉，《禮記》裏面《大學》、《中庸》就是《禮記》的兩篇，這兩篇講得很完整，其他都是選擇的講，那就很多了。

　　最重要的特色是什麼呢？那個時候老師辦的《菩提樹》雜誌，開闢了一個專欄「**佛學問答**」，那個佛學問答在當時候接受各地方的讀者來問的問題，問的這個佛學方面的。有的是很誠誠懇懇的來請問佛法上的這個疑問，也有一些外道，是學其他宗教的人士，他故意找出那些難以解釋的那些問題來，好像是質詢的意思，來問我們老師。我們老師看他來問的問題，一律的給他圓滿的解釋，這個非常不容易的！我們後來看看他那些來問的話，那是故意來找麻煩的人嘛！但是我們老師很慈悲，都給他解答、圓滿的解答。所以現在在我們老師雪廬老人的《全集》裏面，有《佛學問答》上下兩大本。那就足以代表老師的佛學的著作，那是他老人家親筆寫的。那裏的文字非常的，你說那個文字唐宋八大家的文筆，那比較，我們老師的文筆不會比他差啦！在文字方面。在義理上面來講，唐宋八大家寫不出來的。他這個**《佛學問答》裏面，簡簡單單的幾句話**，就把佛法的重要的、非常精粹的這個道理，用這個文字表達出來。這個不是一個對於佛學能夠圓融自在的理，能夠深入的了解的話，寫不出來的。所以這個《佛學問答》上下兩大本的著作，可以正式的代表他老人家在佛法上，一個重要的著作。而且他的著作，他跟印光祖師的著作不同。印光祖師是各地方來的信，給人家解答這個信。那時候凡是來問印光祖師的信，都是很實實在在的請問印光祖師。那時候《佛學問答》裏面來問我們老師，除了很虔誠的來問，還有那些找麻煩的人來問。這在《印光祖師文鈔》裏就沒有了。《印光祖師文鈔》都是正面的人來問的，在我們老師《佛學問答》，那些人很多，故意來挑剔那些麻煩問題的人很多啊。但是我們老師給他答覆，處處都是有佛經的經典作根據的，每一字每一句話都有來歷的，所以這非常不容易。這在佛法上面。

弘儒弘佛一詩翁
徐師：

　　還有最重要的他老人家，他的文學造詣，文學造詣就是他老人家作的詩很多。早年在他故鄉，作的詩就很多了。從故鄉那個時候，還是日本人在中

國有很多租界，其他的各國，也在中國各大城市有很多租界。租界現在一般人不懂，什麼叫租界？比如說在東北，有好幾個大城市，畫一個地區給他，是租給他的。名義是租給他，等於那個地方就是屬於他的，屬於日本人的一個國家所有的一個地方。他在那裏有決定的，用的是他們的法律。一切都是依照他們國家來管理這個地方，這叫租界。等於把一個地方畫給他們管理。（老師，是不是類似殖民地？）殖民地，就跟那殖民地一樣，殖民地還不如呢！所以國父孫中山先生講，那個時候各國在我們中國租界，說是「次殖民地」，比殖民地還不如的，是這樣的。

　　他們的這個，比如說日本人在中國城市裏犯法了，你中國人管不了，他以他的法律來治理；中國人在他租界之內犯法了，他要依他的法律來審判。你看這什麼道理？那時候租界很多，我們老師看見那個當時，寫的詩很多。就在那個時期寫的，據老師在詩裏面寫的小序裏面，好像有一千多首還是兩千多首。後來抗日戰爭爆發以後，淪陷了，老師也到了四川，老師家裏的人恐怕被日本人發現，招來災難，就把很多（詩）都燒掉了。凡是詩裏對於日本人不滿意的地方、批評日本人的地方，那些詩都把他燒掉了。剩下來沒有多少，那麼在老師詩裏叫作《燹餘稿》，剩下不多了。剩下不多也好幾百篇，不錯了。後來在四川作的詩、到南京作的詩，一直到台灣來作的詩，上下兩大本。這個詩裏面，特別在哪裏呢？**就是把儒家的學道，這個道在當中。佛法講修道，把儒學、佛學，都用詩的藝術把他表現出來。**我們跟老師學的這些，老師的學生們，不是長期跟老師學，我們看不出來。他老人家寫的詩，你叫現在一般學中國傳統詩的人，他這一層看不出來的。我們跟老師學的，我們很多同學看得出來。雖然看得出來，還不能夠深入。**他老人家把這個佛法、儒家的學問圓滿非常、把這兩家很嚴肅的學術用藝術把他表達出來，讓人家看了文學藝術，又接受了佛法、儒家的學術，這是他最大的一個特色。**我們讀了雪公的詩，自自然然的看到，這個世間萬法無常，生死問題這是嚴重。

　　了解這個以後，這些生死問題、萬法無常。在唐朝的詩人也有，也講到。李太白他就常常感覺到，李太白他在那個什麼是一個（〈將進酒嗎〉？）〈將進酒〉他就表現得非常明顯，還有在〈春夜宴桃李園序〉那個表現得非常清楚。在唐朝以前，那個東晉的王羲之，王羲之寫這個〈蘭亭集序〉裏面也是很明顯。「死生亦大矣，豈不痛哉！」都講到。但是他們只講到生死問題很嚴

重，但是拿不出辦法來，辦法沒有啊。我們老師在詩裏面，這個問題顯示出來了、表達出來了，他有辦法。讀他老人家的詩，我常常講，我們把老師這麼多的這些詩，可以用「苦」、「集」、「滅」、「道」這四個字來了解我們老師的詩。「苦」、「集」，他老人家把我們世間眾生、人道眾生所受的苦，自古以來都有苦，而到現在這個時代，苦比以前多上多少倍數。但是這苦從哪來的呢？一般人也不知道。他老人家知道，這是由種的苦因啊！「集」是自己「招集」來的。苦是「果」啊！集是「因」啊！原來造的這個「苦因」然後再有「苦果」。所以「苦」、「集」。這在他老人家詩裏很明顯的看得出來。只講到「苦」的「原因」、「苦」的「結果」，這個不算數啊。那要講「滅」、「道」。「滅」就是怎麼樣的把這個生死問題，無常問題把他滅除掉啊！你想滅除這個生死問題，那要修道。「滅」是果，滅就是佛家證果的。儒家成就聖人的，就叫果。他怎麼證果呢？儘管是我們看見人在世間所受的種種痛苦、人與人之間這些紛爭，這些混亂的現象，這些現象都是從哪來的？從自己、我們眾生不明瞭自己有真如本性，在儒家學問、孔子講「性相近也」的這個「性」，子思子講的「天命之謂性」的「性」，不明瞭就起了迷惑顛倒，人人都有自私自利的心。要滅就是把這些東西都滅掉，把迷惑顛倒這種心理、自私自利的心理把他滅除掉，然後本性顯示出來了。你要得到這個結果，你要「修道」。「修道」怎麼個修法子？在儒家經典裏面，孔夫子叫我們從「禮」、「樂」方面來學、來修。在佛法裏面方法很多，各宗有各宗的辦法，按照淨土宗，那就是念佛方法，正助雙修。念佛是正功夫，也要研究教理，這是方法。那麼他這些方法都是圓滿的、在這個詩裏面表現出來。所以我們做老師的學生們，自己享受了老師這種詩的藝術，從詩裏面來體驗老師教化佛學、儒學這兩部門的大學問。我們也應該盡一點責任，要把老師這種教化、用藝術的教化，能夠把它推廣出去。

學佛因緣

訪者：

最後想請教老師跟隨雪公太老師的學佛的因緣。

徐師：

我住在台北的時候，住在台北之前，我是那時從政工幹部學校畢業之後，我是學新聞的，那麼就把我派到馬祖去，在馬祖辦《馬祖日報》。在那時候，淨空法師寄了兩本書，一本是《虛雲和尚年譜》、一本就是《印光祖

師文鈔》，我那時候在馬祖辦報的時候，夜間是編輯、編報，白天我起來就看這兩本書。那時淨空法師寄這兩本書給我，他就跟我講，在台中有一位老師就是雪公，那時我就知道。後來我從馬祖回來，在台北住一個時候，我就親近朱老、就是朱鏡宙老居士，朱鏡宙老居士跟我們老師在重慶的時候，就是好朋友，那麼我從朱老師那裏，我為什麼親近朱老師呢？我在馬祖的時候，我就有一些佛學上面有一些問題，由淨空法師給我介紹，介紹朱老讓我知道。那時朱老也寫了好幾封信給我，我在馬祖看過。回到台北來，我就拜見朱老，首先拜他做老師了。從他那裏我又知道，對於我們老師有更進一步的了解，開始認識老師。

　　後來就在台北，我有幾次到台中來，我就拜見老師。拜見老師之後，我發現老師這種，不是簡單的、不是普通的一個弘法利生的人，他的確是一個，在我的想法，這是一個真正是有道德、有修養的人。那麼這還是沒有正式到台中來。從民國53（1964）年，我搬家搬到台中來，然後我就正式的來拜老師了。53（1964）年是在陰曆元宵節以前，搬到台中來。一般到台中來我馬上就去見老師，請求老師收我為學生。然後沒有好久，就行了拜師禮。行了拜師禮，過了元宵節以後，他老人家就開始講經，一開始就講《楞嚴經》。《楞嚴經》我在台北我看過一遍，看過一遍所以他老人家一開始講《楞嚴經》，講到這裏，後面我就知道了，因為我看過經文嘛，所以比較、得的利益比較多一點，因為前後都能夠貫串起來。這是我拜見老師的一個，最初這個因緣。

　　從那以後，到了台中來以後，別處我就一概不去了。他老人家講佛經，無論在哪裏講，我都一定要跟著去聽。講儒家的經典也是如此。甚至於他老人家在興大講詩的時候，我都不缺（席）啊！他晚上在興大夜間部講詩，叫做是（《詩階述唐》（教材））叫做「詩選及習作」，講詩、講習作，而且教學生學著作詩。我那時候到台中來，我就是在台中圖書館工作、那是公務員。剛開始做公務員，那時候公務員薪水不多。我又在新民商工，現在叫新民高中，我兼課。老師正式在興大夜間部教詩的時候，老師說：「你要去聽啊！」我跟老師說，「正好我在新民夜間部也教國文哪！」他說：「你能不能夠把時間調整一下？」後來一想，調整不容易啊。人家學校已把課程排好了，怎麼調整？我一想，哪個重要？還是學詩重要，我就把新民上課的課辭掉了。我就專門來聽。這也是我跟老師學的一個小的插曲啦。

　　學了以後，我們老師除了在興大來講詩以外，其他地方，像靜宜女子文

理學院，那還是在復興路那裏，靜宜女子文理學院文學院夜間部，系主任是孔教授，孔慶銓。孔慶銓他來請，他怎麼知道（老師）？在系裏面教書有李威熊，李威熊跟施人豪是同學，很熟的，有這層關係，他知道我們老師在詩上面教得很好，所以他也請我們老師到靜宜去教詩。但是我們老師那個時候又要講佛經、又要教儒學、又在興大開課講詩，那沒辦法了，就叫我去代講。我這一代講就講了七年！就講了七個班次，這是一個因緣了。

訪者：

老師，那是民國幾年的時候？去靜宜講課是民國幾年的時候？

徐師：

那是在興大開課後沒有好久。那個時候你已經畢業了吧？你是日間部的，我是教夜間部啊，我講了七年。

聽老師在興大講有連淑美、吳碧霞有時候會去聽、還有黃潔怡……，黃潔怡去聽啊！老師在黑板上給批改，教學生學作詩，每一個學生作詩寫在黑板上，老師在黑板上就給他批改。黃潔怡她也學作詩，也寫在黑板上。老師一看，那是潔怡啊，這又是你的那一套！黃潔怡寫的那個詩，裏面含有佛學在裏面，我記得很清楚。這又是你的那一套啊！在黑板上批改不容易的啊！老師是山東人，山東人四聲沒有入聲字，在言語裏面入聲字沒有的，他在黑板上批的話，哪一個字不合聲韻，看得出來。就是在講唐詩、就是近體詩啊，用的平仄，平聲，就在四聲裏面，平上去入，平聲。仄聲就是去聲、上聲、入聲，這三個聲是列在仄聲裏面，這個現在學國語那就很麻煩了，國語把這個入聲字分配，有的在平聲、有的在去聲、有的在上聲裏面。現在只學國語，過去不知道平上去入四聲的話，沒辦法了。但是他老人家一看就知道，就分辨出來，這個很不容易的。

訪者：

這樣應該就沒有了。（感謝老師接受訪問）

附錄十　雪廬老人研究文獻目錄

上編　著作目錄

一、專　著

（佛學類）

李炳南老居士全集編輯委員會編　佛說阿彌陀經摘注接蒙義蘊合刊　臺中市
　　青蓮出版社　12，64，46，42 頁　1986 年

　李炳南老居士全集　佛學類之一　臺中市　青蓮出版社　1990 年　臺中市
　　臺中蓮社　1993 年

　李炳南老居士全集　佛學類之一　臺中市　青蓮出版社　174 頁　1995 年

　李炳南老居士全集　佛學類之一　臺中市　青蓮出版社　174 頁　1997 年

　李炳南老居士全集　佛學類之一　臺中市　青蓮出版社　2006 年 12 月

李炳南老居士全集編輯委員會編　大方廣佛華嚴經講述表解

　李炳南老居士全集　佛學類之二　臺中市　青蓮出版社　379 頁　2005 年

　李炳南老居士全集　佛學類之二　臺中市　青蓮出版社　379 頁　2006 年
　　12 月

李炳南老居士全集編輯委員會編　佛說阿彌陀經摘注接蒙義蘊合刊，大方廣
　　佛華嚴經講述表解

　李炳南老居士全集　佛學類之一、二　臺中市　青蓮出版社　553 頁　2006
　　年

李炳南老居士全集編輯委員會編　講經表解上下（二冊）

　李炳南老居士全集　佛學類之三　臺中市　青蓮出版社　1993 年

李炳南老居士全集　佛學類之三　臺中市　青蓮出版社　1995 年

李炳南老居士全集　佛學類之三　臺中市　青蓮出版社　1282 頁　2006 年
　　12 月

李炳南老居士全集編輯委員會編　大專佛學講座初級教材

李炳南老居士全集　佛學類之四　臺中市　青蓮出版社　148 頁　1990 年
　　臺中市　青蓮出版社　148 頁　1997 年

李炳南老居士全集　佛學類之四　臺中市　青蓮出版社　148 頁　1998 年

李炳南老居士全集　佛學類之四　臺中市　青蓮出版社　148 頁　2006 年
　　12 月

弘護小品彙存

臺中市　瑞成書局　1969 年（雪廬述學彙稿 2）

李炳南撰，王炯如圖　臺中市　青蓮出版社　22，556 頁　1970 年
（雪廬述學彙稿 2）

臺北市　李炳南老居士八秩祝壽委員會　28，556 頁　1970 年
（雪廬述學彙稿 2）

臺中市　青蓮出版社　580 頁　1975 年

李炳南老居士編輯委員會編　李炳南老居士全集　佛學類之五　臺中市
　　青蓮出版社　581 頁　1995 年

李炳南老居士編輯委員會編　李炳南老居士全集　佛學類之五　臺中市
　　青蓮出版社　581 頁　1996 年

李炳南老居士編輯委員會編　李炳南老居士全集　佛學類之五　臺中市
　　青蓮出版社　581 頁　2006 年

李炳南老居士全集編輯委員會編　大專佛學講座初級教材，弘護小品彙存合
　　刊

李炳南老居士全集四　佛學類之四、五　臺中市　青蓮出版社　148，583
　　頁　2006 年

佛學問答類編

李炳南答，朱斐編　臺北市　菩提樹雜誌社　2，312 頁　1955 年（菩提樹
　　叢書 6）　臺中市　菩提樹雜誌社　1962 年

臺北市　李炳南老居士八秩祝蝦委員會　4，456 頁　1968 年（學廬述學彙
　　稿 3）

臺中市　明光出版社　462 頁　1968 年（學廬述學彙稿 3）（續編）

臺中市　青蓮出版社　5，284 頁　1976 年（學廬述學彙稿 3）

李炳南解答，釋淨空等編輯　臺中市　菩提樹雜誌社　1977 年（菩提樹叢
　　書 6）

高雄市　高雄淨宗學會　1984 年

李炳南解答，釋淨空等編輯　臺中市　菩提樹雜誌社　1987 年（菩提樹叢
　　書 6）

釋淨空等編輯　臺北市　菩提樹雜誌社　1988 年

李炳南老居士編輯委員會編　李炳南老居士全集　佛學類之六　臺中市
青蓮出版社　1990 年

李炳南著述，周邦道主編　李炳南老居士詩文佛學選集　佛學類之六　臺中
　　市　青蓮出版社　1991 年

李炳南老居士詩文佛學選集　佛學類之六　臺中市　中華大典編印會
　　1104 頁　1991 年

臺北市　九龍蓮社　456 頁　1991 年

李炳南老居士編輯委員會編　李炳南老居士全集　佛學類之六　臺中市
青蓮出版社　1992 年

高雄市　高雄淨宗學會　1992 年

臺北市　佳芳印刷公司　1996 年

臺中市　慈光圖書館　473，404 頁　1998 年（上下冊）

李炳南老居士編輯委員會編　李炳南老居士全集　佛學類之五、六　臺中市
　　青蓮出版社　1667 頁　2006 年

佛說四十二章經表注講義

李炳南老居士編輯委員會編　李炳南老居士全集　佛學類之七　臺中市
　　青蓮出版社　1990 年

李炳南老居士編輯委員會編　李炳南老居士全集　佛學類之七　臺中市
　　青蓮出版社　192 頁　1994 年

李炳南老居士編輯委員會編　李炳南老居士全集　佛學類之七　臺中市
　　青蓮出版社　3，192 頁　1995 年

李炳南老居士全集編輯委員會編　李炳南老居士全集　佛學類之七　臺中
　　市　青蓮出版社　2006 年 12 月

臺中市　慈光圖書館　2010 年 10 月

無量壽莊嚴清淨平等覺經眉注

李炳南老居士編輯委員會編　李炳南老居士全集　佛學類之八　臺中市
　　青蓮出版社　1990 年

李炳南老居士編輯委員會編　李炳南老居士全集　佛學類之八　臺中市

青蓮出版社　95 頁　1994 年

李炳南老居士編輯委員會編　李炳南老居士全集　佛學類之八　臺中市　青蓮出版社　95 頁　1995 年

李炳南老居士全集編輯委員會編　李炳南老居士全集　佛學類之八　臺中市　青蓮出版社　2006 年 12 月

佛說四十二章經表注講義，無量壽莊嚴清淨平等覺經眉注合刊

李炳南老居士全集編輯委員會編　李炳南老居士全集　佛學類之七、八　臺中市　青蓮出版社　192，95 頁　2006 年

脩學法要、脩學法要續編

李炳南老居士全集編輯委員會編　李炳南老居士全集　佛學類之九　臺中市　青蓮出版社　699 頁　2006 年 12 月

李炳南老居士全集編輯委員會編　李炳南老居士全集　佛學類之九　臺中市　青蓮出版社　346，207 頁　2006 年 12 月

脩學法要續編

李炳南老居士全集編輯委員會編　李炳南老居士全集　佛學類之九　臺中市　青蓮出版社　207 頁　2006 年 12 月

雪廬述學語錄

李炳南老居士全集編輯委員會編　李炳南老居士全集　佛學類之十　臺中市　青蓮出版社　207 頁　1994 年

李炳南老居士全集編輯委員會編　李炳南老居士全集　佛學類之十　臺中市　青蓮出版社　207 頁　1995 年

李炳南老居士全集編輯委員會編　李炳南老居士全集　佛學類之十　臺中市　青蓮出版社　207 頁　2006 年 12 月

脩學法要續編、雪廬述學語錄合刊

李炳南老居士全集編輯委員會編　李炳南老居士全集　佛學類之九、十　臺中市　青蓮出版社　552 頁　2006 年 12 月

（儒學類）

論語講要上下

李炳南老居士全集編輯委員會編　李炳南老居士全集　儒學類之一　臺中市　青蓮出版社　403 頁　2003 年

李炳南老居士全集編輯委員會編　李炳南老居士全集　儒學類之一　臺中市　青蓮出版社　403 頁　2004 年

李炳南老居士全集編輯委員會編　李炳南老居士全集　儒學類之一　臺中市　青蓮出版社　844 頁　2006 年 12 月

李炳南老居士全集編輯委員會編　李炳南老居士全集　儒學類之一　臺中市　青蓮出版社　844 頁　2007 年 7 月

禮記選講

　　李炳南老居士全集編輯委員會編　李炳南老居士全集　儒學類之二　臺中市　青蓮出版社　319 頁　1999 年

　　李炳南老居士全集編輯委員會編　李炳南老居士全集　儒學類之二　臺中市　青蓮出版社　339 頁　2006 年 12 月

中國歷史綱目表

　　李炳南老居士全集編輯委員會編　李炳南老居士全集　儒學類之三　臺中市　青蓮出版社　96 頁　1999 年

重修莒志選

　　李炳南老居士全集編輯委員會編　李炳南老居士全集　儒學類之四　臺中市　青蓮出版社　2006 年 12 月

（詩文類）

詩階述唐

　　臺中市　青蓮出版社　89 頁　1979 年

　　李炳南老居士全集編輯委員會編　李炳南老居士全集　詩文類之一　臺中市　青蓮出版社　628 頁　1989 年

　　李炳南老居士全集編輯委員會編　李炳南老居士全集　詩文類之一　臺中市　青蓮出版社　628 頁　1995 年

　　李炳南老居士全集編輯委員會編　李炳南老居士全集　詩文類之一　臺中市　青蓮出版社　628 頁　2006 年 12 月

雪廬詩集上下

　　李炳南老居士全集編輯委員會編　李炳南老居士全集　詩文類之二、三　臺中市　青蓮出版社　1989 年

　　李炳南老居士全集編輯委員會編　李炳南老居士全集　詩文類之二、三　臺中市　青蓮出版社　2006 年 12 月

雪廬寓臺文存

　　李炳南老居士全集編輯委員會編　李炳南老居士全集　詩文類之四　臺中市　青蓮出版社　257 頁　1991 年

　　李炳南老居士全集編輯委員會編　李炳南老居士全集　詩文類之四　臺中市　青蓮出版社　257 頁　1995 年

　　李炳南老居士全集編輯委員會編　李炳南老居士全集　詩文類之四　臺中市　青蓮出版社　257 頁　2006 年 12 月

（醫學類）

黃帝內經選講
　　李炳南老居士全集編輯委員會編　　李炳南老居士全集　　醫學類　　臺中市
　　　青蓮出版社　217 頁　1996 年
　　李炳南老居士全集編輯委員會編　　李炳南老居士全集　　醫學類　　臺中市
　　　青蓮出版社　217 頁　2006 年 12 月

（遺墨類）

雪廬老人題畫遺墨
　　李炳南老居士全集編輯委員會編　　李炳南老居士全集　　遺墨類　　臺中市
　　　青蓮出版社　262 頁　1997 年
　　李炳南老居士全集編輯委員會編　　李炳南老居士全集　　遺墨類　　臺中市
　　　青蓮出版社　326 頁　1999 年
　　李炳南老居士全集編輯委員會編　　李炳南老居士全集　　遺墨類　　臺中市
　　　青蓮出版社　424 頁　2006 年 12 月

弘護叢書　第一輯
　　臺中市　養正堂　502 頁　1993 年

小宣傳集錦　兩個世界的味道　佛誕節宣言
　　慈心叢書 7　臺北市　慈心佛經流通處　110 頁　1986 年

內典講座之研究
　　臺中市　青蓮出版社　64 頁　1996 年

太上寶筏圖說
　　出版地不詳　華藏佛教圖書館　1977 年

釋知義，李炳南著　心經直解　當生成就之佛法合刊
　　臺北市　九龍蓮社　144 頁　1987 年

李炳南老居士講，林看治居士筆記　因果可轉變
　　臺北市　慈心文化中心　1，60，5 頁　1992 年

李炳南演述，現代妙音整理　如何避免刀兵劫
　　臺北縣三重市　了凡四訓基金會　156 頁　1995 年
　　臺北縣三重市　了凡四訓基金會　156 頁　1996 年（書名加上：戰爭與和平
　　的因素）

二、序　文

釋印光作　太上感應篇直講　李炳南老居士作序

　臺北市　佛陀教育基金會　178 頁　1991 年

　臺北市　佛陀教育基金會　178 頁　2000 年

　出版地不詳　蔡美珍，蔡進建　178 頁

三、編　輯

印光大師遺教兩要　當生成就之佛法合刊　印光大師作，李炳南編著

　臺北市　佛陀教育基金會　1990 年

　臺北市　佛陀教育基金會　22，18 頁　1991 年

下編　後人研究論著目錄

一、傳　記

1. 李炳南教授百歲紀念特刊　李炳南教授百歲紀念文物特展籌備會　臺中市　李炳南教授百歲紀念文物特展　63 頁　1989 年 11 月

2. 李炳南老居士年表　李炳南老居士全集編輯委員會　臺中市　青蓮出版社　60 頁　2007 年 9 月

3. 雪廬風誼　李炳南老居士全集編輯委員會　臺中市　青蓮出版社　64 頁　2006 年 4 月

4. 臺灣佛教界知名人士李炳南骨灰濟安葬　吳明　濟南年鑒　濟南市　濟南出版社　頁 84　1990 年 11 月

5. 回首前塵二十春──雪廬老人示寂二十週年紀念專輯　吳麗娜主編　臺中市　雪心文教基金文　239 頁　2006 年 3 月

6. 王獻唐、孔德成、李炳南往來書札考釋　顏廷蘭　濟南市　山東圖書館學刊　總第 121 期　頁 113～117　2010 年 10 月

二、學術思想

1. 論李炳南的倫理觀　董時　濟南大學學報（社會科學版）　頁 28～32　1997 年 8 月

2. 臺中蓮社創始人李炳南及其儒佛教化　黃麗娟　彰化師大國文學誌　卷 8　頁 427～459　2004 年 6 月

3. 臺灣人間佛教的兩種淨土觀點──以印順法師與李炳南居士為例　吳有能　臺大佛學研究中心學報　卷 14　頁 159～220　2007 年 12 月

4. 李炳南教授對淨土法門在臺流佈之貢獻　吳麗娜，陳美惠　東海大學文學院學報　卷 49　頁 199～224　2008 年 7 月

5. 李炳南與臺灣佛教　房銳　齊魯文化暨漢民族形成與發展國際學術研討會論文集　2005 年 7 月

6. 李炳南先生近體詩固定調吟唱法述介　張清泉　彰化師大國文學誌　第 18 期　2009 年 6 月

7. 正統與異端：李炳南與南懷瑾的《論語》詮釋比較　張崑將、黃俊傑主編　東亞論語學：中國篇　臺北市　國立臺灣大學出版中心　頁 552～597　2009 年 9 月

8. 〈歲朝受賀〉詩解讀　步先　《明倫月刊》　403 期　頁 54　2010 年 4 月

9. 詩禪度眾一時圓　聲音　《弘法資訊》　第 31 卷第 2 期（總第 182 期）頁 10～12　2010 年 8 月

三、會議論文集

紀念李炳南教授往生二十週年學術研討會論文集　陳器文主編　臺中市　青蓮出版社　2006 年 10 月

目次：

1. 序　陳器文

2. 弘儒弘佛一詩翁——代序　徐自民

3. 專題演講：雪廬風誼　吳碧霞

4. 就生命氣質與生命意識探討李炳南教授之詩歌創作　陳器文

5. 雪廬老人《詩階述唐》析探　張清泉

6. 廣弘大藏教指歸彌陀行——雪廬老人講經與修行歸趣探析　連淑美

7. 雪廬老人的佛教教育理念初探——以大專佛學講座課程規劃爲核心　林其賢

8. 從「一絲不苟」到「一心不亂」——雪廬法書析論　任容清

9. 巧把金針度與人——雪廬老人《弘護小品彙存》講表試探　周玟觀

10. 寶島遍栽九品蓮——由《佛說阿彌陀經義蘊》管窺雪廬老人的淨土思想　吳聰敏

11. 雪廬老人弘傳《論語》析探　鍾清泉

12. 雪廬老人《禮記》選講特色及其所涵蘊的價值　洪錦淳

13. 雪廬老人儒佛教化事業探述　劉靜宜（未收入《論文集》中）

四、學位論文

（一）以雪廬老人為研究中心

1. 李雪廬炳南先生研究　吳麗娜　國立中興大學中國文學系　碩士論文 1997 年

2. 李炳南先生儒佛融會思想研究　陳雍澤　國立中興大學中國文學系碩士在職專班　碩士論文　2004 年 6 月

3. 李炳南居士思想研究　羅元庸　靜宜大學中國文學研究所　碩士論文 2006 年 7 月

4. 雪廬詩集〈浮海集〉研究　吳旭眞　彰化師範大學國文研究所　碩士論文　2009 年 6 月

5. 臺灣當代居士佛教團體臺中蓮社之研究　洪錦淳　國立中興大學　中國文學研究所　博士論文　2009 年 7 月

（二）其他相關研究

1. 彌陀信仰的臨終關懷：以台灣雪心文教基金會爲例　賴榮堂　玄奘大學宗教學系碩士在職專班　碩士論文　2006 年

2. 朱斐及其《菩提樹》雜誌之研究　李政憲　國立中正大學歷史研究所　碩士論文　2007 年

3. 近代護生戒殺思想之發展與實踐　李雅雯　國立臺灣師範大學中國文學系研究所　博士論文　2007 年

參考文獻

一、雪廬老人之著作
（參見雪廬老人研究文獻目錄）

二、四書類著作

1. 〔魏〕何晏集解，〔梁〕皇侃義疏，《論語集解義疏》，北京市，中華書局，1985年。

2. 〔魏〕何晏注，〔宋〕邢昺疏，《論語注疏》，《十三經注疏》，臺北市，藝文印書館，1985年12月。

3. 〔宋〕朱熹，《四書章句集注》，臺北市，大安出版社，1994年11月。

4. 仇德哉，《四書人物》，臺北市，臺灣商務印書館，1993年4月。

5. 〔宋〕鄭汝諧，《論語意原》，北京市，商務印書館，2005年。

6. 〔元〕陳天祥，《四書辨疑》，臺北市，臺灣商務印書館，1986年3月。

7. 〔明〕胡廣，《四書大全》，濟南市，山東友誼書社出版，1989年。

8. 〔清〕毛奇齡，《論語稽求篇》，嘉慶元年刊《毛西河先生全集》本。

9. 〔清〕毛奇齡撰，張文彬等輯，《四書改錯》，嘉慶十六年重刊本。

10. 〔清〕毛奇齡撰，盛，唐等輯，《四書賸言》，嘉慶元年刊《毛西河先生全集》本。

11. 〔清〕王步清，《四書本義匯參》，臺南市，莊嚴文化出版公司，1997年。

12. 〔清〕江永，《鄉黨圖考》，北京市，學苑出版社，1993年。

13. 〔清〕李顒，《四書反身錄》，臺北市，世界紅卍字會臺灣總主會，1985年。

14. 〔清〕阮元，《論語校勘記》，臺北市，藝文印書館，1966年。

15. 〔清〕翟灝，《四書考異》，上海市，上海古籍出版社，1995年。

16. 〔清〕劉逢祿，《論語述何》，臺北市，漢京文化事業公司，1980 年。

17. 〔清〕劉寶楠撰，高流水點校，《論語正義》，北京市，中華書局，1990年 3 月。

18. 〔清〕葉德輝，《天文本單經論語校勘記》，臺北市，藝文印書館。

19. 〔清〕程樹德撰，程俊英、蔣見元點校《論語集釋》，北京市，中華書局，2006 年 11 月。

20. 〔宋〕朱熹集注，〔日〕竹添光鴻會箋，《論語會箋》，臺北市，廣文書局，1961 年 12 月。

21. 〔宋〕朱熹集注，簡朝亮補正述疏，《論語集注補正述疏》，北京市，北京圖書館出版社，2007 年 5 月。

22. 陳大齊，《論語臆解》，臺北市，臺灣商務印書館，1968 年 3 月。

23. 楊伯峻，《論語譯注》，臺北市，明倫出版社，1971 年 10 月。

24. 徐英，《論語會箋》，臺北市，正中書局，1976 年 12 月。

25. 錢地之，《論語漢宋集解》，臺北市，著者出版，1978 年 9 月。

26. 錢穆，《四書釋義》，臺北市，素書樓文教基金會，1990 年 11 月。

27. 錢穆，《論語新解》，北京市，三聯書店，2002 年 9 月。

28. 〔日〕松川健二編，林師慶彰等譯，《論語思想史》，臺北市，萬卷樓圖書公司，2006 年 2 月。

29. 李炳南講述，徐醒民敬記，《論語講要》，臺中市，青蓮出版社，2007 年 6 月。

30. 柳宏，《清代論語詮釋史論》，北京市：社會科學文獻出版社，2008 年 3 月。

31. 黃懷信，《論語彙校集釋》，上海市，上海古籍出版社，2008 年 8 月。

32. 唐明貴，《四書學史》，北京市，中國社會科學出版社，2009 年 3 月。

33. 〔漢〕趙，岐注，〔宋〕孫奭疏，《孟子注疏》，《十三經注疏》本，臺北市，藝文印書館，1985 年 12 月。

34. 〔清〕焦循，《孟子正義》，臺北市，文津出版社，1988 年 7 月。

三、經學類著作

1. 〔漢〕毛公傳，鄭玄箋，〔唐〕孔穎達疏，《毛詩注疏》，《十三經注疏》本，臺北市，藝文印書館，1985 年 12 月。

2. 〔漢〕孔安國傳，〔唐〕孔穎達疏，《尚書注疏》，《十三經注疏》本，臺北市，藝文印書館，1985 年 12 月。

3. 屈萬里，《尚書集釋》，臺北市，聯經出版公司，1983 年 2 月。

4. 〔漢〕鄭玄注，〔唐〕賈公彥疏，《周禮注疏》，《十三經注疏》本，臺北市，

藝文印書館，1985 年 12 月。

5. 〔漢〕鄭玄注，〔唐〕賈公彥疏，《儀禮注疏》，《十三經注疏》本，臺北市，
   藝文印書館，1985 年 12 月。

6. 〔漢〕鄭玄注，〔唐〕孔穎達疏，《禮記注疏》，《十三經注疏》本，臺北市，
   藝文印書館，1985 年 12 月。

7. 〔清〕孫希旦，《禮記集解》，臺北市，文史哲出版社，1984 年 10 月。

8. 〔漢〕戴德撰，〔北周〕盧辯注，《大戴禮記》，北京市，中華書局，1985
   年。

9. 〔漢〕董仲舒，《春秋繁露》，臺北市，臺灣商務印書館，1969 年。

10. 〔漢〕何休注，〔唐〕徐彥疏，《春秋公羊傳注疏》，《十三經注疏》本，臺
    北市，藝文印書館，1985 年 12 月。

11. 〔西晉〕杜預注，〔唐〕孔穎達疏，《春秋左傳注疏》，《十三經注疏》本，
    臺北市，藝文印書館，1985 年 12 月。

12. 〔漢〕許慎撰，〔清〕段玉裁注，《說文解字》，臺北市，黎明文化事業公
    司，1986 年 10 月。

13. 〔漢〕韓嬰，《韓詩外傳》，臺北市，藝文印書館，1966 年。

14. 〔清〕朱彝尊原著，許維萍等點校，林師慶彰等編審，《點校補正經義考》
    第六冊，臺北市，中央研究院中國文哲研究所，1998 年 4 月。

15. 〔清〕皮錫瑞，《經學通論》，臺北市，臺灣商務印書館，1969 年 9 月。

16. 〔清〕皮錫瑞，《經學歷史》，臺北市，藝文印書館，1987 年 10 月。

17. 〔日本〕山井鼎撰，〔日本〕物觀等補遺，《七經孟子考文附補遺》，北京
    市，中華書局，1985 年。

18. 馬宗霍，《中國經學史》，臺北市，臺灣商務印書館，1977 年 1 月。

19. 李師威熊，《中國經學發展史論》（上），臺北市，文史哲出版社，1988
    年 12 月。

20. 葉國良等，《經學通論》，臺北市，大安出版社，2006 年 10 月。

四、其他古籍

1. 〔漢〕班固，《漢書》，上海市，上海古籍出版社，1991 年。

2. 〔漢〕王充，《論衡》，上海市，商務印書館 1936 年。

3. 〔漢〕徐幹，《中論》，臺北市，世界書局，1987 年。

4. 〔唐〕虞世南撰，孔廣陶校註，《北堂書鈔》，臺北市，宏業書局，1974
   年。

5. 〔唐〕歐陽詢等，《藝文類聚》，臺北市，文光出版社，1974 年。

6. 〔宋〕李昉等，《太平御覽》，臺北市，臺灣商務印書館，1968 年。

7. 〔明〕焦竑,《焦氏筆乘》,臺北市,廣文書局,1968 年 6 月。

8. 〔清〕王先謙編,《皇清經解續編》,臺北市,藝文印書館,1965 年。

9. 〔清〕阮元,《皇清經解》,上海市,上海書店,1988 年。

10. 〔清〕馬國翰輯,《玉函山房輯佚書》,揚州市,江蘇廣陵古籍刻印社,1990 年。

11. 〔清〕陸隴其撰,牛兆濂輯,《松陽講義》,臺北市,臺灣商務印書館,1983 年。

五、佛學類著作

1. 〔宋〕釋志磐,《佛祖統紀》卷 45,《大正藏》,臺北市,新文豐出版社。

2. 〔日本〕望月信亨作,釋印海譯,《中國淨土教理史》,臺北市,慧日講堂,1974 年 3 月。

3. 釋印順主編,《太虛大師年譜》,臺北市,天華出版社,1978 年 8 月。

4. 釋東初,《中國佛教近代史》,臺北市,東初出版社,1984 年 6 月。

5. 陳海量,《蓮宗正範》,臺中市,臺中佛教蓮社,1987 年 3 月。

6. 陳慧劍,《當代佛門人物》,臺北市,東大圖書公司,1994 年 2 月。

7. 于凌波,《中國近現代佛教人物志》,北京市,宗教文化出版社,1995 年 11 月。

8. 于凌波,《李炳南居士與臺灣佛教》,臺中市,財團法人臺中市李炳南居士紀念文教基金會,1995 年 10 月。

9. 朱心衡策劃主編,吳麗娜執行主編,《回首前塵二十春——雪廬老人示寂二十週年紀念專輯》,臺中市,雪心文教基金會,2006 年 3 月。

六、近人著作

1. 梁啓超,《中國近三百年學術史》,臺北市,華正書局,1984 年 8 月。

2. 錢穆,《中國近三百年學術史》,臺北市,臺灣商務印書館,1983 年 11 月。

3. 勞思光,《新編中國哲學史》,臺北市,三民書局,1986 年 12 月。

4. 錢穆,《朱子新學案》,臺北市,三民書局,1971 年 9 月。

5. 葉國良,《宋人疑經改經考》,臺北市,國立臺灣大學出版委員會,1980 年 6 月。

6. 林師慶彰,《明代考據學研究》,臺北市,臺灣學生書局,1986 年 10 月。

7. 湯志鈞,《近代經學與政治》,北京市,中華書局,1989 年 8 月。

8. 林師慶彰,《清初的群經辨偽學》,臺北市,文津出版社,1990 年 3 月。

9. 陳師雍澤,《雪廬老人儒佛融會思想研究》,臺中市,青蓮出版社,2006

年 4 月。

10. 張師麗珠，《清代義理學轉型》，臺北市，里仁書局，2006 年 10 月。

七、單篇論文及學位論文

1. 高明，〈中華學術的體系〉，《孔孟月刊》，第十二卷第十二期，1973 年 8 月。

2. 林師慶彰，〈明末清初經學研究的回歸原典運動〉，《國際孔學會議論文集》，1988 年 6 月。

3. 林師慶彰，〈毛奇齡、李塨與清初的經書辨偽活動〉，《第二屆清代學術研討會論文集》，1991 年 12 月。

4. 吳師聰敏，〈雪廬老人學術思想與貢獻〉，《明倫月刊》267、268 期，臺中市，明倫雜誌社，1996 年 9 月。

5. 謝師嘉峰，〈志於道　據於德　依於仁　游於藝——雪廬老人為中華文化提綱及闡釋〉，《明倫月刊》268、269 期，臺中市，明倫雜誌社，1996 年 10、11 月。

6. 張師清泉，〈雪廬老人「山東古調」唐詩吟誦研究〉，《明倫月刊》271、272、273 期，臺中市，明倫雜誌社，1997 年 1 月、2、3、4 月。

7. 董時，〈李炳南的倫理觀〉，《濟南大學學報》（社會科學版）頁 28～32，1997 年 8 月。

8. 吳師碧霞，〈雪廬老人的精神與風範〉，《明倫月刊》283、284 期，臺中市，明倫雜誌社，1998 年 4 月。

9. 林師慶彰，〈元儒陳天祥對《四書集注》的批評〉，楊晉龍主編，《元代經學國際研討會論文集》，臺北市，中央研究院中國文哲研究所籌備處，2000 年 10 月。

10. 吳冠宏，〈儒家成德思想之進程與理序：以《論語》「志於道」章之四目關係的詮釋問題為討論核心〉，《東華人文學報》第三期，2001 年 7 月。

11. 陳滿銘，〈論《論語》的「志於道」〉《孔孟月刊》，第 41 第 2 期，2002 年 10 月。

12. 陳滿銘，〈論「志道」、「據德」、「依仁」、「游藝」的關係〉，《孔孟月刊》，第 41 卷第 6 期，2003 年 2 月。

13. 林安梧，〈「道」「德」釋義：儒道同源互補的義理闡述——以《老子道德經》「道生之、德蓄之」暨《論語》「志於道、據於德」為核心的展開〉《鵝湖》，2003 年 4 月。

14. 劉錦賢，〈孔子成學之教論述——志於道據於德依於仁游於藝〉，《博學》，2003 年 12 月。

15. 許雪濤，〈劉逢祿《論語述何》及其解經方法〉，《東亞儒者的四書詮釋》，

臺北市，國立臺灣大學出版中心，2005 年 6 月。

16. 鍾師清泉，〈雪廬老人弘傳《論語》析探〉，《紀念李炳南教授往生二十週年學術研討會論文集》，臺中市，青蓮出版社，2006 年 10 月。

17. 李炳南老居士全集編輯委員會，〈李炳南老居士年表（二）〉，《明倫月刊》，364 期，臺中市，明倫雜誌社，2006 年。

18. 謝智光，〈從傳統經學到民間經學——雪廬老人對《論語》〈述而〉「志道章」的一個新看法〉，《「中國語言與社會文化」研究生國際學術研討會會前論文集》，南京市，南京大學文學院，2009 年 7 月 5～9 日。

19. 張崑將，〈正統與異端：李炳南與南懷瑾《論語》詮釋比較〉，《東亞論語學：中國篇》，臺北市，國立臺灣大學出版中心，2009 年 9 月。

20. 謝智光，〈從傳統經學到民間經學——雪廬老人對《論語》〈述而〉「志道章」的一個新看法〉，林師慶彰主編：《經學研究論叢》，第 17 輯，臺北市，臺灣學生書局，2009 年 12 月。

21. 劉斌撰，魏永生指導，《民國四書文獻研究》，濟南市，山東師範大學碩士論文 2005 年 4 月。

22. 楊菁，《劉寶楠《論語正義》研究》，臺北市，花木蘭文化出版社，2006 年 9 月。

23. 劉斌撰，龐樸指導，《民國《論語》學研究》，濟南市，山東大學博士論文，2008 年 4 月。

24. 吳曉昀，〈繼承與開創——論孔子弟子儒學發展的趨向與影響〉，臺北市，國立政治大學中國文學研究所碩士論文，2009 年 7 月。

25. 顧敏耀，〈臺灣古典文學系譜的多元考掘與脈絡重構〉，中壢市，國立中央大學中國文學研究所博士論文，2010 年 1 月。

八、網路資源

1. 李炳南講述：「論語講記」「明倫月刊資訊網」。http://www.minlun.org.tw/